"En este volumen de lectura muy amena, Darrell Whiteman comparte por fin con nosotros el fruto de décadas de reflexión y experiencia práctica. Sazonado con conceptos provocadores e ilustrado con numerosas historias, este texto iniciará con toda seguridad animados debates. Los lectores se sentirán estimulados a ser mejores estudiantes de la cultura y más efectivos constructores de puentes culturales para el evangelio."

—Craig Ott, Trinity Evangelical Divinity School

"Todo cristiano que responda a la invitación de Dios a proclamar el evangelio –con sus palabras y su vida—en una cultura desconocida se beneficiará enormemente del conocimiento práctico que se destila en este libro. Profesor experimentado y uno de los principales antropólogos misionológicos de Estados Unidos, Whiteman propone un modelo encarnacional de ministerio que desafiará e inspirará a profesores, estudiantes y profesionales de la misión a estar más atentos a sus propias culturas y a las culturas de sus anfitriones."

—Thomas John Hastings, editor, *International Bulletin of Mission Research*; director ejecutivo retirado, OMSC@PTS

"Basándose en décadas dedicadas a la preparación y mentoría de misioneros y en un profundo conocimiento de la antropología cultural, Whiteman ha escrito un libro útil y fácil de leer para todos los que participan en el día a día del ministerio transcultural. Está lleno de ilustraciones vívidas y sugerencias prácticas para aprender sobre la cultura, hacer frente al choque cultural, desarrollar estrechas relaciones de confianza con la población local y comunicar el evangelio sabia y correctamente."

—Robert J. Priest, Taylor University (emeritus)

"Este es el libro que yo estaba esperando. Como estudiante en la clase de Darrell en el seminario sobre antropología para el testimonio cristiano, me sentí inspirado y desafiado por sus ideas de la antropología para las misiones de hoy. Cautivó a la clase con una combinación única de humor, sabiduría y preguntas de sondeo. Fue una experiencia realmente transformadora. A menudo me he preguntado cuál era la 'salsa secreta' de Darrell. Esa salsa secreta se recoge ahora en este libro. Es un recurso inestimable para profesores y capacitadores de obreros transculturales. Basándose en su experiencia de décadas capacitando a otros en una amplia gama de contextos, ofrece un enfoque didáctico que ha sido probado y comprobado. Sin duda, es un recurso que utilizaré en mi propia enseñanza."

—W. Jay Moon, Asbury Theological Seminary

"Quedé maravillado la primera vez que asistí a una de las conferencias de Darrell. La forma en que hizo que Jesús cobrara vida, la forma en que dilucidó el concepto de cultura e interactuó con la clase me impresionó profundamente. Después de oírle hablar muchas veces desde entonces, me emocionó saber que Darrell ha registrado sus pensamientos y experiencias en un libro. ¡Ya era hora! Me llena de especial ilusión compartir esta herramienta con el floreciente movimiento misionero que se extiende desde Etiopía hasta los confines de la tierra."

—Richard Coleman, cross cultural witness, TMS Global & EvaSUE

"Whiteman, antropólogo misionológico de renombre mundial, ha entretejido con maestría varios hilos de su vida y ministerio: erudición académica como antropólogo, servicio misionero en Papúa Nueva Guinea, profesor en el Seminario Teológico Asbury y formador de miles de testigos transculturales en todo el mundo, para producir este magnífico tapiz, *Cruzando culturas con el evangelio*. Como estudiante y colega suyo, recomiendo con inmenso gozo esta obra magna, escrita con profunda sabiduría y gran lucidez para 'un tiempo como este.'"

—PrabhuSingh Vedhamanickam, South Asia Institute
of Advanced Christian Studies, Bangalore, India

"El regalo que Whiteman nos hace en este libro es un magnífico logro, un elocuente resumen de una vida vivida ayudando a las personas a imitar el amor de Dios que se despoja de sí mismo y se encarna mientras participan en la misión de Dios. Es cálido, sabio, inspirador, bellamente escrito, apasionado, eminentemente práctico y profundamente desafiante. Debería ser leído por todo misionero, pero también por cualquier discípulo que anhele ministrar fiel, creativa y eficazmente en la iglesia y el mundo multiculturales de hoy."

—Stephen Bevans, SVD, Catholic Theological Union, Chicago (emeritus)

"No todos los días se encuentra uno con un texto misionológico que debería ser de lectura obligatoria para todo obrero transcultural actual y futuro. Sin embargo, *Cruzando culturas con el evangelio* sí lo es. Con más de cuarenta y cinco años de experiencia transcultural, el atractivo enfoque de la antropología misionológica de Whiteman invita tanto al misionero novato como al veterano a explorar de nuevo la centralidad de la cultura en el ministerio transcultural. Lleno de perspicacia académica, conocimiento arduamente adquirido y reflexión personal, Whiteman proporciona herramientas y perspectivas antropológicas prácticas que son esenciales para un testimonio transcultural efectivo. *Cruzando culturas con el evangelio* es un valioso recurso misionológico al que los académicos, los profesionales de las misiones y los educadores misioneros volverán una y otra vez."

—Sarita Gallagher Edwards, autora de *Christ among the Nations:
Narratives of Transformation in Global Mission*

"Cuando conocí a Darrell en un viaje misionero a una zona remota del norte de Kenia, me impresionó su genuino interés y su profundo conocimiento de las culturas locales y del evangelio. Desde entonces, he tenido el privilegio de recibir su capacitación y mentoría. En este libro explora hábilmente temas clave de cultura, ministerio de encarnación, cosmovisión, choque cultural y comunicación eficaz. Ha tenido el privilegio no sólo de formarse en estos temas, sino también de vivir las verdades mientras sirve por todo el mundo. Recomiendo de todo corazón este importante libro para todos los que somos peregrinos espirituales, que cruzamos culturas con el evangelio en un mundo en constante cambio."

—Duncan Olumbe, director regional, Interserve

CRUZANDO CULTURAS

CON EL

EVANGELIO

CRUZANDO CULTURAS CON EL EVANGELIO

Sabiduría antropológica para un testimonio cristiano efectivo

Darrell Whiteman

Prólogo de Miriam Adeney

Traducción de Oscar Aguilar M.

Impacto
LATINOAMERICANO
Plantamos la paz de Dios

iew
Instituto de Estudios Wesleyanos

A la memoria de mi padre, G. Edgar Whiteman,
que fue verdaderamente un hombre de Dios en su corta vida,
y a mi compañera de toda la vida, Laurie,
que me ha acompañado en este recorrido
con paciencia y aliento a lo largo del camino

Contenido

Prólogo

La disposición a convertirse en amigo

MIRIAM ADENEY

Cada caluroso mes de junio, los miembros de la Sociedad Americana de Misionología solíamos llegar a Techny Towers, atravesando presurosamente el aeropuerto O'Hare desde todos los rincones del continente. Sede de la Sociedad del Verbo Divino, un movimiento misionero católico, Techny Towers ocupaba unas cuantas hectáreas con su propio código postal. Albergaba una iglesia parroquial con grandes arcos, murales pintados y pisos de mármol; un seminario por el que pasaban estudiantes vietnamitas y latinos con largas túnicas; un jardín; un estanque de patos donde croaban las ranas; una residencia de misioneros jubilados; y un cementerio. De la parroquia a la misión, de la cuna a la tumba, del jardín a la mesa: comunidad cristiana vivida en su totalidad.

"Me voy al cementerio", decía Darrell mientras se dirigía a la tumba de Louis Luzbetak. Luzbetak fue un misionero de la Sociedad del Verbo Divino y autor de *La iglesia y las culturas* en 1963. Él y Eugene Nida habían marcado el rumbo de la misionología estadounidense de posguerra para sus sucesores: William Smalley, Charles Kraft, Paul Hiebert, y otros. A lo largo de las décadas, mientras Darrell trabajaba incansablemente para que la misionología siguiera floreciendo, nunca olvidó que nos apoyamos en los hombros de otros, nuestros antepasados. Por eso, salió para pasar un momento con Luzbetak.

Hoy en día, a pesar de la educación y la tecnología, vivimos en tiempos distópicos. Hay tanto mal en el mundo y en la iglesia, tantos puntos álgidos que podrían incendiarse y estallar. Los seres humanos siguen siendo tan egocéntricos como siempre. Las personas reflexivas se preguntan, ¿hay esperanza?

La hay. Nuestra esperanza brota de la resurrección. Hay crucifixiones, sí. Pero más allá de la cruz de Jesús prorrumpe la resurrección. Hay mal, sí, pero cuando el mal ha hecho su mayor daño, viene la restauración. Aparece un camino. Se restauran los sueños. Renace la esperanza. Qué buena nueva tan profunda y qué asombroso que esté al alcance de todos los pueblos.

Esto es lo que motiva el trabajo de Darrell: buenas nuevas para todos. Sin embargo, su motivación va más allá de las creencias. Darrell siempre ha insistido en que el evangelio se vive a través del cuerpo, el sudor, el cansancio, los logros y las pizzas de celebración (o grillos fritos), no sólo a través de ideas y doctrinas abstractas. El evangelio se expresa en detalles perfeccionados por las formas de vida de personas con herencias distintas en diversas partes del mundo: islas y montañas alpinas nevadas, selvas y rascacielos urbanos.

¿Cómo podemos configurar nuestra comunicación cristiana de modo que tenga sentido para esas personas en sus propios términos? Este es el tema central de este libro. Basándose en cuarenta y cinco años de enseñanza y formación, Darrell explica cómo hacer frente al choque cultural. Cómo "congeniar". Cómo construir una identidad bicultural. Cómo "hacer exégesis del contexto". Ilustra cómo el lenguaje moldea nuestras categorías mentales. Cómo la cosmovisión condiciona los cambios de comportamiento. Cómo nuestros valores estadounidenses afectan a nuestra forma de ver a los demás. Gráficos y listas de control, estrategias y pasos, peligros y disciplinas animan el texto.

"No se capacita a los cirujanos diciendo: ¡Sólo inténtenlo!". Tampoco deberíamos capacitar así a los misioneros. Los testigos bien intencionados pero ignorantes pueden causar daño, deshonrar el nombre de Dios y quemar el terreno para futuros testigos.

Entonces, ¿cómo aprendemos sobre una cultura? ¿Qué preguntas hacemos? ¿Cómo registramos los datos? ¿O los interpretamos? Darrell nos enseña a practicar la observación participante, la técnica de investigación fundamental para los antropólogos. Se ilustra la inmersión prolongada, la capacidad de análisis, la curiosidad y la habilidad para escuchar.

Este libro va más allá de preguntarse "¿Cómo?" para preguntarse también "¿Por qué?". La encarnación de Jesús es la razón más profunda para tomarse en serio las culturas locales. Jesús nunca comió hamburguesas con queso, sólo pescado y hummus. Jesús nunca habló inglés ni francés, sólo arameo, griego y hebreo. Se limitó a sí mismo al hacerse humano, pero más allá de eso se limitó aún más al vivir como un judío palestino, como un carpintero relativamente pobre en una sociedad oprimida por un poder colonial. En esta concentración, Jesús afirmó y honró un contexto local específico.

¿No es este un modelo para nosotros? Cada patrimonio cultural es precioso. Sí, los pecados culturales deben ser juzgados, pero las propias culturas son dones de Dios. Dotados de creatividad, los pueblos han imaginado diversas arquitecturas, comidas, músicas, intercambios económicos y patrones familiares. El mosaico global resultante es una gloria para Dios. Enriquece el mundo de Dios.

¿O no? Los rasgos culturales distintivos parecen allanarse. Miremos donde miremos, las personas beben Coca-Cola, ven películas taquilleras y hacen pedidos por Internet. Los pilotos siguen las mismas reglas en todo el mundo. También los médicos. Los estudiantes hacen exámenes similares. Los idiomas se traducen con aplicaciones. Los ciudadanos emigran. Los jóvenes tienen nuevas ideas. Todo el mundo en todas partes puede experimentar la misma epidemia. ¿Realmente importan ya tanto las diferencias culturales?

Sí, las culturas siguen importando. Cada uno de nosotros procede de una comunidad con una historia, por muy confusa que sea. No somos engranajes de una máquina. No somos sólo robots, ni animales, ni productores, ni consumidores, ni estadísticas. No somos intercambiables con los demás. A pesar de los cambios, algunos legados preciosos—continuidades fundamentales—siguen fluyendo. Merecemos el respeto de que se tomen en serio nuestras historias.

Las fiestas del cerdo en el Pacífico Sur aromatizaron la misionología original de Darrell, que plasmó en su obra clave *Melanesians and Missionaries*. Hoy, los estudiantes de Darrell celebran con dim sum y sopa de flores de huevo, y pato asado, o con chai y samosas, y los esquivos sabores de las masalas. Tanto en China como en la India, Darrell trabaja como mentor de estudiantes, mientras estas dos grandes naciones forman misioneros para servir dentro y fuera de sus fronteras.

Darrell también se siente como en casa detrás del podio de un banquete con un micrófono en la mano, ataviado con traje y corbata (siempre acompañado de sandalias y calcetines, y su característica barba poblada). También puede estar de rodillas sobre el barro, cultivando los tulipanes de su jardín. En todas partes, le anima su gozo por las personas en sus contextos culturales, por el aprendizaje, por la iglesia global y por la comunidad de misionólogos. En todas partes vibran sus cejas ondulantes, su gran sonrisa y su incontenible vitalidad. En todas partes demuestra lo que él recomienda como cualidad esencial para un misionero de éxito: la disposición a convertirse en amigo. Este libro destila esa vitalidad en sabiduría.

Prefacio

Llevo cuarenta y cinco años capacitando a estudiantes, pastores y testigos transculturales para que conozcan algunas herramientas y perspectivas antropológicas básicas que les permitan atravesar las barreras culturales con el evangelio. El número de personas que han participado en esta capacitación supera las cinco mil y están repartidas por todo el mundo, en India, China, Kenia, Filipinas, Brasil, Cuba y otros lugares.

Una respuesta común a mis enseñanzas ha sido con frecuencia: "Si hubiera sabido esto antes de aventurarme en el ministerio transcultural, habría sido mucho más efectivo y habría durado mucho más. ¿Por qué no había escuchado esto antes? ¿Hay algo más de donde vino esto?" En respuesta, sólo podía señalar algunos artículos que había escrito y hablarles de libros que me habían ayudado a entender cómo cruzar culturas con el evangelio, como *Christianity in Culture* (1979) de Charles Kraft y *Anthropological Insights for Missionaries* (1985) de Paul Hiebert, pero eso era todo lo que podía decir. Poco a poco me fui dando cuenta de que esta enseñanza y capacitación es un don que Dios me ha dado a mí y a través de mí, y por tanto soy responsable de transmitirlo a los demás.

Y ahora ha llegado el momento de transmitírselos. Mi oración es que las ideas y perspectivas, y quizás incluso algo de sabiduría, de las páginas que siguen te animen y también te desafíen. Como seguidor de Jesús, he llegado a creer que el evangelio es para todos, sin excepción. Pero debe entenderse y vivirse en una amplia variedad de culturas diferentes en el presente y a lo largo de diferentes épocas de la historia en el pasado. En otras palabras, el evangelio universal adopta formas particulares a medida que se encuentra con personas de diferentes culturas a través del espacio y aborda a personas de diferentes épocas a través del tiempo. El evangelio eterno debe conectarse con el mundo

cambiante si quiere tener alguna relevancia y poder transformador en las vidas
personales y en su vida comunitaria.

   ¿Por qué se necesita hoy un libro como éste? Hace setenta años, el gran traductor de la Biblia y lingüista antropólogo, Eugene Nida, escribió *Customs and
Cultures: Anthropology for Christian Missions* (1954). Podríamos preguntar:
*¿No ha aprendido ya el mundo misionero todos estos principios antropológicos
y lecciones transculturales?* Ojalá pudiera decir que sí sin reservas, pero no
puedo. A medida que nos adentramos en la era poscolonial y a medida que los
antiguos campos de misión se convierten cada vez más en una *fuerza* misionera mundial, observo a menudo la misma falta de comprensión y conciencia
transcultural que caracterizaba con demasiada frecuencia a las generaciones
anteriores de misioneros. Confundir el evangelio con su propia cultura o con
la interpretación del evangelio que tiene su denominación es un problema generalizado en todos los lugares donde he observado el ministerio transcultural.

   He escrito este libro para desafiarte a ti, lector, a confrontar tu etnocentrismo,
a descubrir cuánto de tu comprensión de la verdad bíblica ha sido moldeada
por tu cultura, y a ajustar tu estilo de vida a uno que sea más apropiado para el
ministerio transcultural donde vives. También he escrito para animarte, para
recordarte que Dios no se ha quedado sin testigos en cada cultura, entre cada
grupo étnico, en cada época de la historia humana. Es a la misión de Dios en el
mundo a la que nos unimos, no a nuestra misión. También nos puede animar
el hecho de que Jesús prometió estar con nosotros durante todo el proceso de
cruzar culturas con el evangelio.

   Otra forma en la que espero animar al lector es a través de mi análisis en
profundidad del problema del choque cultural. Le he dedicado bastante espacio
porque todo testigo transcultural pasa por él de una u otra forma. He identificado lo que es y lo que lo causa, y he sugerido formas de superarlo y tener un
ministerio duradero y eficaz, en lugar de abandonar prematuramente la sociedad
anfitriona porque nunca pudimos adaptarnos a la cultura local.

   Muchas personas, lugares y acontecimientos han dado forma a mi comprensión
del ministerio transcultural, y reconozco a algunos de esos "gigantes en el campo"
en las páginas que siguen. Me costó mucho terminar este libro y hubo momentos
de desánimo y períodos de falta de confianza en que lo que estaba escribiendo
marcaría una diferencia en el reino de Dios. A veces me preguntaba si llegaría a
terminar el libro, así que finalmente acudí a uno de mis antiguos estudiantes de
posgrado, Jay Moon, y le propuse que invirtiéramos los papeles. Le pedí que se
convirtiera en mi mentor y que yo me convirtiera gustosamente en su alumno
para poder llevar este proyecto a buen puerto. Funcionó y le estoy eternamente
agradecido por su importante papel a la hora de ayudarme a completar este escrito. A Dios sea la gloria.

1

La conversión del misionero

Toda escoba nueva barre bien, pero la vieja conoce todos los rincones.
(La experiencia nueva es buena, pero la sabiduría es mejor).

Proverbio Builsa, Ghana

¿Cómo que hay que convertir a los misioneros? Yo pensaba que los misioneros simplemente convertían a los demás", preguntó un desconcertado estudiante de misionología. Acababa de pronunciar el discurso de apertura de la reunión anual de 2022 de la Sociedad Americana de Misionología en Notre Dame. Me reí entre dientes porque he respondido a esta misma pregunta más de mil veces. Me di cuenta de que mis experiencias como antropólogo misionológico durante los últimos cuarenta y cinco años siguen siendo válidas para quienes practican la misión hoy. Las duras (y a veces dolorosas) lecciones que he aprendido siguen siendo tan pertinentes como cuando comencé mi propio camino misionero. Muchas veces me he dicho a mí mismo: "Ojalá alguien me hubiera enseñado esto cuando empecé. ¡Me habría evitado muchos dolores de cabeza!"

El tema de la conferencia de 2022 fue "La conversión continua del misionero", y el título de mi discurso fue "La conversión de un misionero: Un estudio misionológico de Hechos 10". Argumenté que todo misionero efectivo debe pasar por dos conversiones. La primera conversión es nuestra conversión a Cristo como Señor de toda nuestra vida. Luego señalé cómo el apóstol Pedro tuvo que pasar por una segunda conversión para limpiarse de su etnocentrismo antes de poder llevar al centurión romano gentil Cornelio y a su familia a la fe en Cristo. Mi charla duró sólo treinta y tres minutos, pero la sesión de preguntas y respuestas se prolongó durante casi una hora. ¿Qué ocurrió para "electrizar al público"?, como lo describió un participante. Otro dijo: "Cuando respondías a preguntas difíciles y a menudo contabas una historia de algún lugar del mundo para ilustrar tu argumento, estabas recurriendo a una larga vida de experiencia y conocimiento".

Mientras pensaba en la respuesta que se produjo a mi discurso de apertura, me di cuenta de que, a lo largo de toda una vida viviendo en muchas partes del mundo, he estudiado lo que significa convertirse en seguidor de Jesús y permanecer dentro de la propia cultura. Las ideas de la antropología misionológica son tan valiosas hoy como lo han sido siempre en nuestro mundo cada vez más globalizado y urbanizado. Así que te invito a viajar conmigo a través de este fascinante campo y aplicar las ideas, conceptos y ejemplos a tu propia vida y ministerio.

Mi objetivo es compartir contigo el conocimiento que he aprendido en las últimas cuatro décadas como antropólogo misionológico. Mi esperanza es acompañarte en el camino al que Dios me ha invitado. En el proceso, te reirás de mis errores y te maravillarás de las intervenciones de Dios. No empecé con el conocimiento que tengo ahora. De hecho, empecé siendo bastante ingenuo.

Mi historia

Crecí en Michigan, en una tradición wesleyana conservadora en la que los misioneros ocupaban el lugar más alto de honor espiritual. Era como si tuviéramos una pirámide espiritual tácita con los misioneros en la cima, los pastores en el medio y los laicos corrientes en la base. Así que, por supuesto, de mayor quise ser misionero. "¿Por qué no aspirar a lo más alto de la jerarquía espiritual?", pensé. Pero aunque los misioneros ocupaban los escalones superiores de la pirámide espiritual, se consideraba que algunos tipos de misioneros tenían más valor espiritual que otros. Por ejemplo, los traductores de la Biblia estaban cerca de la cúspide de mi pirámide espiritual porque tenían que ser realmente inteligentes, conocedores de la selva y extremadamente dedicados para pasarse veinte años traduciendo el Nuevo Testamento. Pero en la cúspide de la pirámide residían los misioneros médicos. ¿Por qué los misioneros médicos? Quizá porque se consideraba que se sacrificaban aún más que los misioneros normales. Leí todo lo que pude sobre los misioneros médicos y supe que quería ser como ellos, menos el martirio, por supuesto.

Me matriculé en la universidad como estudiante de medicina, recibiendo clases de química, biología, anatomía y fisiología, microbiología y otras ciencias físicas. En mi tercer año de universidad, me trasladé al Seattle Pacific College y tuve un nuevo consejero académico. Cuando me preguntó qué quería ser de mayor, le dije que quería ser médico misionero. "Entonces será mejor que hagas un curso de antropología", me recomendó. Nunca había oído hablar de esa disciplina, pero confié en su consejo y me matriculé en mi primer curso de antropología. Fue amor a primera vista, porque descubrí una disciplina académica que encajaba conmigo como persona. Tomé todos los cursos de antropología y otras ciencias sociales que pude en mis últimos dos años, y me gradué en 1969, en plena guerra de Vietnam. ¿Qué iba a hacer ahora con mi vida?

El comienzo de mi viaje transcultural

Mi iglesia me invitó a ir a la República Democrática del Congo y ayudar a reiniciar la misión que había sido "arrasada" por la sublevación rebelde. Buscaban a dos jóvenes que fueran prescindibles, así que me ofrecí como voluntario. Dos años en el Congo aplazarían tener que ir a Vietnam y me darían la oportunidad de buscar la dirección de Dios sobre qué hacer con mi vida. ¿Debería seguir con mi vocación de médico misionero o continuar mis estudios de antropología? Le pedí a Dios que me mostrara un camino claro para mi vida y mi vocación. Los primeros seis meses sentí que debía seguir por la senda de las misiones médicas, porque fui testigo de mucho sufrimiento humano, y esto fue antes de que el VIH/SIDA invadiera el continente.

Era el comienzo de la era poscolonial y los últimos días de las instalaciones misioneras. Estábamos muy ocupados yendo de un lado a otro, realizando una tarea tras otra. No quedaba mucho tiempo para desarrollar relaciones personales profundas con la población local. Recuerdo una vez que hicimos un viaje para comprar suministros, dando tumbos por caminos de tierra en nuestro Land Rover hasta Kigali, la capital de Ruanda. Aquel día, mi conversación con mi colega misionero giró en torno a todas las cosas que teníamos que hacer para que la misión funcionara sin problemas. Estábamos enfocados en completar tareas en torno a Biblias, libros y curitas, las tres vías tradicionales del ministerio transcultural. Parecía que no teníamos mucho interés en comprender al pueblo africano en el nivel más profundo de su cosmovisión. Además, nos llevaría demasiado tiempo profundizar en su cultura.

También me di cuenta de que los misioneros no parecían muy interesados en explorar si el cristianismo se conectaba con los niveles más profundos de la cosmovisión de los africanos. Este era el mismo lugar donde veinticuatro años después ocurriría el genocidio de Ruanda. Los misioneros parecían contentos de que el cristianismo residiera en el nivel superficial del cambio de conducta y religioso. Poco a poco llegué a la conclusión de que podía hacer una contribución más significativa a la empresa misionera como antropólogo que como misionero médico. Recuerdo como si fuera ayer el día en que les dije a mis colegas misioneros que, al final de mi período de servicio, iba a regresar a Estados Unidos y cursar estudios de posgrado en antropología en lugar de ir a la facultad de medicina.

"Tirando mi vida por la borda"

No acogieron mi anuncio con entusiasmo. Al contrario, se enfadaron mucho conmigo y me dijeron que acabaría tirando mi vida por la borda. "Nunca hemos conocido a un antropólogo cristiano", dijeron. "¿Por qué crees que puedes convertirte en el primero? Incluso si tu fe cristiana sobrevive y eres capaz de seguir siendo cristiano, no hay nada de valor en el campo de la antropología para la obra misionera. Se trata solo de la evolución humana y de desenterrar huesos viejos". Así que, con ese tipo de "estímulo", me fui a la escuela de posgrado en antropología.

A medida que estudiaba antropología, mi pasión por la misión cristiana no hacía más que aumentar y ahora tenía algunas herramientas para contribuir a ella. Tras el trabajo de campo en las Islas Salomón y la defensa con éxito de mi tesis, mi esposa, Laurie, y yo fuimos invitados a servir en Melanesia, donde pude utilizar mi formación en antropología para ayudar a formar a los misioneros en la comprensión del contexto melanesio de su ministerio. Desde entonces y hasta hoy, durante los últimos cuarenta y cinco años, me ha apasionado ayudar a los misioneros a conectar el evangelio con lo más profundo de la cosmovisión y la cultura de las personas. En el proceso, he formado a varios miles de misioneros de muchas denominaciones y tradiciones eclesiásticas, he sido mentor de decenas de estudiantes de doctorado en el campo de la antropología misionológica, y he contribuido al campo mediante la escritura y la edición. Mi investigación se ha centrado en la adaptación transcultural de los misioneros y en la plantación y el fomento de expresiones autóctonas del cristianismo que los antropólogos misionológicos denominarían la contextualización del evangelio.

Amigos útiles

En mi peregrinación misionera y misionológica para descubrir las formas en que el evangelio se conecta con las culturas de los pueblos, me han ayudado, animado e inspirado mucho varios antropólogos misionólogos que me precedieron.

El primero de estos gigantes fue el brillante lingüista y traductor de la Biblia Eugene Nida (1914–2011), que en 1954 publicó *Customs and Cultures: Anthropology for Christian Missions*, que fue uno de los primeros y posiblemente más significativos libros que relacionaron la antropología con la misión.

Otro amigo en esta peregrinación fue Charles Kraft (1932–). Su libro *Christianity in Culture* (1979) me ayudó a darme cuenta de que gran parte de nuestro ministerio transcultural no ha dado en el blanco porque no estaba "orientado al receptor" y no abordaba a las personas en su nivel de cosmovisión. Más tarde, su obra *Anthropology for Christian Witness* (1996) proporcionaría un libro de texto de antropología cultural para el ministerio transcultural.

Alan Tippett (1911-88) fue misionero metodista australiano en Fiyi durante veinte años y luego obtuvo un doctorado en antropología, estudiando con el famoso Homer Barnett en la Universidad de Oregon. Tippett me adoptó como hijo misionológico y me dio a conocer sus investigaciones en su libro pionero, *Solomon Islands Christianity* (1967), que estimuló mi propia investigación doctoral entre los anglicanos de las Islas Salomón.

A quien considero el "decano" de la antropología misionológica es a Paul G. Hiebert (1932–2007), autor de *Anthropological Insights for Missionaries* (1985). Los llamativos y creativos modelos culturales de Hiebert muestran de forma convincente cómo nuestra propia cultura determina nuestra comprensión del evangelio. En este libro bien escrito y cautivador, Hiebert analiza las diferencias culturales y el mensaje que comunicamos, las diferencias culturales que encontramos como misioneros y cómo crear una comunidad bicultural en el ministerio transcultural. Todos estamos en deuda con Paul Hiebert.

El libro más importante de antropología misionológica desde una perspectiva católica es *The Church and Cultures: An Applied Anthropology for the Religious Worker* (1970) de Louis Luzbetak, que fue completamente revisado y publicado como *The Church and Cultures: New Perspectives in Missiological Anthropology* en 1988. Sigue siendo el principal texto de antropología misionológica desde una perspectiva católica.

Otros libros escritos por antropólogos centrados en la antropología aplicada a las misiones son *Christianity Confronts Culture: A Strategy for Cross-Cultural Evangelism* (1974, 1987) de Marvin K. Mayers y *Self and Society: A Postmodern Anthropology for Mission in a Postcolonial World* (2011) de Michael Rynkiewich.

Siguiendo la tradición de Nida, Kraft, Tippett, Hiebert, Luzbetak y Mayers, el presente libro no es una introducción a la antropología cultural desde una perspectiva cristiana, como *Introducing Cultural Anthropology: A Christian Perspective* de Brian Howell y Jenell Paris (2011, 2019), o *Cultural Anthropology: A Christian Perspective* de Stephen Grunlan y Marvin Mayers (1979, 1988). Más bien, el propósito de este libro es compartir el conocimiento antropológico que he adquirido para ayudar al ministerio transcultural. Este es el campo de la antropología misionológica.

El objetivo de este libro es animar y empoderar a los misioneros, a quienes me referiré con frecuencia como testigos transculturales, de todas las regiones del mundo y de todas las perspectivas teológicas, para que sean más efectivos, sirvan durante más tiempo y prosperen, no sólo sobrevivan, en su ministerio transcultural (véase Alma 2011). Varios temas en este libro harán eco de este objetivo:

1. Descubrir y comprender algunos de los retos y problemas que se plantean en la comunicación transcultural del evangelio.
2. Reconocer y adoptar el concepto teológico de la encarnación como modelo bíblico para el ministerio transcultural.
3. Fomentar la contextualización del evangelio mediante la comprensión de la relación dinámica entre cristianismo y cultura, entre la Palabra eterna de Dios y un mundo cambiante (cf. Conn 1984).

Capacitando a otros

Como antropólogo al servicio de la Iglesia y las misiones durante los últimos cuarenta y cinco años, he viajado a muchas partes del mundo—China, India, Kenia, Cuba, Brasil, Filipinas y Papúa Nueva Guinea, por nombrar algunas—para capacitar a personas para el ministerio transcultural. Confieso que mis enseñanzas y capacitación no siempre han tenido una cálida acogida inicial.

La respuesta que suelo dar a "¿Por qué no hemos escuchado esto antes?" es que hay muy pocos antropólogos cristianos en el mundo, y aún menos que han utilizado su formación como antropólogos profesionales para servir a la misión de Dios en el mundo. Mi motivación para publicar este libro, en el ocaso de mi vocación profesional, es ayudar a llenar el vacío y responder a la falta de comprensión y aprecio por el valor y la importancia de una perspectiva antropológica en el ministerio transcultural.

La estructura de este libro

Comenzaremos este camino de cruzar culturas con el evangelio examinando primero el concepto de cultura. Empezamos aquí porque, a menos que el evangelio se conecte profundamente con la cultura de un pueblo, habrá muy poca transformación. El antropólogo misionológico neozelandés Gerald A. Arbuckle, en su libro *Earthing the Gospel: An Inculturation Handbook for Pastoral*

Workers, afirma que la evangelización "demanda la inserción del evangelio en el corazón mismo de una cultura" (1990, 18). Como testigos transculturales, es imperativo que comprendamos el concepto de cultura, ya que es dentro de una cultura donde las personas llegan a encontrar sentido a su existencia, comprenden el evangelio en lo que se refiere a su vida personal y colectiva, se convierten en seguidores de Jesús y se unen en comunión con los demás. Por supuesto, existen críticas legítimas al concepto de cultura cuando exageramos su utilidad y hacemos generalizaciones sobre las personas y las esencializamos y estereotipamos. Por lo tanto, la Parte 1 sentará las bases de la comprensión de la cultura para que entendamos mejor lo que estamos cruzando cuando hablamos de cruzar culturas con el evangelio.

La Parte 2 se enfocará en la base bíblica de cómo cruzamos culturas con el evangelio. Argumentaré que la encarnación—Dios entrando en la historia humana a través de la persona de Jesús el judío—es más que una doctrina teológica, por muy importante que sea para la fe cristiana. La encarnación es también un modelo de la manera en que debemos entrar a otra cultura e identificarnos con la gente. Lo llamo identificación encarnacional y es el enfoque básico que adopto a lo largo del libro.

Equipados con un conocimiento de la cultura y con Jesús como modelo para desarrollar relaciones transculturales, nos ponemos en marcha, sólo para toparnos rápidamente con problemas importantes. Pronto descubrimos que el entusiasmo y el conocimiento de la Biblia no son suficientes para cruzar culturas con el evangelio. Así que en la Parte 3 abordaremos algunas cuestiones comunes que pueden causar problemas de comunicación. Cuando empezamos a identificarnos con las personas, no tardamos en descubrir diferencias significativas en nuestra cosmovisión. Otro reto de la comunicación transcultural no tiene nada que ver con las palabras. Proviene de los muchos mensajes no verbales que enviamos, que se denominan paramensajes. Con frecuencia enviamos mensajes involuntarios que a veces contradicen el mensaje verbal que queremos proclamar. El siguiente problema que abordaremos tiene que ver con las formas culturales. Si no utilizamos formas culturales que tengan sentido en una cultura concreta, es posible que no transmitamos el significado que deseamos comunicar, lo que puede dar lugar a importantes malentendidos, equívocos e incluso desconfianza. Concluiremos esta sección sobre problemas de comunicación abordando el uso del espacio en la comunicación con los demás.

La Parte 4 abordará el tema del choque cultural, que a menudo es un efecto secundario no deseado, pero inevitable, de cruzar culturas con el evangelio. El problema del choque cultural es que a menudo no se diagnostica, por lo que las personas no entienden lo que les ocurre, por qué están tan deprimidas y por qué se sienten desanimadas y se preguntan si son lo suficientemente buenas para participar en la misión de Dios en el mundo. Abordaremos el problema del choque cultural como una enfermedad ocupacional de las personas que son trasplantadas repentinamente de una cultura a otra.

¿Cómo podemos ser comunicadores más efectivos? Este será el tema central de la Parte 5. En el capítulo 12, demostraré cómo podemos descubrir las diferencias culturales a través de algunos métodos antropológicos probados en el tiempo para realizar trabajo de campo, como la observación participante y aprender a ser un buen etnógrafo en medio de nuestro ministerio transcultural. Uno de los mayores retos a la hora de cruzar culturas con el evangelio es que no somos conscientes de nuestras propias cosmovisiones. Ingenuamente, pensamos que nuestra visión del mundo es la misma que la de los demás. Por lo tanto, gastamos demasiada energía intentando convencerles de que vean el mundo como nosotros. Por eso, en el capítulo 13, exploraremos algunos de los valores dominantes y temas de cosmovisión que influyen en nuestro ministerio transcultural. Examinaremos la forma en que a veces nuestra fe puede estar moldeada por nuestra cultura tanto como por los valores bíblicos. Por último, en el capítulo 14, estudiaremos dos estrategias para superar muchos de los problemas expuestos en este libro. La primera es una estrategia a corto plazo llamada "vinculación", que se produce en los primeros días y semanas en otra cultura. La estrategia a largo plazo, siguiendo el modelo bíblico de la identificación encarnacional, es convertirse en una persona bicultural que pueda entrar y salir libremente de diferentes culturas, sentirse en casa en ambas y hacer contribuciones a la comunidad, la sociedad y la cultura.

Si bien aliento a mis estudiantes a aprender de toda la literatura que puedan, nada es mejor que escuchar la sabiduría adquirida en experiencias transculturales reales. Al fin y al cabo, la escoba nueva puede barrer bien, ¡pero la vieja conoce los rincones de la habitación! La investigación (por ejemplo, Taylor 1997; Hay et al. 2007) documenta una tasa de desgaste bastante alta en todas las culturas por parte de los testigos transculturales. Simplemente necesitamos la sabiduría y la perspicacia de otros para navegar por las complejidades de la vida y el ministerio transculturales. Mi gran deseo es ver disminuir la tasa de desgaste y aumentar la tasa de satisfacción y realización por el bien del reino de Dios y de la misión de Dios en el mundo, a la que estamos invitados a unirnos.

Conversión del misionero

Volvamos a aquel estudiante que hacía la pregunta sobre la conversión del misionero. Yo acababa de pronunciar la conferencia magistral "La conversión de un misionero: Un estudio misionológico de Hechos 10", en la que argumenté que todo misionero necesita dos conversiones. Si estás leyendo este libro, es probable que hayas experimentado la primera conversión espiritual a Cristo como Señor y Salvador. Muchos testigos transculturales lo han hecho, pero no muchos han experimentado la segunda conversión, en la que toman conciencia del impacto que su cultura tiene sobre ellos, adquieren un profundo conocimiento de los demás y descubren dónde ha estado actuando el Espíritu Santo antes de que ellos llegaran al lugar. Así pues, te invito a que recorras conmigo el fascinante campo de la antropología misionológica y a que apliques las ideas, conceptos y ejemplos a tu propia vida y ministerio. En el proceso, ¡espero que experimentes tu segunda conversión!

PARTE 1

El concepto de cultura

2

Comprendiendo la cultura en misión

El que no viaja piensa que su madre es la mejor cocinera del mundo. (Si no experimentamos otras culturas, pensaremos que la nuestra es la mejor).

Proverbio Kikuyu, Kenya

"Ya no somos cazadores de cabezas; somos cristianos", insistieron. "¿A qué se refieren estas personas de Campus Crusade cuando dicen que debemos comparar nuestra vida antes y después de convertirnos en cristianos? No tenemos un *antes* y un *después*. ¿Significa esto que no somos cristianos?" Preguntas como éstas surgieron un día en que mi esposa, Laurie, y yo vivíamos en un pequeño pueblo de la isla de Santa Isabel, en las Islas Salomón, en 1977-78. Varios aldeanos vinieron a hablar conmigo sobre lo que significaba compartir su fe como cristianos de tradición anglicana. Habían encontrado una nueva enseñanza de Campus Crusade for Christ (ahora CRU) que les instruía sobre cómo preparar su testimonio personal. Se les dijo que hablaran de su vida *antes* de convertirse en cristianos y la compararan con la vida *después* de convertirse en cristianos. Los aldeanos estaban totalmente confusos. "Siempre hemos sido cristianos anglicanos, desde hace varias generaciones", dijeron. "¿Acaso no somos cristianos simplemente porque no podemos explicar nuestra fe en sus términos?"

Este encuentro fue un choque de dos culturas muy diferentes: una cultura individualista frente a otra colectivista y orientada a la comunidad. Representaba dos teologías diferentes moldeadas por culturas opuestas. Fue alimentado por interpretaciones opuestas de lo que es un cristiano. Si el objetivo de Campus Crusade era conseguir que los habitantes de las Islas Salomón entendieran las "Cuatro Leyes Espirituales" e invitaran a Jesús a sus corazones, entonces es poco probable que tuvieran éxito. Las personas de Campus Crusade y los habitantes de las Islas Salomón no se entendían porque no conocían ni apreciaban la cultura de la que procedía el otro.

Este es un ejemplo sencillo de la razón por la que la cultura importa y por la que debemos comprender la cultura del otro en el ministerio transcultural. En este capítulo exploraremos el concepto de cultura, que es fundamental para un ministerio efectivo en el seno de las culturas y entre ellas.

El ministerio transcultural y el discipulado efectivos requieren que uno sea capaz de formar, desarrollar y mantener relaciones personales. Si tratamos de hacer evangelismo y discipulado sin establecer una relación con el seguidor potencial de Jesús, entonces probablemente fracasaremos. Nuestro esfuerzo por evangelizar no será percibido como una buena noticia; será una noticia confusa, una noticia irrelevante o, peor aún, una mala noticia. Para desarrollar relaciones significativas con los demás, debemos entender su cultura, la cual moldea sus ideas, influye en sus actitudes y afecta su forma de vivir, pensar y comportarse. Sin embargo, antes de poder entender la cultura específica de un pueblo, necesitamos entender el concepto de cultura y esa es nuestra tarea en la parte 1. No todos los que participan en la misión estarán de acuerdo con esto.

Algunos teólogos se han opuesto a mis enseñanzas. Por ejemplo, un teólogo sistemático envió a dos de sus alumnos a mi clase de Antropología para la Misión Cristiana esencialmente como espías para que le informaran de lo que yo estaba enseñando. Imaginen mi sorpresa cuando un día me confesaron que habían sido enviados a mi curso para espiarme, pero que en el proceso se habían convertido. Ahora estaban plenamente convencidos de la importancia de comprender la cultura para la misión y el discipulado, y de que el conocimiento bíblico y la teología sistemática eran necesarios pero no suficientes para servir de forma efectiva en el ministerio transcultural. La objeción que oigo de vez en cuando es más o menos así: "Hay miles de misioneros en todo el mundo que sólo tienen capacitación bíblica y teológica, si acaso. Ciertamente no son antropólogos, y sin embargo parecen tener un ministerio efectivo". Sí, es cierto, pero a menos que comprendamos la cultura de las personas entre las que vivimos y servimos, es probable que nos comuniquemos mal, a pesar de nuestros profundos conocimientos bíblicos y teológicos.

¿Hasta qué punto es importante el concepto de cultura para un ministerio transcultural efectivo? El antropólogo misionero Louis Luzbetak en su libro *The Church and Cultures*, dice: "El concepto de cultura es ... la contribución más significativa del antropólogo a la tarea misionera. Nada podría ser más fundamental que una comprensión adecuada del término. No comprender la naturaleza de la cultura equivaldría a no comprender gran parte de la naturaleza de la propia obra misionera" (1970, 59). Luzbetak está diciendo que si no comprendemos qué es la cultura, entonces no comprendemos realmente en qué consiste la labor misionera. ¿Cuántos misioneros han recibido una capacitación adecuada y han aprendido algunos conocimientos etnográficos que les permitan comprender el concepto de cultura? Desafortunadamente, muy pocos. Esto se debe a que la capacitación transcultural y antropológica ha tenido históricamente una baja prioridad en la preparación de las personas para el ministerio transcultural. En este capítulo trataremos de rectificar parte de esa deficiencia. Comencemos con una definición de cultura.

Definiciones de cultura

Debemos empezar señalando lo que no quiero decir con la palabra *cultura*. Un uso popular del término, tomado del francés, está relacionado con una persona que disfruta de las bellas artes y sigue una etiqueta cuidadosa como persona *culta*, en contraste con los que supuestamente no lo son. Por ejemplo, cuando vemos folletos de viajes a París, Londres, Hong Kong, Tokio o Nueva York que anuncian "eventos culturales", se refieren con frecuencia a museos, ballets, orquestas, producciones musicales, obras de teatro y otros aspectos de la "alta cultura".

En contraste con esta interpretación popular del término, *cultura* en el sentido antropológico se refiere a todo el entorno creado por el ser humano en el que viven las personas (Herskovits 1955), no sólo a las bellas artes y los modales "correctos". El concepto de cultura incluye la música de Brahms, Beethoven y Bach, pero también la de los Beach Boys, los Beatles y Beyoncé. El uso antropológico del término es un concepto amplio que abarca las normas, valores, costumbres, tradiciones, hábitos, habilidades, conocimientos, creencias y toda la forma de vida de un grupo de personas. Como descubriremos a lo largo de este libro, comprender el concepto de cultura es crucial para un ministerio efectivo, ya sea dentro de tu propia cultura o en otra.

Los antropólogos han ofrecido cientos de definiciones de este importante término (cf. Kroeber y Kluckhohn 1952; y Weiss 1973). En ocasiones, la utilidad del término ha sido objeto de debate entre los antropólogos académicos. Las definiciones han cambiado con el tiempo, pasando de un conjunto más estático y delimitado a entender la cultura como algo dinámico, cambiante, complejo y permeable. Howell y Paris consideran la cultura como "internamente diversa, siempre cambiante y afectada por el poder" (2019, 44).

El concepto de cultura desde la perspectiva de las ciencias sociales es relativamente reciente. Edward Burnett Tylor nos dio la primera definición científica de cultura en inglés. En 1871, Tylor escribió: "La cultura es ese conjunto complejo que incluye el conocimiento, la creencia, el arte, la moral, la ley, la costumbre y cualesquiera otras capacidades y hábitos adquiridos por [los seres humanos] como [miembros] de una sociedad" (1871, 1). Cien años después, Clifford Geertz, a menudo uno de los favoritos de los antropólogos misionológicos, definió la cultura como "un sistema de concepciones heredadas expresadas en formas simbólicas por medio de las cuales [las personas] comunican, perpetúan y desarrollan sus conocimientos sobre la vida y sus actitudes hacia ella" (1973, 89). Geertz diría que el propósito de la cultura es imponer un significado al mundo y hacerlo comprensible.

A veces, cuando somos nuevos en un lugar, no entendemos lo que está pasando o cómo comportarnos adecuadamente, y esto puede dejarnos confusos. James Spradley y David McCurdy explican la razón por la que ocurre esto: "La cultura es el conocimiento adquirido que las personas utilizan para interpretar la experiencia y generar el comportamiento social" (1975, 5). Michael Rynkiewich, en una definición exhaustiva y más posmoderna, sostiene que "la cultura es un sistema más o menos integrado de conocimientos, valores y sentimientos que las personas utilizan para definir la realidad (cosmovisión), interpretar sus experiencias y generar estrategias adecuadas para vivir; un sistema que las personas aprenden de otras personas de su entorno y comparten con otras personas en un entorno social; un sistema que las personas utilizan para adaptarse a su entorno espiritual, social y físico; y un sistema que las personas utilizan para innovar con el fin de cambiarse a sí mismas a medida que cambia su entorno" (2011, 19). Por último, Howell y Paris ofrecen una definición contemporánea de cultura: "Cultura es la forma de vida total de un grupo de personas que es aprendida, dinámica, compartida, cargada de poder e integrada" (2019, 40).

Cuando entendemos una cultura que es diferente de la nuestra, podemos interpretar las experiencias de las personas en esa cultura y dar sentido a lo que hacen y piensan. También podemos aprender a comportarnos de manera apropiada para ese contexto. En el ministerio es muy importante dedicar tiempo y energía a conocer otra cultura para poder comprender lo que ocurre y actuar de forma culturalmente adecuada.

Hablando como antropólogo y no como teólogo, creo que la cultura es lo que separa a los seres humanos de todos los demás animales que forman parte de la creación de Dios. Somos animales en el sentido de nuestra creación biológica—es decir, somos *Homo sapiens*—pero nos diferenciamos fundamentalmente de todos los demás animales que Dios creó en que somos los únicos con cultura, la cual influye en lo que llegamos a ser. Además, somos los únicos animales creados a imagen de Dios. Por lo tanto, la cultura debe ser una parte muy importante del ser y la identidad que Dios nos ha dado. Me gusta pensar en la cultura como un don de la gracia de Dios. M. A. C. Warren, en su introducción a *The Primal Vision* de John V. Taylor, dice: "Nuestra primera tarea al acercarnos a otra cultura, a otra religión, es quitarnos los zapatos, porque el lugar al que nos acercamos es sagrado. De lo contrario, podríamos pisar los sueños de los hombres. Más grave aún, podríamos olvidar que Dios estaba aquí antes de nuestra llegada" (Taylor 1963, 10).

La cultura es lo que nos permite distinguir entre cosas culturales y no culturales—naturales, orgánicas, químicas o geológicas. Por ejemplo, si paseamos por un bosque y nos encontramos con una mesa y unas sillas, lo primero que pensaremos no será: *"qué árbol más raro y sin hojas".* No, sabríamos inmediatamente que los seres humanos han estado allí antes que nosotros, porque esa mesa y esas sillas son un subproducto cultural de las ideas y la capacidad creativa de alguna personal. La cultura transforma cosas naturales, geológicas u orgánicas en cosas culturales, como una mesa y unas sillas. Así pues, la cultura es ante todo un fenómeno mental formado por ideas, valores y sentimientos que conducen a comportamientos y a la creación de productos materiales e inmateriales. La figura 2.1 muestra esta relación.

Figura 2.1
Elementos secuenciales en la creación de cultura

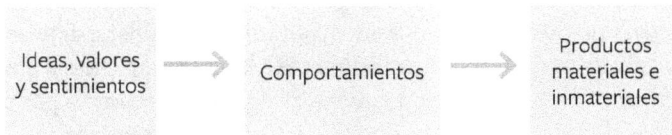

Ideas, valores y sentimientos	⟶	Comportamientos	⟶	Productos materiales e inmateriales

El peligro de cosificar, esencializar y totalizar la cultura

Debido a que ejerce una influencia tan poderosa en la formación de nuestras ideas, valores y sentimientos, a veces me refiero a la cultura como una camisa de fuerza que se ajusta cómodamente. Pero debemos hacer dos advertencias al respecto. Debemos ser conscientes de la tendencia a cosificar la cultura, es decir, a asumir que la cultura tiene vida propia, independientemente de los seres humanos que la crean y la cambian. Cuando cosificamos la cultura, podemos suponer fácilmente que nos controla. Pero la cultura no hace nada. Las personas toman decisiones, reaccionan ante los acontecimientos, se comportan de determinadas maneras y crean productos. La cultura no hace esas cosas. Así que cuando pensamos o aprendemos sobre la cultura de un grupo concreto de personas que parecen resistirse al evangelio, debemos tener cuidado de no asumir que su cultura es la causa de que rechacen el evangelio. Por ejemplo, cuando los misioneros protestantes llegaron a Corea y Japón en 1884, creían que la cultura coreana estaba abierta al evangelio y que la cultura japonesa hacía que las personas se resistieran a aceptar el evangelio.

Entender mal lo que es la cultura también puede conducir a otro problema: esencializamos o totalizamos la cultura, quitando así la capacidad de acción de las personas que participan y viven en una sociedad determinada. Entre los antropólogos posmodernos actuales, este es el "pecado" número uno que debe evitarse (cf. Rynkiewich 2011, 38–39). Si esencializamos la cultura, asumimos inconscientemente que todas las personas de esa cultura actúan o piensan de forma similar. Esencializar la cultura nos lleva a ignorar la enorme diversidad que existe en cualquier cultura y a crear estereotipos de las personas, como "los mexicanos son...", "los estadounidenses siempre ... ," "esas personas ... ". Lo hacemos todo el tiempo, a menudo inconscientemente. Miriam Adeney nos advierte de ello, señalando que "Dios no nos estereotipa, sino que se encuentra con cada uno de nosotros como las excepciones que somos, con nuestras identidades múltiples y superpuestas, nuestras peregrinaciones únicas y nuestras peculiaridades individuales. Dios no nos encasilla" (2015, 96).

Craig Ott, en un artículo creativo y brillante, sugiere una solución a dos extremos en nuestra comprensión del concepto de cultura. Escribe: "El concepto de cultura ha sido durante mucho tiempo fundamental para la teoría y la práctica de la misión. Sin embargo, las concepciones actuales de la cultura pueden caer fácilmente en uno de estos dos extremos: por un lado, las perspectivas esencialistas de la cultura pueden conducir fácilmente a la estereotipación y, por otro, las teorías extremas de la hibridación cultural poscolonial rechazan por completo las tipologías de las diferencias culturales y tienden a ignorar la investigación empírica sobre las diferencias culturales" (2022, 63).

En algunos debates misionológicos recientes, ha habido una tendencia a agrupar a las personas en categorías generalizadas de culturas de la culpa, la vergüenza y el temor. Estas categorías pueden ser útiles para el evangelismo y la misión, pero debemos tener cuidado de no generalizar en exceso, es decir, de no esencializar. He argumentado en otro lugar que no deberíamos subirnos al último tren misionológico con la esperanza de lograr resultados rápidos con un mínimo de inversión de vida (Whiteman 2018). Esto puede suceder fácilmente si esencializamos y asumimos que todas las personas dentro de una cultura determinada son iguales. Debemos evitar esencializar y totalizar la cultura porque a veces hay tanta variación dentro de una cultura como entre culturas.

Evitar esencializar y cosificar la cultura significa que nos la tomamos en serio pero no la idealizamos o, peor aún, la idolatramos. Para subrayar la naturaleza dinámica de la cultura con los actuales flujos globales de ideas, personas y productos, podemos decir que la cultura es cambiante, construida, impugnada, contingente, contextual, compleja y creativa. Algunos antropólogos posmodernos creen hoy que el concepto de cultura ya no es válido ni útil para explicar las sociedades humanas porque no da suficiente cabida a la intervención personal en la manera en que creamos e innovamos o porque no explica adecuadamente el papel del poder y la desigualdad en las sociedades (por ejemplo, Brightman 1995; y Fischer 2007). Estas críticas al concepto de cultura son buenas porque nos recuerdan que debemos evitar la cosificación de la cultura, dar cabida a la actuación y entender la cultura como algo dinámico y cambiante, no estático y fijo. Si tenemos en cuenta estas precauciones, el concepto de cultura puede ser pertinente y útil, sobre todo porque nos ayuda a entender y practicar el ministerio transcultural.

Atributos de la cultura

Partamos de la base de qué es la cultura y analicemos algunos atributos importantes para el ministerio transcultural: la cultura se aprende, la cultura se comparte y la cultura se adquiere como miembros de la sociedad.

La cultura se aprende

Cuando decimos que la cultura se aprende, queremos decir que no se hereda biológicamente; no es un instinto. En otras palabras, no existe un gen cultural en nuestros cromosomas. En cierto modo, estaría bien que existiera, porque entonces, como parte de nuestra preparación para el ministerio transcultural, podríamos empalmar un gen para aprender otro idioma o comprender otra cultura. Cuando nos esforzamos por comprender otro idioma o dar sentido a las diferencias culturales, es tentador desear que Dios nos hubiera creado para que pudiéramos simplemente hacer una programación genética y eliminar todo el trabajo duro del proceso. Pero Dios no nos creó así. En lugar de eso, tenemos que aprender todo. Y, desafortunadamente, es cierto que cuanto más mayores nos hacemos, más difícil es aprender otro idioma o entender una cultura diferente. A menudo les digo a los padres que participan en el ministerio transcultural que están dando a sus hijos el gran regalo de aprender más de un idioma y comprender más de una cultura. Cuanto antes aprendan una segunda lengua y una segunda cultura, mejor.

Consideremos un experimento hipotético. ¿Qué pasaría si tomáramos a un bebé nacido en Beijing (China) antes del 4 de junio de 1989 y lo lleváramos a Atlanta (Georgia)? Al cabo de veinte años, ¿tendrá una inclinación natural a usar palillos chinos? No. ¿Hablará chino? No, hablará inglés con acento sureño. ¿Cuál es la probabilidad de que sea comunista? Es poco probable. Dependiendo de la familia en la que se haya criado, es más probable que sea cristiano bautista del sur. No habrá nada chino en él, aparte de su aspecto físico, lo que puede llevar a las personas a concluir inicialmente que es "chino". Pero para ser chino, habría tenido que aprender todos los aspectos chinos de la cultura. No los habría heredado biológicamente. Por lo tanto, al haberse criado en Estados Unidos, no será culturalmente chino.

Puede ser que protestemos diciendo: "¿Pero no hay instintos? ¿Y el pecado? Todo el mundo peca, por lo que sin duda tiene que ser instintivo". Es cierto que el pecado es universal, pero lo que se define como pecado varía de una cultura a otra, como han argumentado persuasivamente T. Wayne Dye (1976) y Robert J. Priest (1994). Tenemos una propensión a pecar, una inclinación a pecar y, por supuesto, sin la ayuda del Espíritu Santo dentro de nosotros, no seríamos capaces de superar esta tendencia a pecar. Si tuviéramos un instinto para pecar, entonces todos pecaríamos de la misma manera, pero eso no sucede. Quizá la figura 2.2 ayude a explicar este concepto.

Figura 2.2
El *continuum* del comportamiento

Comportamiento instintivo   ⟵ ———————— ⟶   Comportamiento aprendido

Si alineáramos a todos los animales del reino animal, se situarían en algún punto de este continuo entre el comportamiento instintivo y el aprendido. Los insectos estarían en el extremo izquierdo porque su comportamiento es más instintivo. Los seres humanos estaríamos en el extremo derecho porque nuestro comportamiento es aprendido. Otros primates, como los chimpancés y los gorilas, estarían cerca del extremo del comportamiento aprendido, pero no ocuparían el mismo espacio en el continuo que los seres humanos.

Alfred Kroeber explica la diferencia entre instinto y comportamiento aprendido. Él escribió en 1917, lo que explica su elección de palabras y su perspectiva etnocéntrica, pero sus ideas son tan importantes hoy como lo fueron hace más de cien años. Kroeber escribe: "Toma un par de huevos de hormiga, del sexo correcto, huevos sin eclosionar, recién puestos. Elimina cada individuo y cada otro huevo de la especie. Proporciona a la pareja un poco de atención en cuanto a calor, humedad, protección y alimentación. Toda la 'sociedad' de hormigas, cada una de las habilidades, poderes, logros y actividades de la especie ... se reproducirá, y se reproducirá sin disminución, en una generación" (1917, 177).

En este ejemplo, toda la sociedad de hormigas se reproduce a partir de sólo dos hormigas porque su comportamiento está programado genéticamente.

"Pero", dice Kroeber,

> pongamos en una isla desierta o en un área circunscrita a doscientos o trescientos bebés humanos de la mejor estirpe, de la clase más alta de la nación más civilizada; proporcionémosles la incubación y la alimentación necesarias; dejémoslos en total aislamiento de los de su especie; ¿y qué tendremos? ¿La civilización de la que fueron arrancados? ¿Una décima parte de ella? No, ni una fracción; ni una fracción de los logros civilizadores de la tribu salvaje más tosca. Sólo un par o una tropa de mudos, sin artes, conocimiento, fuego, orden ni religión. La civilización sería borrada dentro de estos confines, no desintegrada, no cortada en seco, sino borrada de un plumazo (1917, 177).

En otras palabras, Kroeber está sugiriendo que si los seres humanos se criaran de algún modo sin contacto humano, no llegarían a ser humanos, con todas las características humanas normales que asociamos a ellos, como el fuego, el orden, el arte, la música, la religión, el lenguaje, etcétera. Las hormigas no necesitan la presencia de otras hormigas para saber cómo funcionar en una "sociedad" de hormigas porque su comportamiento está programado genéticamente, pero los seres humanos tienen que estar en compañía de otros para convertirse en seres humanos plenamente funcionales.

¿Es el argumento de Kroeber sólo una posibilidad teórica o tiene alguna base real? Desafortunadamente, su hipotético ejemplo de niños criados sin contacto humano es demasiado real. Los conocemos como niños en estado salvaje: seres humanos que de algún modo han podido sobrevivir sin contacto humano pero que, cuando son descubiertos, tienen muy pocas o ninguna característica humana.

El primer caso documentado científicamente se conoce como el Niño Salvaje del Aveyron. Fue descubierto en un bosque montañoso del distrito de Aveyron, en el sur de Francia, en enero de 1800. En un libro cuidadosamente investigado y bien documentado de Harlan Lane (1979), nos enteramos de que un granjero encontró a este niño, que se calcula que tenía unos doce o trece años, cavando en su jardín en busca de algo de comer. Aunque tenía características humanas, caminaba de cuatro patas y se comportaba más como un perro que como un ser humano. El granjero lo vendió a un circo ambulante, que lo exhibió como un fenómeno extraño. Finalmente, el notable psicólogo francés Jean-Marc-Gaspard Itard (1774-1838) se enteró de la existencia de este niño, se lo compró al circo y se lo llevó a París, donde intentó trabajar con él. Le puso el nombre de Victor, pero Victor nunca llegó a desarrollarse como ser humano y murió alrededor de los veintiocho años. El Niño Salvaje de Aveyron causó un gran revuelo en la comunidad científica europea, ya que en aquella época se debatía mucho sobre la diferencia entre lo adquirido versus lo innato.

Esta historia ilustra lo que puede ocurrir cuando un ser humano no se cría en compañía de otros humanos y no aprende una lengua y una cultura. Cuando supe por primera vez de estos niños salvajes, me inquietaron a varios niveles. En primer lugar, ¿dónde estaba la imagen de Dios en ellos? ¿Dónde residía el pecado original? No es éste el lugar para sondear tales cuestiones teológicas, pero sí nos hacen vívidamente conscientes de la importancia de la cultura en nuestro desarrollo como seres humanos creados a imagen de Dios.

El ejemplo de los niños salvajes también subraya la importancia del tipo de cultura que creamos en nuestros hogares y a la que están expuestos nuestros hijos en los primeros meses y años de su vida. Cuando nació nuestro hijo, yo estaba escribiendo mi tesis doctoral en antropología sobre el impacto del cristianismo anglicano en las Islas Salomón. Podría decirse que sabía más sobre ese tema que cualquier otra persona viva en ese momento, pero me sentía como si no supiera nada sobre cómo presentarle a mi hijo una cultura en nuestro hogar que reflejara los valores bíblicos y derramara generosas porciones de amor y suficiente disciplina. Fue un pensamiento aleccionador darme cuenta de lo importante que sería la cultura de nuestra familia a la que mi hijo estaría expuesto en los primeros meses y años de su vida, y la responsabilidad y el privilegio que mi esposa y yo teníamos de crearla.

Aprender por medio de nuestra cultura es fundamental para nuestra formación y crecimiento como seres humanos, pero, curiosamente, me he encontrado con muchos cristianos a los que esta revelación de que la cultura se aprende y no se hereda biológicamente les resulta bastante inquietante. Pero lo que este conocimiento me revela es que Dios utiliza la cultura, no los genes ni los cromosomas, para moldearnos y convertirnos en lo que Dios quiere que seamos. Cuanto más reflejemos los valores del reino de Dios y más asumamos la mente de Cristo (1 Cor. 2:16), más podremos influir en nuestra cultura con valores que sean coherentes con el carácter de Dios. La figura 2.3 ilustra la relación entre un *Homo sapiens* biológico y un ser humano cultural.

Figura 2.3
El papel de la cultura en la creación de los seres humanos

Homo sapiens ————————————→ Ser humano
Biológico   *Cultural*

↑

Cultura

La mayoría de los animales comen y beben siempre que les apetece, pero los seres humanos comen y beben a determinadas horas prescritas y sienten hambre cuando llegan esas horas. El número de comidas diarias oscila entre una comida al día en algunas zonas de África y seis comidas pequeñas en algunas zonas de Escandinavia. La cultura también es poderosa en el sentido de que nos dice cuáles alimentos son apropiados y cuáles no. Algunos alimentos los podemos comer sin dificultad, otros no. Son culturalmente inapropiados.

Recuerdo a uno de mis estudiantes de Japón que un día pasó por mi oficina para traerme un regalo proveniente de su país. Acababa de recibir un paquete de provisiones y estaba ansioso por compartirlo con su profesor, así que le invité a pasar a mi oficina. Llegó y le quitó la tapa de su envase de Tupperware, y allí, flotando en salsa de soja, había saltamontes. "¿Quieres probar un saltamontes?" me preguntó emocionado. Sabía que toda mi enseñanza sobre identificación encarnacional estaba en juego en ese mismo momento (más sobre esto en el cap. 4). No tenía elección. Tenía que aceptar su amable regalo. Así que saqué con cuidado un saltamontes del envase, le quité el exceso de salsa de soja y me lo metí en la boca. Para mi sorpresa, estaba delicioso. La textura era un poco extraña, pero el sabor era maravilloso. ¡Y entonces lo sorprendí pidiéndole una segunda ración! Más tarde me confió algunas preocupaciones personales. Sabía que sólo podía compartirlas con alguien en quien confiara y que le escuchara. Así que tragar un saltamontes hizo algo más que saciar mi apetito: tendió un puente de confianza.

Varios años después de graduarse, volví a encontrarme con él en la Escuela de Divinidades de Yale, y me preguntó si recordaba la vez que había pasado por mi oficina con unos saltamontes marinados. "Oh sí", le dije, "nunca lo he olvidado". Luego continuó relatando cómo había ofrecido esos saltamontes a todos sus profesores, pero sólo seis de ellos habían estado dispuestos a probarlos. Y luego dijo: "Y tú fuiste el único que pidió una segunda ración". La cultura estaba en juego a la hora de influir en sus profesores estadounidenses en cuanto a si podían comer saltamontes marinados, un manjar en Japón.

Hay necesidades humanas que todos compartimos con el resto de la humanidad. Son necesidades dadas, biológicas. Pero la manera de satisfacerlas es a través de medios culturales, que no son universales, sino que varían de una sociedad a otra. El conocido antropólogo británico Bronislaw Malinowski (1884-1942), nacido en Cracovia, Polonia, desarrolló lo que denominó una Secuencia Vital Permanente que se incorpora a todas las culturas para explicar la relación entre las necesidades biológicas y psicológicas y las formas culturales en que se satisfacen esas necesidades (1944, 77). Su esquema se representa en la figura 2.4.

Figura 2.4
Secuencia Vital Permanente de Malinowski

Impulso ━━━━▶ Acto ━━━━▶ Satisfacción
Biológico y   *Cultural*   *Biológica y*
psicológico   *psicológica*

La Secuencia Vital Permanente de Malinowski es una herramienta conceptual útil para comprender el concepto de cultura, y para el no antropólogo que quiera empezar a comprender otra cultura, el esquema de Malinowski es un buen punto de partida. Dado que todas las personas tienen las mismas necesidades (impulsos en términos de Malinowski), a menudo suponemos erróneamente que todas las personas satisfacen esas necesidades de la misma manera. El planteamiento de Malinowski nos ayuda a ser conscientes de que las *distintas culturas satisfacen las mismas necesidades de maneras diferentes.* Esto nos abre la puerta para empezar a comprender a las personas de otra cultura, lo cual es un paso importante hacia un evangelismo transcultural efectivo.

Malinowski pasa a describir lo que él llama las necesidades humanas básicas:

1. Metabolismo—la necesidad de oxígeno, líquido y alimentos
2. Reproducción—el impulso sexual
3. Bienestar corporal—mantener un nivel tolerable de temperatura, humedad, etc.
4. Seguridad—prevención de lesiones corporales por accidentes mecánicos, ataques de animales y de otros seres humanos
5. Movimiento—actividad, ejercicio, deportes, etcétera
6. Crecimiento—maduración, inculturación y amor
7. Salud—mantenimiento y reparación del organismo biológico (1944, 91)

Yo diría que pisamos terreno sólido y empírico al sugerir una octava necesidad universal o básica en todos los seres humanos. Yo la llamo necesidad religiosa, un impulso psicológico que se satisface culturalmente de formas muy diferentes. Este es un factor que contribuye a que haya tantas religiones en el mundo. Sin embargo, creo que esta necesidad sólo se satisface plenamente cuando los seres humanos entran en relación con Jesucristo y crecen hacia la madurez espiritual y la plena estatura de Cristo (Ef. 4:13).

La cultura se comparte

El segundo atributo de la cultura es tan importante como el primero. La cultura no sólo se aprende, sino que también se comparte. No basta con aprender una cultura; hay que compartirla con los demás para que pase a formar parte de la sociedad. Esta es, por supuesto, la base social del evangelismo. No es suficiente que yo conozca a Cristo personalmente. Tengo que compartir esa comprensión, compartir esa experiencia con otras personas para que pueda formar parte de sus vidas y el evangelio pueda transformar su cultura. Además, por supuesto, cuando los cristianos de otras culturas comparten su experiencia de seguir a Jesús, nos ayuda a obtener una comprensión más amplia y profunda de Dios. Aprendemos unos de otros. Antropológicamente, ésta es la razón de compartir nuestra fe con los demás.

Seamos antropólogos por un momento y transportémonos a una aldea de las tierras altas de Papúa Nueva Guinea. Nos asombra la belleza del paisaje montañoso y, debido a la gran altitud, disfrutaremos de un tiempo primaveral todo el año. Vemos gente que habita un territorio común, a lo que llamamos aldea. Interactúan para alcanzar objetivos comunes y a eso lo llamamos sociedad. Pero, ¿dónde está su cultura?

Vemos a un hombre cubriendo con paja el tejado de su casa y nos fijamos en el tipo de hojas de palma sagú y cañas de bambú que está utilizando. Sin embargo, lo que realmente nos llama la atención es que muchos hombres de su grupo de parentesco están ayudando en la reparación. Están cantando y pasando un buen rato, y parece más una fiesta o una celebración que un trabajo, pero lo están haciendo.

Vemos a una mujer disciplinando a su hijo, y si somos norteamericanos (abreviatura para los que viven en Estados Unidos; reconozco que las personas al norte y al sur de la frontera también se consideran norteamericanas), probablemente nos preguntaremos: "¿Por qué ha tardado tanto en disciplinar al niño? Si yo fuera su padre, lo habría hecho hace mucho tiempo, porque el niño parece ser muy irrespetuoso con su madre desde mi punto de vista". Nos damos cuenta de lo que hizo el niño para provocar la ira de su madre y eventualmente ella lo disciplina. Sin embargo, observamos que aprovecha la ocasión para enseñarle, en lugar de azotarle violentamente.

También vemos a mujeres trabajando en sus huertos, a menudo con un bebé atado a la espalda. Están trabajando sus montículos de camotes y resulta que son bastante buenas horticultoras.

Pasan seis meses y empezamos a ver cómo surge un patrón. Las personas muestran estos comportamientos de manera similar por razones similares. De hecho, las uniformidades de comportamiento son las expresiones externas y observables de su cultura, que llevan en su mente. En otras palabras, comparten estas ideas sobre la manera de poner paja en un tejado, disciplinar a un niño y cultivar un huerto. Al compartir estas ideas, éstas pasan a formar parte de su cultura. Siguiendo al antropólogo cognitivo Ward Goodenough (1971, 1981), podemos decir que la cultura consiste en los modelos compartidos que las personas llevan en sus mentes para percibir, relacionarse e interpretar el mundo que les rodea. En este sentido, la cultura es una abstracción de la realidad similar a un mapa, que también es una abstracción de la realidad. Un mapa refleja la realidad mostrándonos los accidentes geográficos más importantes, como carreteras, ríos, ciudades, etcétera. Si vives en Shanghai, un mapa de China no te mostrará la ubicación de tu casa. Es demasiado abstracto. Para encontrar tu casa en un mapa, necesitaremos un mapa del vecindario. Luego, para encontrar tu habitación, necesitaremos un mapa de tu casa.

La cultura se comparte, por lo que, al compartir nuestros mapas mentales de la realidad, nos permite crear un comportamiento apropiado e interpretar nuestra experiencia en una sociedad. Pero la cultura como mapa mental o cognitivo sólo muestra los aspectos más significativos del comportamiento de las personas, no los detalles. La cultura nos da temas que debemos seguir como seres humanos en una sociedad, pero todos tenemos nuestras interpretaciones individuales y variaciones sobre esos temas. Por ejemplo, un tema cultural norteamericano es que uno lleva ropa en público, aunque sea un día insoportablemente caluroso. Así, cuando nos levantamos por la mañana y oímos que la temperatura será de 95 grados Fahrenheit o 35 grados Celsius, no debatimos en nuestro interior si debemos llevar ropa. La cultura ha tomado esa decisión por nosotros. Lo que sí debatimos es qué ponernos y, si somos norteamericanos, seguro que hoy nos ponemos algo distinto de lo que nos pusimos ayer.

Al igual que un mapa es una guía que orienta a las personas en el espacio geográfico, la cultura es un mapa mental que permite orientarse en una sociedad. La cultura da respuestas a las preguntas de la vida desde la cuna hasta la tumba, y esto proporciona seguridad y, hasta cierto punto, previsibilidad. Irónicamente, la cultura no sólo da respuestas a las preguntas de la vida, sino que nos dice qué preguntas debemos hacernos.

Ahora bien, si nos equivocamos de mapa, lo seguimos y nos perdemos, ¿cómo nos sentiremos? Es probable que nos sintamos inseguros, quizá incluso asustados. Nos sentiremos frustrados, quizá incluso enfadados. Quizá nos sintamos tontos e incompetentes. Esto es lo que sucede cuando vamos a Singapur a realizar ministerio transcultural con un mapa mental que aprendimos creciendo en Perry County, Mississippi. Naturalmente, esperamos que nuestro mapa mental de Mississippi funcione en Singapur, pero no es así. Si intentamos utilizar nuestro mapa de Mississippi, nos sentiremos perdidos. Nos sentiremos frustrados y enfadados. Es probable que nos deprimamos y nos preguntemos si somos lo suficientemente buenos para el servicio de Dios. Cuando operamos en nuestra sociedad anfitriona usando sólo el mapa mental de nuestra cultura de origen, esto nos llevará a malentendidos, lo que contribuye a nuestra experiencia de choque cultural. Abordaremos este tema más adelante en este libro (véase "Depresión psicológica y espiritual" en el capítulo 10). El choque cultural se produce cuando nos encontramos en una situación nueva pero confiamos en el viejo mapa mental de nuestro lugar de origen, que siempre nos llevará por mal camino.

Nunca olvidaré mi primer día en la aldea de Gnulahage, en Santa Isabel, en las Islas Salomón. Era el 19 de mayo de 1977 y habíamos pasado seis años preparándonos para este día. Desembarcamos en la orilla con todas nuestras pertenencias terrenales en unas pocas maletas y algunas mochilas de cuerda. Después de bajar de la canoa y llegar a tierra, caminamos por una plantación de cocoteros y luego un kilómetro y medio tierra adentro por la selva. De repente, llegamos a un claro con unas veinte casas construidas con hojas de palmera y cañas de bambú. Con orgullo, el grupo que nos recibió señaló una casa de aspecto más nuevo construida sobre pilotes y dijeron: "Ésa es su casa, la construimos para ustedes".

Subimos los escalones para entrar a la casa y pusimos todas nuestras cosas en el suelo. Me fijé en un tronco de cuatro metros de largo que había a un lado de la habitación. Me pregunté para qué serviría, pero a los pocos minutos descubrí su utilidad. Parecía como si todos los niños de la aldea estaban sentados en el tronco observando cada movimiento que hacíamos. Para muchos de ellos, éramos los primeros blancos que veían en su vida.

Recuerdo que me arrodillé en el suelo para revisar nuestras pertenencias y me sentí abrumado, al borde del pánico, preguntándome: *¿En qué nos he metido?* Me volví hacia mi esposa y le dije: "Creo que he cometido el mayor error de mi vida. No sé qué estamos haciendo aquí". Por supuesto, en mi cabeza sabía por qué estábamos allí, pero emocional y psicológicamente no estaba tan seguro, y desde luego no me sentía confiado.

La única solución a mi difícil situación era salir de aquella choza de paja y adentrarme en la aldea, hablar con la gente, entablar relaciones y aprender a orientarme. De lo contrario, nunca aprendería sus mapas mentales, los aspectos de su cultura que comparten con otros miembros de su sociedad. Un año después, salimos de la aldea de Gnulahage por primera vez. ¿Qué había ocurrido en ese año? Había podido aprender parte de la cultura, moverme y orientarme en aquella sociedad sin sentirme permanentemente perdido. Había aprendido algunos aspectos de su cultura. Ahora, por fin, ¡era salomonense! ¿Cierto? No, en absoluto, ¡ni de lejos! Pero había aprendido mucho de su mapa mental. Había aprendido a actuar de forma adecuada en su cultura. Parafraseando la definición de Spradley y McCurdy dada anteriormente, había aprendido lo suficiente de la cultura de esa aldea como para ser capaz de entender lo que estaba ocurriendo y comportarme de forma aceptable para la gente de esa aldea.

Esta es una forma de describir y comprender la cultura. Es un mapa mental, y nuestra tarea como testigos transculturales es aprender el mapa mental de la gente local entre la que vivimos y a la que servimos. Una vez, después de hablar con un grupo de misioneros sobre la importancia de aprender el mapa mental de la gente, un misionero me dijo: "Llevo quince años trabajando y viviendo en Macao, y tengo que confesarlo. No quiero decírselo a nadie más, pero voy a decírselo a usted. No conozco a los chinos. De verdad que no. He estado tan ocupado haciendo muchas otras cosas, pero realmente no sé por qué los chinos son como son. Su charla ha sido realmente convincente para mí".

El misionero de la Alianza Cristiana y Misionera, H. Myron Bromley (1925-2016), sirvió entre los Dani en el valle de Baliem de Irian Jaya, en la isla de Nueva Guinea, Indonesia, durante casi cuarenta años. En 1972 obtuvo su doctorado (PhD) en Yale en lingüística antropológica y se convirtió en un lingüista brillante. Llegó a conocer profundamente la lengua y la cultura dani. Cuando visité el Valle de Baliem en 1981 y conocí a Bromley, los Dani me dijeron: "El Dr. Bromley conoce nuestra lengua y cultura mejor que nosotros". ¿Cómo era posible? Fue posible porque Bromley fue capaz de crear un mapa mental de la lengua y la cultura Dani que era un compuesto de muchos aspectos de su cultura.

Como testigos transculturales del evangelio, debemos aprender el mapa mental de aquellos entre los que hemos venido a vivir y servir. Sin embargo, debemos recordar siempre que este mapa mental nunca es estático, como un mapa geográfico impreso en papel. Es dinámico, con flujos de ideas procedentes de muchas partes del mundo. El antropólogo misionológico Kenneth Nehrbass nos recuerda que la globalización nos ha hecho aún más conscientes de la diversidad de las culturas. La complejidad de los mapas mentales ha puesto de relieve la importancia de adquirir competencia cultural para relacionarse con los demás y comprender que la cultura se comparte, de una persona a otra, de una sociedad a otra (Nehrbass 2016). Hemos dicho que la cultura se aprende, no se hereda biológicamente y es algo que se comparte de una persona a otra, no es solo una idea idiosincrática que una persona sueña. A continuación analizaremos el contexto en el que aprendemos y compartimos la cultura.

La cultura se adquiere como miembros de la sociedad

El tercer y último atributo de la cultura que vamos a considerar es que adquirimos cultura como miembros de una sociedad. Si "cultura" se refiere en última instancia a las ideas en la mente de las personas, entonces "sociedad" se refiere propiamente a las personas. La sociedad es un conjunto duradero de personas que se mantiene en el tiempo a pesar de la muerte o el nacimiento de las personas.

Aprendemos y compartimos nuestra cultura en el contexto de una sociedad específica. La cultura como diseño de vida nos dice cómo cooperará una sociedad para conseguir alimentos, mantenerse cálida y tener descendencia. La cultura es el mapa mental que indica a una sociedad cómo funcionar de manera efectiva. Sin embargo, ¿qué ocurre cuando el mapa mental de cómo manejarse en una sociedad ya no funciona tan efectivamente como antes? Cuando las culturas cambian rápidamente debido a diversas causas, como catástrofes medioambientales, invasiones coloniales, guerras o migraciones forzosas, puede producirse anomia y disfunción cultural.

La cultura es un don de la gracia de Dios y puede utilizarse con fines positivos, pero también es capaz de ser utilizada con fines horribles y perversos, reflejando la pecaminosidad de los seres humanos. Por eso el Reino de Dios es un bello modelo de cómo convivir en armonía en todas las sociedades.

En 1789, un hombre llamado George Washington puso su mano sobre una Biblia y prestó juramento como primer presidente de los Estados Unidos. Doscientos años después, en 1989, otro hombre llamado George puso su mano sobre la misma Biblia y prestó juramento como cuadragésimo primer presidente de los Estados Unidos, George Herbert Walker Bush. En este periodo de doscientos años, unas pocas personas habían vivido más de la mitad de ese tiempo, pero la mayoría había vivido bastante menos que eso, y nadie vivo en 1789 seguía vivo en 1989. La cultura había cambiado radicalmente, pero la sociedad seguía existiendo. Sin embargo, las sociedades no duran para siempre. Si una cultura se vuelve disfuncional y trae muerte y desesperación en lugar de esperanza y supervivencia, y si la cultura no puede hacer frente a las amenazas medioambientales y humanas que le llegan de fuera, entonces la sociedad se desintegrará con el tiempo.

Aprendemos nuestra cultura principalmente de forma inconsciente de nuestra sociedad y como las sociedades no están aisladas en esta era actual de globalización y urbanización, esto significa que la cultura está cambiando más rápidamente y más extensamente que durante cualquier período anterior de la historia humana.

En toda sociedad hay funciones sociales que esperan ser ocupadas y desempeñados por alguien. Cuando entramos en una sociedad desde fuera, es importante que entendamos cuál función estamos desempeñando, qué posición social estamos ocupando en esa sociedad. Tenemos que ser conscientes no sólo de la función que creemos estar ocupando sino, lo que es más importante, de la función que nos ha asignado la sociedad que nos acoge. Se nos percibirá como creíbles si desempeñamos bien la función que una sociedad nos asigna.

La función que llamamos "misionero" puede que ni siquiera exista en una sociedad o que no sea la más efectiva para nosotros. Una función misionero muy popular hoy en día, bajo el nombre de "negocio como misión" (BAM, por sus siglas en inglés), es el de hombre de negocios. Dado que en muchos países es más fácil obtener una visa como personas de negocios que una visa religiosa, muchos misioneros van como hombres o mujeres de negocios. Su "plataforma" es una empresa comercial, lo que presumiblemente les da cierta cobertura protectora que les permite residir legalmente en el país de su ministerio. Pero, desafortunadamente, muchas personas que llevan a cabo negocios como misión son empresarios pobres, sus negocios generan pocas o ninguna ganancia y no contribuyen en nada a la economía local. Pero como se supone que están desempeñando la función de una persona de negocios en esa sociedad, pueden resultar engañosos en el mejor de los casos y deshonestos en el peor. Una pregunta importante que debemos hacernos es: ¿Qué función puedo desempeñar en la sociedad de acogida y hacerlo de forma competente, que me dé acceso legítimo a la población local y me permita vivir el evangelio con autenticidad e integridad en su contexto?

Recuerdo una ocasión en la que hablé a un grupo de misioneros para compartir los resultados de una investigación que realicé durante un sabático. Durante ocho meses, había estudiado su adaptación transcultural y el grado en que estaban desarrollando estrechas relaciones personales con la población china de Hong Kong. Empecé mi informe dándoles las gracias por acogernos a mi familia y a mí en su misión y diciéndoles lo mucho que habíamos disfrutado de nuestra estancia en Hong Kong. Luego les dije que, basándome en mis investigaciones, mi primera recomendación era que renunciaran y volvieran a casa. Imaginen la conmoción y la decepción que debieron de sentir y la expresión de sus caras. Como es comprensible, los resultados de mi investigación y mi posterior recomendación les sorprendieron y disgustaron. Tras una pausa embarazosa en mi informe oral, pasé a sugerirles que, después de renunciar a sus puestos actuales, regresaran a Hong Kong y desempeñaran funciones normales en la sociedad china de Hong Kong. Sugerí que algunos de ellos se convirtieran en taxistas, otros en profesores y otros en hombres de negocios, funciones normales en la sociedad hongkonesa. El problema era que la función de misionero casi no existía entre la población china de Hong Kong, y no era una función que les atrajera, entendieran o en la que confiaran. En consecuencia, a los misioneros les resultaba difícil relacionarse de forma normal y cotidiana con los chinos. Uno de los misioneros del grupo era médico y trabajaba en una clínica. Los chinos de Hong Kong entendían fácilmente su función y pudo entablar relaciones significativas y de confianza con ellos.

Los plantadores de iglesias en Japón y Taiwán también tienen dificultades para relacionarse con las personas entre las que quieren plantar una iglesia. Esto se debe a que la función de plantador de iglesias no existe de forma natural en estas sociedades. Algunos misioneros que han descubierto que su función no existe en la sociedad, se han unido a clubes deportivos u otros grupos para ayudarles a relacionarse con otras personas de forma natural. Una familia misionera en Japón descubrió que uno de los beneficios inesperados de llevar a sus hijos a escuelas japonesas fue que pudieron conectarse y relacionarse naturalmente con los padres japoneses de los otros estudiantes.

Dado que la función de misionero no tiene sentido para las personas o no existe en muchos lugares del mundo actual, es importante que ocupemos una posición social y desempeñemos una función que nos permita desarrollar relaciones normales con las personas.

Ir a otras sociedades como testigos transculturales bajo el paraguas de "fabricante de tiendas" tiene sus fortalezas y sus debilidades. Los "fabricantes de tiendas" son aquellas personas que encuentran un empleo en el país que les permite ganarse la vida allí, pero también se comprometen a encontrar formas de comunicar el evangelio a través de las fronteras culturales en el contexto de su actividad (Hechos 18:1–4). La principal fortaleza de un "fabricante de tiendas" es que desempeña una función legítima en la sociedad, y puede ocupar una función natural que facilita que se relacione mutuamente con la población local. La principal debilidad de la función de "fabricante de tiendas" es que, si no cuenta con una sólida base misionera de apoyo, es fácil que se vea abrumado por la parte administrativa de su función. Esto puede significar que le quede poco tiempo o energía para dedicarse a la parte de evangelismo y ministerio.

RESUMEN DEL CAPÍTULO

En este capítulo, definimos el concepto de cultura, explicando la manera en que el uso antropológico del término es muy diferente de la interpretación coloquial de "arte y cultura" que uno puede leer en la edición dominical del *New York Times*. Yo adopto principalmente un enfoque mentalista del concepto de cultura, considerándolo como ideas en la mente de una persona y algo que, junto con los valores y los sentimientos, se expresa en el comportamiento de las personas. Así pues, parte de nuestra tarea como testigos transculturales consiste en comprender los mapas mentales de las personas entre las que servimos. También hemos señalado tres atributos de la cultura: se aprende, no se hereda biológicamente; se comparte con otros en la sociedad, que es la base antropológica de la razón por la que compartimos nuestra fe; y se adquiere como miembro de la sociedad.

3

Las funciones de la cultura

Ya no es posible ser cristianos encerrados en los estrechos
confines de nuestra propia comunidad o país ... El cosmos
es nuestra casa. El mundo es nuestra familia. Los pueblos
son nuestro prójimo ... La historia colectiva es nuestra tarea.

Kairos Centroamérica (1988)

Los tzeltales del sur de México, descendientes de los antiguos mayas, eran un grupo despreciado, aislado, maltratado, oprimido, explotado y comprensiblemente hostil hacia el mundo exterior. Estaban plagados de enfermedades debidas a una higiene y nutrición inadecuadas y sufrían el azote del alcoholismo desenfrenado. Eran un ejemplo clásico de cómo una sociedad puede desmoronarse y volverse disfuncional. Según Marianna Slocum, traductora de la Biblia que vivió entre los tzeltales de 1941 a 1964, rara vez se oía música en las aldeas tzeltales y había una notable ausencia de alegría y risas. A este sombrío contexto cultural llegaron los comunicadores transculturales del evangelio. El Nuevo Testamento se tradujo al dialecto oxchuc de las tierras altas y al dialecto bachajón de las tierras bajas, y los tzeltales empezaron a responder a la Palabra de Dios en su propia lengua, a la que llamaban "La Buena Semilla". Primero se convirtieron a Cristo los grupos familiares a lo largo de las estructuras de parentesco ya existentes, luego las comunidades y después las zonas dialectales, con el consiguiente cambio en todos los aspectos de sus vidas. Slocum dice que antes de que los tzeltales tuvieran las Escrituras en lengua vernácula, los factores que prohibían su desarrollo eran el aislamiento geográfico, el monolingüismo y el analfabetismo, pero el factor dominante era el temor omnipresente a la brujería, una barrera espiritual que sólo podía superarse por medios espirituales. Sin embargo, esos medios espirituales estaban disponibles en las Escrituras traducidas. A medida que los tzeltales respondían a la Biblia, los individuos y las comunidades se transformaban, pues la verdad de las Escrituras los liberaba claramente y la cultura experimentaba cambios positivos en los ámbitos educativo, económico, médico, social y espiritual.

Esta historia ilustra la manera en que la cultura funciona como un sistema y la manera en que un cambio en un área, ya sea negativo o positivo, puede provocar cambios en otras áreas del sistema.

La cultura como sistema

Cuando describimos la cultura como un sistema, queremos decir que las distintas partes de una cultura están integradas y relacionadas entre sí. Por consiguiente, un cambio en un aspecto de una cultura provocará cambios en otras partes. Yo llamo a esto integración funcional. El cuerpo humano es un buen ejemplo del funcionamiento de un sistema. Cuando hay enfermedad o lesión en una parte del cuerpo, no se queda aislada allí sino que se extiende a otras partes y puede acabar afectando a todo el cuerpo. La cultura es similar y puede ayudarnos a pensar en la cultura como un sistema.

Podemos dividir conceptualmente la cultura en tres grandes áreas, como se ilustra en la figura 3.1: ideología, economía y tecnología, y relaciones sociales. Las líneas entre las áreas están punteadas para indicar que no se trata de fronteras impermeables, sino de líneas de demarcación porosas que permiten que aspectos de cada una de las áreas fluyan fácilmente hacia las otras.

Figura 3.1
La integración funcional de la cultura

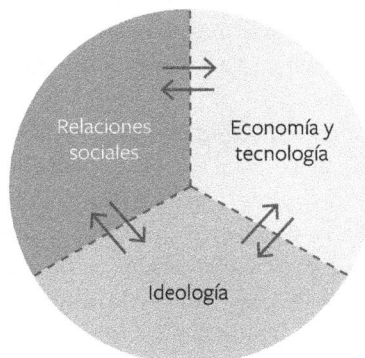

Permítanme describir brevemente cada una de ellas:

La *ideología* incluye valores, creencias, cosmovisión, religión, etc.

La *economía* y la *tecnología* incluyen todas las áreas mediante las cuales
las personas se ganan la vida y las cosas que fabrican.

Las *relaciones sociales* incluyen todos los aspectos de la manera en que las
personas se relacionan entre sí en una cultura.

Un ejemplo de integración funcional en la sociedad estadounidense es el
automóvil. El automóvil es ante todo una pieza de tecnología y en su momento
fue uno de los indicadores y contribuyentes más significativos de la economía
de Estados Unidos. De hecho, en generaciones anteriores era frecuente oír la
frase: "Como va General Motors, va el país". Pero la importancia del automóvil
ha ido mucho más allá de ser sólo una pieza de tecnología o un contribuyente
a la economía en nuestra sociedad. Ahora hemos llegado a reconocer que los
automóviles son uno de los principales productores de gases de efecto inverna-
dero, que contribuyen al cambio climático. Henry Ford, en 1906, nunca habría
imaginado que conducir un automóvil devorador de gasolina se convertiría en
una cuestión moral para los ambientalistas. El automóvil también se utiliza
como símbolo de estatus en un intento de comunicar la importancia relativa
de cada uno en la cultura. Se ha utilizado durante años como refugio de intimidad para adolescentes y muchos otros. Ha alterado nuestros vecindarios y
la forma en que nos relacionamos o ignoramos a nuestros vecinos. También
ha llegado a dominar la vida eclesiástica, de modo que las congregaciones ya
no están formadas principalmente por personas que viven y trabajan juntas y
van a pie a la iglesia en lo que solíamos llamar una parroquia. En su lugar, las
congregaciones están formadas por personas que van a la iglesia en sus vehículos y puede que no se vean más que una hora el domingo por la mañana,
y el tamaño del estacionamiento se ha convertido en la prueba de fuego de la
vitalidad espiritual de una iglesia. El automóvil ha afectado nuestras relaciones
sociales, nuestra ideología y nuestra economía. Está integrado en casi todos los
aspectos de nuestra cultura.

Cuando enseño a personas en el ministerio transcultural, les pido que iden-
tifiquen qué parte del sistema cultural (ideología, economía y tecnología, o relaciones sociales) consideran que es su principal área de ministerio. La mayoría
indica las relaciones sociales y suelen ser menos las que se identifican con la
economía y la tecnología. Luego les pido que repasen los cuatro evangelios y
observen dónde puso Jesús la mayor parte de su énfasis. La mayoría de los
participantes en mis seminarios señalan la ideología como el tema principal
del ministerio de Jesús, seguido de las relaciones sociales y, por último, pero

no por ello menos importante, la economía y la tecnología. Sin embargo, Jesús habló mucho más sobre el dinero, los pobres, ganarse la vida y otros aspectos económicos de la vida que sobre cualquier otra cosa. Sus parábolas están llenas de temas económicos. El énfasis de Jesús en las dimensiones económicas de la sociedad no es sólo una diferencia sustancial de enfoque en su ministerio, sino una diferencia abrumadora. Por supuesto, se podría argumentar que, cuando hablaba de dinero, también se preocupaba por los valores y las creencias de las personas. ¡Ese es exactamente el asunto! Jesús comprendió la naturaleza integrada de la cultura y que nuestra actitud hacia el dinero y las cosas materiales afecta a todos los demás aspectos de nuestra cultura. El asesor financiero Ron Blue señala: "16 de las 38 parábolas de Cristo tratan sobre el dinero; en el Nuevo Testamento se dice más sobre el dinero que sobre el cielo y el infierno juntos; se dice cinco veces más sobre el dinero que sobre la oración; y aunque hay más de 500 versículos tanto sobre la oración como sobre la fe, hay más de 2000 versículos que tratan sobre el dinero y las posesiones" (2016, 22). Según el *Estudio financiero bíblico de Crown,* en la Biblia hay 2350 versículos sobre cómo manejar el dinero y las posesiones (Crown Financial Ministries 2007).

Si te dedicas al ministerio transcultural, ¿dónde te paga tu organización misionera por trabajar? Muchos de nosotros nos dedicamos de alguna forma al evangelismo y a la plantación de iglesias, lo que consideramos que encaja en el sector ideológico del sistema cultural. Muchos jóvenes en misión se sienten hoy más cómodos trabajando en el sector de las relaciones sociales con mujeres jóvenes atrapadas en el tráfico sexual, niños que viven en la calle, reasentamiento de refugiados e inmigrantes y muchos otros ámbitos de las relaciones sociales. Quiero motivar a los seguidores de Jesús a que se aseguren de que su ministerio llegue a las personas en las tres áreas. No es tan importante dónde comencemos nuestro ministerio —en la ideología, la economía y la tecnología, o en la parte de las relaciones sociales del sistema cultural— siempre y cuando no nos detengamos ahí. En otras palabras, nuestro ministerio transcultural debe hacer conexión con todos los aspectos de la cultura.

Desafortunadamente, muchos de nosotros en la tradición evangélica hemos tomado el evangelio y lo hemos separado. Como resultado, hablamos del evangelismo como algo separado de la responsabilidad social. Tendemos a estereotipar a los "liberales" como aquellos preocupados por cuestiones de justicia social, mientras que los "conservadores" se preocupan por el evangelismo y la plantación de iglesias. Jesús nunca hizo ese tipo de bifurcación del evangelio y nosotros tampoco deberíamos hacerlo. Se nos ha dado un evangelio completo que está redimiendo y transformando todos los aspectos de la vida de las personas. Si no estamos haciendo un impacto en la economía y la tecnología en la sociedad a través de nuestra fe, entonces algo está mal. Si no estamos viendo las relaciones sociales transformadas por el poder del evangelio, entonces algo ha salido mal en la cosecha. Sostengo que no podemos realizar el lado "espiritual" del ministerio transcultural a menos que seamos conscientes de estas otras dimensiones de la cultura. El reino de Dios es mucho más que conseguir un boleto al cielo.

Si la descripción de nuestro trabajo es plantador de iglesias, está bien, pero plantar una iglesia en otra cultura implica cuestiones económicas, implica tecnología y ciertamente implica relaciones sociales y justicia social. Por supuesto, está alimentado e informado por una ideología, por valores y creencias, pero se trata de mucho más.

Ideales culturales versus comportamiento real

Un sistema cultural se convierte en una guía para vivir en una sociedad y lo que se enseña a cada generación es el patrón ideal para vivir. Estos ideales incluyen las muchas maneras en que se espera que nos comportemos, así como los valores y creencias que se espera que tengamos. A menudo, no somos conscientes de los valores y creencias porque nos parecen muy naturales. Cada individuo de la sociedad determina entonces su comportamiento real. Se nos enseña el ideal, pero no siempre lo practicamos. Por eso la cultura es abierta, flexible y cambiante, no cerrada, limitada o estática.

Así, tenemos la configuración ideal que se enseña en contraste con el comportamiento real que se sigue. Por ejemplo, en la cultura estadounidense decimos: "Los niños no les pegan a las niñas". Sin embargo, un día nuestro hijo pequeño está jugando con la niña de la casa vecina. Se enfrascan en una disputa y nuestro hijo pequeño se lanza a pegarle a la niña vecina. ¿Cómo reaccionamos? No cambiamos nuestro ideal de que "los niños no les pegan a las niñas", pero sí podemos cambiar los límites de lo que toleramos. Podríamos acabar diciendo: "Los chicos serán siempre chicos". Ahora bien, si nuestro hijo crece y se casa con la chica de al lado, pero sigue teniendo propensión a abofetearla, ya no decimos, "los chicos serán siempre chicos". En lugar de eso, se le aparta de la sociedad por su violencia doméstica, ya que se ha convertido en una amenaza inestable para su esposa y su familia.

De manera que, ¿cuál es la relación entre el ideal que se enseña y el comportamiento real que se sigue? La figura 3.2 lo ilustra.

Una regla general de la cultura es que cuanto más se acerque el comportamiento real al ideal, más estable será la sociedad. Y lo contrario también es cierto. Cuanto más se aleja el comportamiento real del ideal que se enseña, más inestable se vuelve la sociedad. Cuando lo ideal y lo real son similares, podemos anticiparnos al comportamiento del otro. Esta previsibilidad aporta estabilidad a la sociedad.

Figura 3.2
Cultura ideal vs. cultura real

Ideales

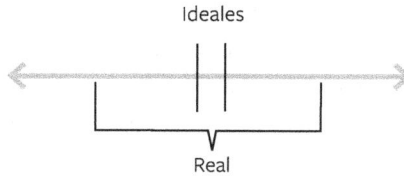

Real

Generalmente, la configuración ideal en una cultura es la parte más estable y cambia lentamente, mientras que el comportamiento real puede cambiar rápidamente de una década o generación a otra. En muchas sociedades actuales, el cambio cultural y social, alimentado por la globalización y la urbanización, se está produciendo tan rápidamente que el comportamiento real de las personas se aleja cada vez más del ideal de su sociedad, por lo que se está produciendo un caos a muchos niveles. Si aplicáramos este modelo al estudio en seis volúmenes de *Historia de la decadencia y caída del Imperio Romano* (1776–89), veríamos que se produce el mismo fenómeno. Con cada generación, el comportamiento real se alejaba más del ideal cultural, hasta que finalmente se produjo un colapso total de la sociedad. Ya no había suficiente cohesión moral y social para mantener unida a la sociedad.

Podemos aplicar este modelo de ideales culturales frente al comportamiento real a nuestras leyes de tráfico y límites de velocidad. Si el límite de velocidad en una autopista estadounidense es de 65 mph, ese es el ideal, pero probablemente podamos conducir a 70 mph y salirnos con la nuestra. Una vez conducía a 76 mph, 11 por encima del límite, y me paró la policía. Ingenuamente, le pregunté al policía si podía darme una advertencia en lugar de una multa y le prometí que tendría más cuidado al conducir en el futuro. Sonrió y me dijo: "Si hubieras ido a 10 mph o menos por encima del límite de velocidad, entonces podría haberte dado una advertencia severa, pero como ibas a 11 mph por encima, la ley exige que te ponga una multa".

En este modelo, los antropólogos han descubierto un interesante fenómeno relacionado con la verdad teológica. No se conoce ninguna sociedad en la que las personas sean capaces de vivir de acuerdo con sus ideales culturales. Toda sociedad se queda corta. Esto se parece mucho a la idea del pecado. Como nos dice Romanos 3:23: "Por cuanto todos pecaron y no alcanzan la gloria de Dios" (RVA). Cuando examinamos los ideales culturales de las sociedades de todo el mundo, hacemos otro descubrimiento interesante. Estos ideales culturales son similares de una sociedad a otra y todos son parecidos a los Diez Mandamientos. Por ejemplo, en casi todas las sociedades humanas existen prohibiciones contra el adulterio, el asesinato y el robo, así como el valor positivo de honrar y respetar a los padres. El antropólogo Robert Edgerton escribió un libro controversial y políticamente incorrecto titulado *Sick Societies: Challenging the Myth of Primitive Harmony* (1992), en el que sostiene que todas las sociedades están enfermas, pero algunas lo están más que otras. Yo afirmaría que esta enfermedad proviene principalmente del pecado y que se expresa en la incapacidad de las personas para vivir de acuerdo con sus propios ideales culturales, muchos de los cuales son similares a los valores comunicados en los Diez Mandamientos.

Quizá un buen punto de partida en el ministerio transcultural sea empoderar a las personas, guiadas por las Escrituras y por el poder del Espíritu Santo, para que vivan de acuerdo con sus ideales culturales, ayudándolas a cerrar la brecha entre su comportamiento real y lo que su sociedad dice que debería ser su comportamiento ideal. Este puede ser un primer paso en la peregrinación del seguimiento de Jesús. Además, en los ideales culturales de muchas sociedades, vemos pruebas de la gracia preveniente de Dios en acción. Sabemos, por las promesas de las Escrituras, que Dios no ha dejado a nadie sin testigo en todas las culturas y en todas las épocas de la historia humana (Hechos 17:22–28; Rom. 1:20).

¿Estoy sugiriendo que vivir de acuerdo con las normas de los ideales culturales de cada uno es lo mismo que seguir a Jesús, tal como se explica en los evangelios? No, no son lo mismo, pero a menudo ambas ideas no están tan alejadas, porque a pesar de la cultura de la que procedemos, todos somos seres humanos creados a imagen de Dios. Así pues, un punto de partida efectivo para cualquier tipo de evangelismo es ayudar a las personas a vivir de acuerdo con sus propios ideales culturales y, a partir de ahí, fomentar la crítica de esos ideales utilizando los valores del reino de Dios.

Análisis de la cultura

Una cultura se puede analizar de varias maneras. El antropólogo Ralph Linton en su libro *Estudio del hombre* (1936, 272–75), propuso un enfoque más antiguo pero muy útil. Linton desarrolló una manera de analizar una cultura basada en el modo en que los individuos participan en ella. Señala que el contenido de toda cultura puede dividirse en cuatro categorías: universales, especialidades, alternativas y peculiaridades individuales. Analizaremos brevemente cada una de estas áreas.

Universales

Los universales son "aquellas ideas, hábitos y respuestas emocionales condicionadas que son comunes a todos los miembros adultos sanos de la sociedad" (Linton 1936, 272). En esta categoría encontramos los valores, las creencias, la cosmovisión y los supuestos inconscientes de una sociedad. Los universales de una cultura son lo que los miembros de una sociedad tienen en común. Son aquellos aspectos de la cultura que están tan profundamente asumidos que se puede decir: "Se sobreentiende..." Ejemplos de universales dentro de una cultura (no confundir con universales que todas las culturas tienen en común) son el uso de una lengua determinada, los patrones de vestimenta, los estilos de vivienda y los patrones ideales para las relaciones sociales.

Especialidades

Las especialidades son "aquellos elementos de la cultura que comparten los miembros de ciertas categorías de individuos socialmente reconocidas, pero que no comparte la población total" (Linton 1936, 272). Ejemplos de especialidades son las diferencias culturales y sociales entre hombres y mujeres, y entre adultos y niños. Las distintas profesiones, como profesores, predicadores, médicos, agricultores, obreros y agentes de bolsa, tienen ciertos elementos culturales que sus miembros comparten entre sí, pero no con el conjunto de la sociedad. Por ejemplo, si un profesor universitario estadounidense se presenta a dar una clase sosteniendo una muñeca en brazos, suscitará cierta inquietud sobre su salud mental entre sus alumnos. Su comportamiento puede ser apropiado para una niña, pero no para un hombre adulto. En la categoría de especialidades es donde también encontramos las características de una clase social y por eso hay diferencias culturales tan grandes entre ricos y pobres que abarcan mucho más que una simple diferencia de ingresos anuales. La diferencia entre ricos y pobres en todas las sociedades es tanto una brecha cultural como económica.

Alternativas

Las alternativas son "rasgos culturales compartidos por ciertos individuos, pero no por todos los miembros de la sociedad, ni siquiera por todos los miembros de un grupo socialmente reconocido" (Linton 1936, 273). En esta categoría encontramos un amplio abanico de elementos culturales, desde las ideas y hábitos atípicos de una determinada familia hasta diferentes escuelas de pintura y arquitectura. Las alternativas representan diferentes reacciones ante las mismas situaciones o diferentes técnicas para conseguir el mismo fin. Ejemplos de alternativas son los estilos de vestir, los peinados y las diversas formas de transporte. Las distintas denominaciones dentro de la iglesia cristiana son un buen ejemplo de alternativas.

Peculiaridades individuales

Las peculiaridades individuales son el "resultado de la experiencia infantil" (Linton 1936, 274). Ejemplos de ello son una persona con un miedo anormal al fuego, la técnica individual de un artesano, el estilo de dar conferencias de un profesor y la expresión de la fe religiosa de un individuo.

Cultura central y zonas fluidas

Las cuatro categorías mencionadas representan la participación de un individuo en una cultura. Al analizar una cultura, es importante tener cuidado de no generalizar de una categoría a otra. Por ejemplo, suponer que las alternativas son universales, o suponer que deberían serlo, nos llevará a estereotipar y a despojar a las personas de su capacidad de acción.

Podemos basarnos en este modelo de análisis de la cultura y observar que toda cultura puede dividirse en una cultura central y una zona fluida (véase fig. 3.3).

Figura 3.3
Cultura como cultura central y zona fluida

En la cultura central encontramos los universales y las especialidades culturales de una sociedad. La cultura central es muy resistente al cambio y, si cambia, suele tardar mucho tiempo. La zona fluida contiene alternativas y peculiaridades individuales. El cambio en esta parte de una cultura se produce más rápida y fácilmente. Las sociedades tecnológicamente sencillas, como Papúa Nueva Guinea, suelen tener una cultura central grande y una zona fluida pequeña. Las sociedades tecnológicamente muy desarrolladas, como Alemania, tienen una zona fluida más grande y una cultura central más pequeña (véase la fig. 3.4).

Esta teoría de la cultura tiene importantes implicaciones para los obreros de la iglesia y los testigos transculturales cuyo principal objetivo es abogar por el cambio en la cultura central más que en la zona fluida. La parte misma de la cultura en la que queremos influir con los valores del evangelio resulta ser la más

Figura 3.4
Sociedad de Papúa Nueva Guinea y sociedad alemana

resistente al cambio. Por lo tanto, podemos tender a enfocarnos en el cambio en la zona fluida, ya que las personas son más receptivas allí. Sin embargo, los cambios en la zona fluida no implican necesariamente cambios en la cultura central.

Este modelo de cultura ayuda a explicar la razón por la que puede haber aparentemente un cambio en el comportamiento de los individuos de modo que la sociedad parezca que se ha "cristianizado", pero en el nivel más profundo de los valores y la cosmovisión, ha habido muy poco cambio en absoluto. En tiempos de crisis, las personas vuelven fácilmente a las prácticas y explicaciones tradicionales, porque es ahí donde encuentran más seguridad y previsibilidad en su sociedad.

Quizá sea necesario hacer una advertencia o, al menos, una interpretación matizada de este modelo. Debido a la globalización y la urbanización, la cultura central está sometida hoy a más cambios que en generaciones anteriores. Bryant Myers, en su galardonado libro *Engaging Globalization: The Poor, Christian Mission, and Our Hyperconnected World* (2017), documenta el impacto de la globalización en las culturas de todo el mundo y la respuesta a menudo inadecuada de la iglesia ante ella. Del mismo modo, Kenneth Nehrbass, en *God's Image and Global Cultures: Integrating Faith and Culture in the Twenty-First Century*, señala que:

en el siglo XX los cristianos reconocieron el valor de estudiar la cultura—y las culturas—para poder "ir ahí afuera" y ser testigos efectivos en el extranjero. Sin embargo, cada vez reconocemos más que comprender el modo en que la cultura influye en nuestros pensamientos, nuestro comportamiento y nuestra fe es esencial para entendernos a nosotros mismos y a los demás, y para desarrollar prácticas efectivas en los negocios, la educación y prácticamente cualquier otra tarea social. En las últimas décadas, el fenómeno de la globalización—el rápido aumento de la diversidad cultural— ha hecho que el estudio de la cultura pase de ser un tema exótico a una competencia básica en cualquier disciplina. (2016, xv)

El impacto de la cultura en el individuo

Aquí pasamos de debatir la cultura como sistema a enfocarnos en el impacto de la cultura en el individuo. Al hacerlo, tenemos que mantener el equilibrio entre la poderosa influencia de la cultura en las personas y la importancia de la acción personal en la toma de decisiones y la elección del estilo de vida.

El aprendizaje de la propia cultura es una especie de adoctrinamiento, en la medida en que le ciega a uno ante otras formas posibles de comportarse. De hecho, el individuo aprende sus lecciones tan bien que (a pesar de su intelecto y libre albedrío) sus acciones, suposiciones, motivaciones y valores, las cosas que hace y realiza, el discurso que utiliza y los propios pensamientos que tiene rara vez entran en conflicto de forma importante con los de su grupo. En otras palabras, a través del proceso de enculturación, los individuos aprenden el comportamiento estándar que se espera de ellos en la sociedad. Los mecanismos de control social, como las leyes formales y las habladurías informales, presionan a los individuos para que se atengan a las normas de comportamiento esperadas, manteniendo así su comportamiento real bastante próximo a los ideales culturales que se enseñan en su sociedad, lo que a su vez les aporta seguridad y previsibilidad. Los comportamientos, ideas, valores y sentimientos de un individuo se vuelven tan automáticos y naturales que dan por sentada su cultura y asumen que es perfectamente normal, sin darse cuenta de que puede haber otras formas de hablar, pensar y actuar que sean tan adecuadas, tan humanas, como la suya.

Otra forma de conceptualizar el impacto de la cultura en el individuo es decir que estamos totalmente inmersos e influenciados por nuestra cultura. No sólo nuestro comportamiento está regido por nuestra cultura, sino que nuestro proceso de pensamiento también está influenciado por ella de forma generalizada. Este tipo de discurso parece demasiado determinista, sobre todo para los estadounidenses, pero tiene mucho de cierto.

Por ejemplo, ¿cuántos colores hay en el arco iris? Cuando se lo pregunto a un público norteamericano, suelen responder con el número siete y luego dicen: "Rojo, anaranjado, amarillo, verde, azul, índigo y violeta". Pero para nuestra sorpresa, si preguntamos a personas de otras culturas, obtendremos un número diferente, normalmente menos de siete, y algunos de los colores obvios "faltan" en su lista. Por ejemplo, los japoneses tradicionalmente no distinguen entre azul y verde. Utilizan el término *aiyoi* para el color de la hierba verde y para el color del cielo azul. En la lengua telegu del sur de la India no existe una palabra para designar el color anaranjado. Pero una de las concepciones más sencillas de los términos de color se encuentra entre los Hanunóo, que viven en la isla de Mindoro, en Filipinas, en un entorno que es en parte bosque tropical y en parte pradera. El antropólogo Harold Conklin descubrió que el complejo sistema de clasificación de los colores de los Hanunóo podía reducirse a sólo cuatro términos asociados con la claridad y la oscuridad, la humedad y la sequedad (1955). Así, para los Hanunóo de Filipinas, todos los colores del arco iris se reducen a sólo cuatro términos.

La respuesta "correcta" a la pregunta "¿cuántos colores hay en el arcoiris?" es que hay miles, si no millones. Los colores tienen diferentes longitudes de onda de luz, pero las diferentes culturas seleccionan ciertas longitudes de onda y las agrupan y se refieren a ellas como un color determinado. La lengua inglesa nos permite distinguir el rojo del anaranjado y el anaranjado del amarillo. En otras palabras, nuestra percepción de la realidad (en este caso el color) está determinada en gran medida por nuestra cultura. El "teorema de Thomas", desarrollado por el sociólogo William I. Thomas, nos recuerda que independientemente de que algo sea real o imaginado, es real en sus consecuencias (Thomas y Thomas 1928).

Veamos otro ejemplo. En muchas culturas asiáticas, como la china, las personas tienden a pensar en un continuo de posibilidades, por lo que su lenguaje hace distinciones de grado más que de tipo. Por ejemplo, decimos que algo está limpio o sucio. La lengua china es más adepta a hablar de grados de limpieza. A diferencia de los hablantes chinos, los angloparlantes norteamericanos, influidos por el pensamiento griego desde la Ilustración, tienden a pensar en categorías de "o lo uno o lo otro", en lugar de en un continuo de posibilidades. Este pensamiento de "o lo uno o lo otro" se reproduce en nuestro sistema político. Si te ves atrapado en una lucha de poder, o estás con los fundamentalistas o estás del lado de los liberales. Parece como si nos viéramos forzados a adoptar una posición excluyendo la otra. Pensamos en términos de "o lo uno o lo otro" en lugar de "ambos o y", y ésta es una de las razones por las que los estadounidenses están tan polarizados.

Ahora bien, ¿cómo interactuamos con personas que piensan más en continuos que en categorías de una cosa o la otra? ¿Cómo les presentamos el evangelio y a Cristo? ¿Tenemos que alentarles a cambiar primero su cosmovisión antes de que puedan seguir a Cristo? ¿Tienen que aprender inglés antes de poder entender adecuadamente lo que significa ser cristiano? Puede que sonrías y digas, "¡Qué absurdo!", pero de hecho a menudo actuamos como si fuera así. Nos resulta muy difícil hablar y testificar a personas que piensan en continuos cuando nosotros pensamos en categorías de "o lo uno o lo otro", en blanco y negro.

El ya fallecido y conocido teólogo japonés Kosuke Koyama (1929-2009) y yo hablamos una vez en una conferencia sobre traducción de la Biblia en el Seminario Princeton. Él hablaba desde una perspectiva asiática sobre el papel de la traducción de la Biblia en el desarrollo de teologías autóctonas. Después de que ambos nos dirigimos al público, le pregunté sobre cómo afrontaba la tensión de ser japonés y cristiano al mismo tiempo. Me respondió: "¿Cómo sabes que esa es una tensión constante en mi vida?" Continuó diciendo: "Amo a Buda. El budismo me ha enseñado tanto sobre la armonía con la naturaleza, sobre la manera de relacionarnos con otros seres humanos para que haya armonía y fluidez en nuestras relaciones. Sin duda, el budismo ha influido profundamente en mi vida. Pero amo mucho más a Jesús".

Su respuesta me dejó estupefacto. No me esperaba algo así. ¿Era un universalista en secreto? ¿Abogaba por un sincretismo descuidado en el que tuviéramos un poco de Buda y un poco de Jesús mezclados? No, dio una respuesta cristiana muy japonesa. Pero muchos evangélicos estadounidenses se habrían sentido más cómodos con una respuesta así: "Amo a Jesús y por eso le he dado la espalda a Buda. Como ahora soy seguidor de Jesús, he dejado mi trasfondo budista y ahora lo veo como demoníaco". Pero Koyama era un cristiano japonés, no un cristiano americano, y por eso dijo: "Amo a Buda, pero amo mucho más a Jesús".

Confieso que esta provocadora ilustración del impacto de la cultura en el individuo rebasa los límites de mis categorías teológicas. Si el evangelio es verdadero, como yo lo creo, eso significa que puede encarnarse en todas las culturas del mundo y a lo largo del tiempo, incluso entre personas que piensan en continuos y no en categorías de "una cosa o la otra". Esto no tiene por qué ser motivo de preocupación, porque así es como Dios ha diseñado su misión en el mundo. Como dice Lamin Sanneh, el cristianismo, a diferencia del islam, exige ser traducido a todos las lenguas, culturas y sociedades (2009, 1).

Entonces, ¿dónde reside el peso de la prueba respecto a si las personas pueden llegar a ser seguidoras de Jesús y pensar en continuos en lugar de en categorías de lo uno o lo otro? El peso de la prueba está en que yo entre en el mundo de los continuos lingüísticos y aprenda a comunicar a Jesús como Señor sobre todo. Por eso, cuando escucho a un cristiano asiático decir: "Amo a Buda, pero amo más a Jesús", tengo que reconocer que la cosmovisión de esa persona es muy diferente de la mía, pero ambos somos hijos de Dios y seguidores de Jesús. Si el cristianismo es verdadero, entonces las personas pueden convertirse en seguidores de Jesús en todas las lenguas y en todas las culturas. No hay excepciones. Así que, imagínate lo perturbado que estaba cuando los estudiantes japoneses me decían que no podían ser japoneses y cristianos al mismo tiempo.

E. Randolph Richards y Brandon O'Brien subrayan la manera en que nuestra cultura determina la forma en que leemos, entendemos e interpretamos la Biblia. En su innovador libro, *Misreading Scripture with Western Eyes: Removing Cultural Blinders to Better Understand the Bible*, sostienen que "la mayor parte de nuestra cosmovisión, como la mayor parte de un iceberg, es inconsciente, está por debajo de la línea de flotación. La parte que notamos—lo que vestimos, comemos, decimos y creemos conscientemente—es sólo la punta visible. La mayor parte de estas influencias poderosas y moldeadoras se esconde bajo la superficie, fuera de nuestra vista. Y lo que es más importante, la parte masiva bajo el agua es la que hunde los barcos. Otra forma de decirlo es que *los valores culturales más poderosos son los que no se dicen*" (2012, 12).

Recuerdo un incidente en una clase que impartía sobre el poder de la cultura para moldear nuestros valores y nuestra percepción de la realidad. Un joven no aguantó más y levantó la mano. Le llamé la atención, y su ira y frustración estallaron. "Sr. Whiteman, tal vez todos los demás estén influenciados por su cultura, pero yo no. Soy quien quiero ser, mi propia persona. Hago las cosas a mi modo. Tengo mis propios pensamientos. Sigo mi propio camino". Continuó durante varios minutos y, cuando se calmó, le dije: "Gracias por darnos la definición perfecta de lo que debe ser un joven varón estadounidense. Eso es precisamente lo que tu cultura dice que debes ser. Tu respuesta en este momento fue completamente estadounidense. No fue una respuesta china, ni melanesia, ni africana. Fue una respuesta estadounidense". Se quedó boquiabierto por la sorpresa, y dijo: "¿Es eso lo que ha estado intentando enseñarnos sobre el poder de la cultura?" Le respondí: "Sí, y usted ha demostrado ante toda esta clase en unos minutos lo que yo he estado intentando enseñar las dos últimas horas".

Cuando no reconocemos la forma en que la cultura impacta lo que somos, a menudo asumimos que la naturaleza humana—que todos tenemos—es lo mismo que nuestra naturaleza cultural. Confundimos ambas cosas. Ciertamente tenemos una naturaleza humana que es a la vez pecadora y creada a imagen de Dios. Tenemos un temperamento biológico y una personalidad determinada. Pero la cultura toma nuestra *naturaleza humana* y le da forma y la moldea en una *naturaleza cultural*. Por eso la afirmación radical, "estamos totalmente inmersos en nuestra cultura y somos influenciados por ella", por aterradora que pueda parecer a los estadounidenses, es en realidad cierta. Cuando confundimos el condicionamiento cultural con la naturaleza humana, podemos provocar verdaderos conflictos en situaciones transculturales y, sin duda, es un factor que contribuye al choque cultural, del que hablaremos en profundidad en la Parte 4.

Pasemos ahora a una de esas percepciones moldeadas por nuestra cultura que influye en la manera en que nos relacionamos con quienes consideramos subdesarrollados, atrasados, tercermundistas o incluso primitivos.

¿Qué es una cultura "primitiva"?

A primera vista, este tema parece inapropiado, y sin duda un tema políticamente incorrecto para discutir, pero creo que es importante hacerlo. El concepto de "pueblo primitivo" nos ha afectado mucho en Occidente, y aunque hoy en día rara vez se oye a las personas referirse a los demás como "primitivos", la idea ha impregnado, sin embargo, gran parte de nuestro pensamiento misionero y moldea nuestras actitudes hacia los inmigrantes. La noción de "pueblo primitivo" acecha en nuestro subconsciente e influye en nuestras percepciones e interacciones con "el Otro". Tite Tiénou reflexiona sobre un sermón titulado "El plan que no fracasará" predicado por el misionólogo David Hesselgrave en mayo de 2008. Tiénou escribe: "Los comentarios introductorios de Hesselgrave incluían las siguientes afirmaciones, 'El capítulo 1 de Romanos se refiere a pueblos primitivos, tribales' y 'el capítulo 2 de Romanos se refiere a griegos, romanos, pueblos civilizados y judíos'. No podía creer lo que estaba oyendo de labios de este misionólogo evangélico de alto nivel. Me preguntaba: '¿Qué hay en el texto que le sugiera estas categorías?'" (2016, 322–23). Hemos sido fuertemente influenciados por el pensamiento evolucionista del siglo XIX conocido como evolución social, que clasifica todas las culturas en comparación con la nuestra. Aunque muchos cristianos conservadores están preocupados por la amenaza que la evolución biológica supone para su fe, a menudo han estado de acuerdo con la teoría de la evolución social sin darse cuenta, lo que podría ser una amenaza mucho mayor para el cristianismo de lo que jamás podría ser la evolución biológica.

Los evolucionistas culturales del siglo XIX, como Lewis Henry Morgan, Edward B. Tylor, Herbert Spencer, James G. Frazer y muchos otros, consideraban que toda la vida social y cultural evolucionaba de simple a compleja, de homogénea a heterogénea, y aplicaban su esquema evolutivo a sociedades enteras, así como a las instituciones de esas sociedades. De modo que, por ejemplo, dividieron a toda la humanidad en tres niveles: salvajes, bárbaros y civilizados (véase la fig. 3.5). También consideraban que las instituciones evolucionaban, como la magia que evolucionaba hacia la religión y la religión que evolucionaba hacia la ciencia.

En Occidente tenemos fortalezas en el desarrollo tecnológico y, por tanto, en el poder militar. La tecnología, por supuesto, es sólo un aspecto de una

Figura 3.5
Pirámide de evolución social

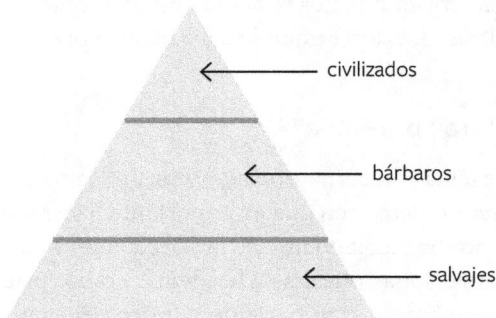

cultura, como aprendimos en la sección "La cultura como sistema". Sin embargo, dado que asumimos nuestra superioridad tecnológica, también asumimos que todos los demás aspectos de nuestra cultura también son superiores: nuestro sistema de gobierno democrático, nuestro sistema económico capitalista, nuestros valores de independencia y autosuficiencia, y nuestra educación formal. Hemos derrochado tanta energía en los avances tecnológicos que hemos creado desorientación y desorganización social en casi todos los niveles de nuestra sociedad. Nuestros matrimonios suelen ser inestables, seamos cristianos o no. Nuestra búsqueda de libertad e individualismo destruye las amistades cercanas y la buena vecindad. Nuestra competitividad extrema está destrozando nuestra sociedad y, sin embargo, seguimos juzgándola como superior a todas las demás e insistimos en que somos la superpotencia del mundo.

Cuando imparto formación transcultural para testigos transculturales, suelo preguntar si alguien ha visto últimamente en las noticias que las Islas Salomón, en el Pacífico Sur, están planeando desarrollar un programa espacial y esperan llevar a una persona a la Luna en un plazo de veinticinco años. Nadie admite haber visto esa noticia y entonces confieso que yo tampoco lo he hecho, ni lo haré. La mayoría de estos pueblos melanesios tienen una tecnología simple de agricultura, todavía viven en chozas de hierba y se bañan en el río, así que no hay forma de que en veinticinco años tengan la tecnología para entrar a la era espacial.

Volvamos ahora a la pirámide de la evolución social, que divide las culturas en tres niveles (véase la fig. 3.5). ¿Hay algo de cierto en esa pirámide, que no todas las culturas son iguales, que algunas son más "civilizadas" que otras? Sí, lo hay, pero el criterio utilizado para distinguir los tres niveles de la sociedad humana es la tecnología. Es cierto. Algunas sociedades son tecnológicamente más sofisticadas y desarrolladas que otras. Sin embargo, ¿qué pasaría con la pirámide si eligiéramos criterios diferentes para juzgar y clasificar las distintas culturas? ¿Y si eligiéramos las relaciones sociales en lugar de la tecnología? ¿Quiénes acabarían en la parte inferior como "salvajes"? No serían nuestros amigos melanesios, pues estarían en la cima como los más "civilizados". Si tenemos que calificar a otras culturas en relación con la nuestra, seamos al menos más honestos y abiertos a la hora de nombrar los criterios que estamos utilizando para dibujar nuestra pirámide (véase la fig. 3.6).

En las primeras décadas del siglo XX, un filósofo, sociólogo y antropólogo francés llamado Lucien Lévy-Bruhl (1857–1939) escribió que las personas situadas en la parte inferior de la escala evolutiva social tenían una mentalidad primitiva (1910, 1923), y habló de personas, como mis amigos salomonenses, como "prelógicos". Sus escritos estimularon una gran cantidad de investigaciones antropológicas y sus ideas fueron sólidamente refutadas, lo que él mismo admitió antes de morir en 1939. Lo que ahora sabemos, gracias a esta

Figura 3.6
Pirámide invertida de evolution social

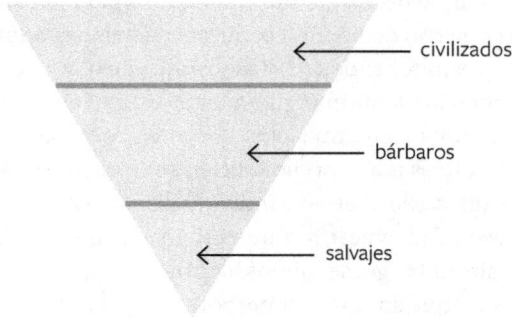

abundancia de investigación antropológica, es que los seres humanos de todo el mundo piensan aproximadamente de la misma manera. En otras palabras, no hay culturas en las que las personas sean "pre-lógicas" en su pensamiento, ni tampoco hay personas en algunas culturas que piensen de forma concreta mientras que otras son capaces de pensar de forma abstracta.

Si esto es cierto, ¿por qué llegamos a conclusiones tan diferentes sobre todo tipo de cosas en la vida? La razón por la que no llegamos a las mismas conclusiones de una cultura a otra no es porque pensemos de forma diferente, sino porque las distintas culturas tienen un conjunto diferente de premisas y supuestos. El gráfico de la siguiente página, basado en *Christianity in Culture*, de Charles Kraft, ilustra perfectamente la manera en que supuestos diferentes dan lugar a conclusiones diferentes.

Este cuadro nos recuerda que la razón por la que las personas de distintas culturas llegan a conclusiones tan diferentes sobre diversos aspectos de su cultura, no es que sean "primitivas" y estén menos desarrolladas. Es porque sus hipótesis de partida sobre la vida, formadas y moldeadas por su cultura, su entorno y su historia, son sencillamente diferentes de las nuestras. Así que la próxima vez que sientas la tentación de mirar por encima del hombro a alguien que parece menos sofisticado que tú, haz una pausa y pregúntate: "¿Qué suposiciones tienen estas personas que son diferentes de las mías y que los llevan a actuar de formas distintas a mis propias maneras de vivir y comportarme?"

La cultura y el evangelio

¿Cuál es la actitud cristiana ante la cultura? Creo que los cristianos deberían tener una actitud positiva y crítica hacia la cultura. Deberíamos ser positivos y afirmar que la cultura es un don de la gracia de Dios. Fuimos creados con la capacidad

Rasgo cultural	Supuesto	Conclusión
Vestimenta	1. Es inmodesto ir desnudo (EE.UU.)	1. Debe llevar vestimenta, incluso para ir a la cama
	2. Uno se cubre el cuerpo sólo si oculta algo (pueblo Gava, Nigeria)	2. Ir desnudo para probarse a uno mismo
	3. Sólo para adornarse (pueblo Higi, Nigeria)	3. Ponérsela para la "ocasión"; arreglarse o cambiarse en público
Comprar	1. Impersonal, transacción económica (EE.UU.)	1. Precios fijos; ningún interés en el vendedor como persona; acabar rápido
	2. Transacción social, de persona a persona (África, Asia, América Latina)	2. Discrepar sobre el precio; establecer una relación personal; tomarse tiempo
Juventud	1. Deseable (EE.UU.)	1. Tener un aspecto joven; actuar como joven; usar cosméticos
	2. Tolerada; ser superada (África)	2. Demostrar madurez; no actuar como joven
Edad	1. Indeseable (EE.UU.)	1. Temida; personas mayores no deseadas
	2. Deseable (África)	2. Adultos mayores venerados
Educación	1. Principalmente formal; fuera del hogar; centrada en el profesor (EE.UU.)	1. Escuelas formales; especialistas contratados
	2. Principalmente informal; en el hogar; centrada en el alumno; tradicional (África)	2. Aprender haciendo, discipulado, proverbios y cuentos populares
Familia	1. Centrado en los cónyuges (EE.UU.)	1. La compatibilidad de los cónyuges es lo más importante
	2. Para los hijos (África)	2. La relación madre-hijo/a es primordial
Cambio rápido	1. Bueno; cambio = "progreso" (EE.UU.)	1. Fomenta el cambio rápido y la innovación
	2. Amenaza para la seguridad (África)	2. Se valora el conservadurismo; se busca la estabilidad

Fuente: Kraft 2005, 49.

de crear cultura y así glorificar a Dios. Pero también debemos ser críticos porque la cultura también puede reflejar la pecaminosidad humana, la codicia, el poder y la opresión. Los que tienen poca experiencia transcultural pueden tender a ser positivos sobre su propia cultura cuando deberían ser más críticos, y críticos con las culturas de los demás cuando deberían ser más caritativos.

Entonces, ¿qué podemos decir sobre la relación entre la cultura y el evangelio? Podemos hacer tres afirmaciones sobre la manera en que el único evangelio universal se relaciona con la diversidad de culturas humanas en todo el mundo, tanto en la época actual como a través del tiempo en el pasado.

1. El evangelio *afirma* la mayor parte de la cultura.
2. El evangelio *confronta* y critica parte de la cultura.
3. El evangelio *transforma* toda la cultura.

Analicemos brevemente cada una de estas afirmaciones.

En primer lugar, el evangelio afirma la mayor parte de la cultura. Con esto queremos decir que una persona no tiene que adoptar una cultura diferente, aprender un idioma distinto o cambiar su estilo de vida por el de los testigos transculturales que le presentaron el evangelio para convertirse en seguidor de Jesús. En otras palabras, una persona no tiene que negar su identidad de nacimiento para afirmar su identidad del segundo nacimiento como seguidor de Jesús. En la historia de la obra misionera, no siempre hemos entendido esto. Sin embargo, todas las culturas son dones de la gracia de Dios, y personas de todas las culturas y lenguas tienen la capacidad de conocer a Dios a través de la persona de Jesús. Como nos recuerda elocuentemente Lamin Sanneh en *Translating the Message: The Missionary Impact on Culture*, el mensaje de Jesús exige ser traducido a la lengua vernácula y a la cultura de todos los pueblos (2009, 1).

¿Implica esto que nada cambiará en la cultura cuando las personas de una sociedad determinada se encuentren con el evangelio? Por supuesto que no. Por tanto, la segunda afirmación es que el evangelio confronta y critica algún aspecto de cada cultura. Aunque la cultura es un don de la gracia de Dios, las culturas también reflejan la caída de la humanidad y la naturaleza pecaminosa de los seres humanos, que pueden expresarse en estructuras sociales opresivas y valores contrarios al evangelio. Recuerdo una vez que impartí unas clases con pastores maasai en Samburu, Kenia. Les pedí que se dividieran en pequeños grupos y elaboraran una lista de las cosas de su cultura que el evangelio afirmaba. La lista era larga e incluía la controversial práctica de la circuncisión femenina. Después de discutir las cosas de su cultura que creían que el evangelio afirmaba y apoyaba, les pedí que volvieran a sus grupos de discusión y elaboraran otra lista de los elementos de la cultura maasai que eran incompatibles con el evangelio y debían ser confrontados y criticados. Como era de esperar, volvieron a la reunión con bastante rapidez y esta vez tenían una lista mucho más corta.

Uno de los mayores retos del ministerio transcultural es que resulta fácil señalar aspectos de la cultura que son diferentes de los nuestros y calificarlos de malos, pero no ver los elementos de nuestra propia cultura que necesitan un cambio radical. Jesús tenía algo que decir al respecto cuando declaró:

"¡Hipócrita! Saca primero la viga de tu propio ojo, y entonces verás bien para sacar la paja del ojo de tu hermano" (Mat. 7:5, RVC). Necesitamos las ideas y la sabiduría de todo el cuerpo global de Cristo para que podamos aprender unos de otros lo que significa ser discípulos de Cristo.

Aunque el evangelio afirma la mayor parte de la cultura y se enfrenta y critica parte de ella, transforma también toda la cultura. Una vez visité la iglesia metodista de Suva (Fiyi) y me fijé en una inusual pila bautismal. Me enteré de que la pila de piedra tenía una historia fascinante y contaba un relato de transformación cultural. Antes de que el evangelio llegara a Fiyi en 1835, el canibalismo estaba muy extendido por todas las islas. La estructura de piedra que observé en la iglesia metodista se había utilizado anteriormente para recoger la sangre de los enemigos depuestos. A la luz del evangelio, aquella estructura de piedra había sido redimida y transformada, simbolizando la nueva vida en Cristo. El antropólogo misionólogo australiano Alan Tippett ha relatado la transformación de Fiyi, que pasó de ser una sociedad centrada en la guerra y el canibalismo a una expresión autóctona del cristianismo, y nos ha ofrecido un relato asombroso del poder del evangelio para afirmar la mayoría, criticar a algunos aspectos y transformar toda la cultura (1980).

RESUMEN DEL CAPÍTULO

Empezamos este capítulo con la historia de los tzeltales para ilustrar la manera en que la cultura funciona como sistema y que un cambio en una parte de la cultura provocará cambios en otras partes, para bien o para mal. La cultura no es estática, sino dinámica y siempre cambia en un grado u otro. Hemos señalado que podemos dividir una cultura en tres categorías porosas: ideología, economía y tecnología, y relaciones sociales. La forma en que proclamamos y vivimos el evangelio debería afectar a los tres ámbitos de la sociedad. Por eso es falso el antiguo debate entre los aspectos sociales y las dimensiones espirituales del evangelio. Jesús nunca dividió ambos aspectos y nosotros tampoco deberíamos hacerlo. Todo el evangelio está relacionado con toda la cultura.

Hemos observado que en toda sociedad se enseña a cada generación el patrón cultural ideal, pero que el comportamiento real practicado por los individuos puede y suele diferir del ideal. Cuanto más se acerque el comportamiento real al ideal enseñado, más estable será la sociedad. Cuanto más se aleje el comportamiento real del ideal cultural, más inestable será la sociedad. Muchos ideales culturales son similares a los Diez Mandamientos, pero las personas de todas las culturas no alcanzan sus ideales culturales. Convertirse en seguidor de Jesús permite a las personas vivir de acuerdo con la mayoría de sus ideales culturales.

A continuación, discutimos un modelo para analizar las cuatro maneras en que las personas participan en su cultura. Toda cultura tiene una zona fluida y una cultura central. La cultura central es donde residen los valores y las creencias y es la más difícil de cambiar, y sin embargo esta es la zona donde el discipulado necesita producir un cambio profundo a medida que confesamos que Jesús es Señor sobre toda la vida.

Luego debatimos el impacto de la cultura en la persona y señalamos que estamos totalmente inmersos en nuestra cultura y totalmente influenciados por ella. También distinguimos entre la naturaleza humana, que tenemos en común con toda la humanidad, y la naturaleza cultural, que varía de una sociedad a otra e incluso dentro de las sociedades entre distintos individuos.

Después de un breve pero difícil debate sobre la razón por la que la imagen de una sociedad "primitiva" sigue acechando en nuestra conciencia y moldea nuestras actitudes hacia los demás, concluimos el capítulo analizando la forma en que el evangelio se relaciona con la cultura: afirma la mayor parte de la cultura, confronta y critica parte de la cultura, y transforma toda la cultura. La figura 3.7, del recordado teólogo africano John Mbiti (1931-2019), recoge gran parte de lo que hemos tratado en este capítulo sobre la relación entre el evangelio, la cultura y la fe.

CONCLUSIÓN A LA PARTE 1

Los testigos transculturales deben comprender el concepto de cultura para poder cruzar con éxito las fronteras culturales con el evangelio. Según Louis Luzbetak, si uno no entiende el concepto de cultura, entonces no entiende la naturaleza del ministerio (1970, 59). Cuando los testigos transculturales no se toman el tiempo necesario para dominar la lengua y la cultura de las personas entre las que viven y sirven, su ministerio sufre. Así pues, permítanme resumir lo que debemos hacer en relación con el concepto de cultura para ejercer con éxito el ministerio transcultural.

En primer lugar, debemos ser conscientes de la influencia de la cultura en nosotros mismos. El antropólogo de Harvard Clyde Kluckhohn escribió en una ocasión: "Difícilmente sería un pez quien descubriera la existencia del agua" (1949, 11). Llevamos tantos años "nadando" en nuestras propias aguas culturales, que no somos conscientes de que nuestra naturaleza humana ha sido moldeada por nuestra cultura. Suponemos que son lo mismo. Es sólo cuando dejamos la

Figura 3.7
EVANGELIO + CULTURA + FE produce CRISTIANISMO

EVANGELIO	CULTURA

Dado por Dios — Hecha por el hombre, hace al hombre culturalmente

Uno, único, santo — Muchas formas locales y regionales, el bien, el mal, elementos naturales

Universal—para todos — Universal—en todas las sociedades

Eterno, revelado en la historia — Histórico, cambiante, temporal, transitorio

Hace nueva creación en Cristo — Condiciona a las personas y zonas alcanzables de la creación

Hacia la cultura:
  G. atraviesa C.
    juzga y salva C.
    dedica, santifica C.
    embellece C.
    exorciza demonios en C.

Hacia el evangelio:
  C. recibe (o rechaza) E.
    comunica E.
    condiciona a las personas
    para la fe en E.
    da gloria a E.

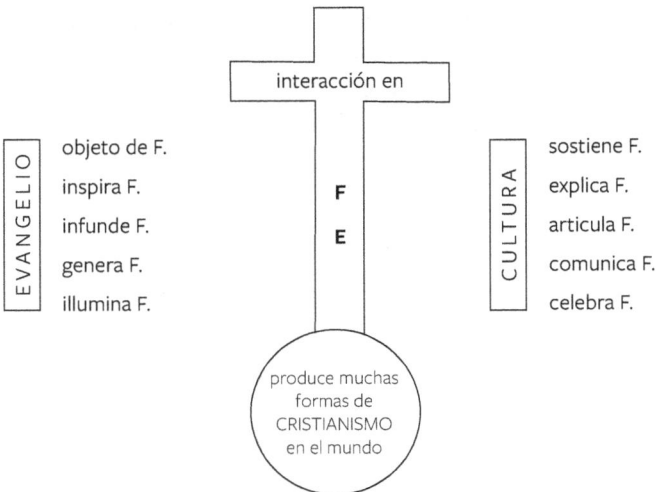

interacción en

EVANGELIO
objeto de F.
inspira F.
infunde F.
genera F.
illumina F.

F
E

CULTURA
sostiene F.
explica F.
articula F.
comunica F.
celebra F.

produce muchas formas de CRISTIANISMO en el mundo

Mbiti 1979, 20.

comodidad y los confines de nuestra propia cultura que podemos "ver" más vívidamente nuestra propia cultura. Necesitamos experimentar otras culturas para comprender la nuestra. Tenemos que quitarnos las vendas de los ojos para entender su impacto en nosotros. Una vez que seamos capaces de hacerlo, nos sorprenderá cuántas cosas que creíamos bíblicas son simplemente culturales.

En segundo lugar, debemos ser conscientes del impacto de la cultura en los demás si queremos entenderlos y apreciarlos. Es por ello que debemos adentrarnos en otras culturas como aprendices y descubrir los mapas mentales de las personas entre las que vivimos y a las que servimos. Si no entendemos de qué manera la cultura impacta en los demás, entonces no tendremos una apreciación de lo que significa ser un seguidor de Jesús en su sociedad.

Por último, debemos preguntarnos: "¿Cómo interactúa y se relaciona Dios con los seres humanos en las culturas en las que están inmersos?" La Biblia es un libro sagrado de estudios de casos sobre la manera en que Dios interactuó con las personas en diferentes épocas y lugares a lo largo de un extenso período de la historia. Por ejemplo, Dios interactuó de forma diferente con el nómada errante Abraham que lo que hizo mil años después con el rey David, porque el contexto cultural era muy diferente. En los evangelios, vemos la forma en que Jesús interactuó con el pueblo judío en la Palestina ocupada por los romanos mil años después. Las cartas de Pablo a las iglesias neotestamentarias de Corinto, Éfeso, Filipos, Colosas y Tesalónica abordan diversos tipos de cuestiones relacionadas con el seguimiento de Cristo, porque el contexto cultural era diferente de una ciudad a otra.

Con una sólida comprensión de la importancia de la cultura, ahora estamos listos para considerar un método mediante el cual podemos entrar a otra cultura, compartir el evangelio a través de las culturas y vivir el evangelio auténticamente en otra cultura. Llamo a este método identificación encarnacional. Este es el tema de la parte 2.

PARTE 2

Ministerio encarnacional

4

El modelo encarnacional

¡Maravilla! Dios viene entre la humanidad;
el que no puede ser contenido es contenido en un vientre;
lo intemporal entra en el tiempo, y gran misterio:
su concepción es sin simiente,
su vaciamiento sin relato.

Juan el Monje

"Mi esposo ha muerto por culpa de tu enseñanza", dijo mi estudiante, silenciando el salón de clase.

Sentía los pies clavados en el suelo y el corazón se me aceleraba mientras intentaba que el sudor no se colara por la camisa.

Y continuó: "Hace cinco o seis años, mi esposo y yo estábamos sentados en este mismo salón en su curso de capacitación misionera. Realmente nos llevaste más allá de nuestra zona de confort cuando hablaste de la importancia de la inmersión cultural y la identificación encarnacional en el ministerio transcultural. En aquel momento no nos caías muy bien porque nos estabas llamando a un estilo de vida que no se parecía al de la mayoría de los misioneros de nuestra organización misionera. Sin embargo, aquel día sentimos la presencia de Dios en el salón. Sabíamos que el Espíritu Santo nos hablaba directamente de la forma en que debíamos vivir y relacionarnos con las personas del país de África Occidental al que nos dirigíamos.

Unos meses más tarde, nuestra familia subió a un avión con destino a África. Mientras el avión surcaba las nubes, se me apretó el estómago por la incertidumbre de lo desconocido. Nos aferramos a tus enseñanzas, pues nos daban la seguridad de que íbamos por el buen camino.

Nos despedimos de las papas fritas y en su lugar llenamos nuestros estómagos con sopa de maní. Dejamos de ponernos casi toda nuestra ropa de Kohl's y nos pusimos telas locales cosidas por una costurera del pueblo. Dejamos de lado las esperanzas de tener alumbrado público y aceras asfaltadas y nos acostumbramos a vivir junto a las chozas de barro de los vecinos. Íbamos al mercado en bicicleta en vez de en automóvil, sólo para viajar junto a nuestros amigos locales y escuchar sus historias. Incluso los nombres africanos que nos dieron empezaron a parecernos naturales y cómodos. Estábamos en casa".

Se detuvo, tragando lo que parecía un recuerdo doloroso, y continuó: "Un día, mi esposo visitó la iglesia de un pueblo y aceptó agua de la población local. Aceptar agua es una costumbre local muy importante en su cultura porque simboliza la aceptación de hospitalidad.

Aquella noche, mi esposo comenzó a sudar frío y su cuerpo ardía de fiebre. A la mañana siguiente me desperté y vi los ojos de mi esposo vacíos. Era sólo una sombra del hombre que yo amaba. El médico del hospital local lo declaró muerto al llegar.

Estaba desconcertada. Nada en mi capacitación podría haberme preparado para esto. Nadie nos dijo que las enfermedades transmitidas por el agua circulaban por esta parte del país todos los años durante el mes de mayo. Mi esposo murió porque te hicimos caso, porque nos encarnamos en nuestro ministerio."

Bajó la mirada hacia sus zapatos, ordenando sus pensamientos. Nadie en la clase se movió y, por primera vez, me quedé sin palabras. Sus palabras flotaron en el aire, nublando mi corazón de tristeza, arrepentimiento y pánico.

¿Qué había hecho?

Entonces ella dijo algo que nos sorprendió a todos: "Estoy aquí hoy porque quería decir esto delante de todas estas personas que se preparan para el servicio misionero. Si tuviéramos que volver a hacerlo, lo haríamos exactamente igual. Sí, mi esposo perdió su vida física y mis hijos perdieron a su padre, pero lo que siguió a la muerte de mi esposo fue una revitalización de la comunidad. Al ver el sacrificio y la dedicación de mi esposo, muchos en el pueblo comenzaron su peregrinación de redención en Cristo. Se consiguió más por el bien del reino de Dios con la muerte de mi esposo que con su vida". Concluyó diciendo: "El dolor por el que pasé fue casi insoportable, pero Dios estuvo a mi lado en cada paso del camino. Estoy aquí con mi nuevo esposo y llámennos locos, ¡pero vamos a volver a África!"

Me pregunté: *¿Habría habido algo en mi enseñanza que pudiera haber evitado esta tragedia?* Desde luego, ellos practicaron con pasión el modelo de identificación encarnacional que yo enseñaba. Yo no fui capaz de advertirle sobre las enfermedades transmitidas por el agua en una determinada época del año en esa parte de África porque no lo sabía. De hecho, al capacitar a las personas para el ministerio transcultural, no podía dar a nadie suficientes conocimientos, contenidos o hechos para estar preparados para cualquier contingencia. Sin embargo, podría haber prestado más atención a las herramientas antropológicas básicas que habrían preparado a estos misioneros para descubrir la cultura local, dominar la lengua local, analizar la sociedad, hacer preguntas informadas y hacer observaciones pertinentes. Así, podrían haber estado mejor preparados para las contingencias.

La encarnación: Más que una doctrina teológica

La historia anterior ilustra el poder de una forma encarnacional de relacionarse con las personas. Pero no hemos pensado a menudo en la encarnación como modelo para el ministerio. Por el contrario, a menudo hemos limitado nuestra comprensión de la encarnación a una importante doctrina teológica sobre la que los primeros padres de la Iglesia debatieron enérgicamente. Sostengo que si Dios no se convierte en ser humano en la persona de Jesús de Nazaret, nuestra fe como cristianos carece de fundamento. John Donne (1572–1631), en su *Holy Sonnet* 15, capta la importancia de este avance cósmico:

> Ya era mucho que el hombre fuera hecho semejante a Dios,
> pero que Dios fuera hecho como el hombre, mucho más. (2014, 31)

Donne nos recuerda que, por muy importante que sea la creación, la encarnación es aún más importante y significativa. Si la encarnación es sólo un mito, seguimos perdidos.

Pero por muy importante que sea la encarnación como doctrina teológica, también lo es como metáfora, si no como modelo, de la forma de ejercer el ministerio, especialmente el ministerio transcultural. Darrell Guder señala que la encarnación es un modelo para el testimonio de la Iglesia en Occidente y más allá. Señala: "El testimonio encarnacional es, por tanto, una forma de describir la vocación cristiana en términos de Jesucristo como el mensajero, el mensaje y el modelo para todos los que le siguen. Hablar de la encarnación en términos de misión es vincular quién era Jesús, con lo que Jesús hizo, y cómo lo hizo, en un gran acontecimiento que define todo lo que significa ser cristianos" (2004, 9).

Algunos teólogos pueden oponerse a esta idea de la encarnación como modelo para el ministerio, argumentando que la encarnación ocurrió sólo una vez, cuando Dios, en un acto divino único, eligió entrar en la tierra como ser humano en la persona de Jesús de Nazaret. Los misionólogos australianos

Michael Frost y Alan Hirsch, en su innovador libro *The Shaping of Things to Come: Innovation and Mission for the 21st-Century Church,* responden que "la encarnación es una doctrina absolutamente fundamental, no sólo como parte irreductible de la confesión cristiana, sino también como prisma teológico a través del cual vemos toda nuestra tarea misionera en el mundo" (2003, 35). Exponen cinco formas significativas en las que la encarnación es un modelo para la misión (35-40) y concluyen que "el mayor argumento a favor de la misión encarnacional al final es el hecho innegable de que fue el modo misional en el que Dios mismo se ocupó del mundo; ¡no debería ser menos el nuestro!" (41).

La encarnación como modelo de misión es radical. Si optamos por vivir de forma encarnacional, no hay ningún ámbito de nuestra vida que no se vea desafiado y afectado: nuestras relaciones, el modo en que empleamos nuestro tiempo y nuestro dinero, nuestras prioridades, etcétera. Debido a mi firme compromiso con la encarnación como modelo para la misión, en ocasiones se me ha conocido como el "profeta de la fatalidad" en lo que se refiere a los estilos de vida misioneros. Recuerdo que en un centro de retiros en el que daba conferencias, oí por casualidad a una pareja en la habitación de al lado hablar de mis enseñanzas radicales. Las paredes de aquellas instalaciones espartanas eran tan finas que podía oír todo lo que decían, incluido: "Si hubiéramos hecho caso a Whiteman, estaríamos durmiendo en el suelo". Sin embargo, cualquier sacrificio que hagamos para vivir como y entre la gente a la que servimos será recompensado con creces con enormes dividendos de relaciones personales profundas, un sentido de realización y un ministerio duradero.

La historia inicial puede hacer que uno se pregunte hasta dónde está dispuesto a llegar en la identificación con los demás. Para algunas personas, como yo, la identificación encarnacional parece algo natural. Se sienten tan a gusto en la cultura de acogida como en la propia. A veces más. Para otros, la identificación encarnacional no es fácil y parece un sacrificio enorme que hay que hacer sin ninguna garantía de recompensa. En la escala de las decisiones sobre el estilo de vida, el peso del sacrificio supera la alegría potencial de la recompensa que supone desarrollar relaciones profundas entre culturas. Por eso, optan por poner límites a lo mucho que están dispuestos a identificarse con los demás. Es comprensible.

¿Qué quiero decir cuando afirmo que la encarnación es un modelo para el ministerio transcultural? Cuando Dios se hizo humano, se convirtió plenamente en judío en un tiempo y lugar específicos de la Tierra. Jesús se identificó con su cultura judía y fue moldeado por ella en la Palestina ocupada por los romanos en el siglo I de nuestra era. Juan 1:18 nos recuerda que "nadie ha visto jamás a Dios", pero sabemos mucho de Dios gracias a Jesús, pues, como dice S. D. Gordon: "Jesús es Dios explicado en un lenguaje que [los seres humanos] pueden entender" (1906, 13). El prefacio del libro *The Conspiracy of God: The Holy Spirit in Us* de John

C. Haughey afirma: "Con justificación, el autor señala que en el pasado hemos cedido a la tendencia de presentar el misterio de Jesús en términos de una Divina Teofanía—Dios viniendo a nosotros bajo apariencia humana en lugar de venir de entre nosotros en el misterio de la encarnación. Tenemos que encontrarnos con el Jesús auténtico, un hombre entre los hombres, condicionado por la relatividad del tiempo y del espacio, como lo están siempre los hombres" (1973, 7).

¿Por qué eligió Dios entrar al mundo como judío? Es difícil para nuestras pequeñas mentes y corazones ajados y resecos comprender la inmensidad de Dios. Para nosotros es más fácil comprender quién es Jesús. Jesús era judío, nacido en Belén pero criado en la pobre ciudad de Nazaret. En otras palabras, Dios no se convirtió en un ser humano genérico en Jesús; más bien, Dios se convirtió en una persona muy específica moldeada por las posibilidades y limitaciones de su tiempo y su cultura. Jesús fue un judío del siglo I moldeado por una cosmovisión judía.

¿Qué significa esto? Para empezar, significa que Jesús probablemente hablaba arameo, a lo que hoy los estadounidenses llamaríamos un acento montañés, es decir, hablaba arameo con el acento de bajo prestigio que se hablaba en los alrededores de Galilea, en lugar del acento de mayor prestigio que se hablaba en Jerusalén. Podemos concluir esto basándonos en el relato de los evangelios sobre la negación de Jesús por parte de Pedro. Pedro fue descubierto por su acento. Mateo 26:73-74 dice: "Poco después se acercaron a Pedro los que estaban allí y le dijeron: 'Seguro que eres uno de ellos; se te nota por tu acento.' Y comenzó a echarse maldiciones, y les juró: '¡A ese hombre ni lo conozco!'" (NVI; cf. Marcos 14:70; Lucas 22:59; Juan 18:25–27).

Esta revelación de un acento galileo-arameo tiene un profundo significado para quienes ejercen un ministerio transcultural. Si Jesús estuvo dispuesto a identificarse con las personas hasta el punto de hablar su lengua con su acento de bajo prestigio, ¿es demasiado que Dios nos pida que aprendamos la lengua de las personas a las que Dios nos ha llamado y que hablemos su idioma sin acento americano o coreano o hindi? Esta idea significa, por ejemplo, que si un pastor de jóvenes quiere ser efectivo en establecer conexión con un grupo de jóvenes, entonces es imperativo que este pastor hable el "idioma" de los muchachos, lo cual, por supuesto, se refiere a mucho más que sólo palabras. Un pastor de jóvenes tiene que reconocer que el vocabulario cambia constantemente y debe estar en sintonía con los matices sutiles de la forma en que los jóvenes utilizan el lenguaje de manera diferente a como lo hacen sus padres.

Jesús estaba inmerso en la cultura judía. Entraba en la sinagoga, sabía leer correctamente de un rollo, tomaba asiento, que era la postura cultural de un maestro, y explicaba el significado de las Escrituras, que probablemente había memorizado. Sus parábolas se basaban en la tradición agrícola de una sociedad campesina, que

Kenneth Bailey nos ha ayudado a comprender a través de la lente del contexto cultural de Cercano Oriente (2005, 2008). Jesús comprendía la estructura social de su tiempo, sabía cuál era su lugar en ella y respetaba los límites, excepto cuando eran el resultado de sistemas opresivos y pecaminosos contrarios al reino de Dios. Si ese era el caso Jesús optaba por cruzarlos, a menudo para consternación de los que estaban en el poder. Los evangelios, especialmente el de Marcos, describen a Jesús curando a muchas personas de enfermedades. La teoría de que los gérmenes son la causa de las enfermedades no sería descubierta hasta 1861 por Louis Pasteur. La sociedad judía del siglo I carecía de nuestros conocimientos científicos, pero Jesús actuó dentro de los estrechos límites del saber cultural de su época.

Cuando hacemos énfasis en la humanidad de Jesús y en el papel que desempeñaron la cultura y la estructura social en la configuración de la persona que llegó a ser, a algunas personas les puede parecer que estamos rebajando a Jesús, que al fin y al cabo es Dios. Pero, de hecho, la encarnación demuestra que Dios está dispuesto a estar presente en cualquier cultura y en cualquier época de la historia humana. En otras palabras, la humanidad de Jesús no diluye su divinidad, sino que la realza. La encarnación como modelo para el ministerio transcultural significa que debemos estar dispuestos a trabajar en cualquier condición en la que se encuentre una cultura, independientemente de lo poco sofisticada o corrupta que pueda parecer. Tenemos que empezar donde están las personas, integradas en su cultura, porque ahí es donde empezó Jesús. Jesús empieza donde estamos para transformarnos en lo que quiere que seamos. No nos deja como nos encuentra, sino que nos invita a crecer en nuestra fe para parecernos más a Cristo y tener la mente de Cristo.

Encarnación y Kenosis: Filipenses 2

La carta de Pablo a la iglesia de Filipos profundiza en la idea de que la encarnación es un modelo de ministerio transcultural. La ciudad de Filipos era una importante y próspera colonia romana de Macedonia situada en el camino principal que venía desde las provincias orientales a Roma. Los filipenses seguidores de Jesús habían tenido algunas "disputas denominacionales" entre ellos desde que la falsa enseñanza había entrado en la iglesia. Pablo escribe desde su celda de la cárcel o bajo arresto domiciliario en Roma para animarlos a llevarse bien entre ellos y a adoptar la actitud de Cristo.

> Si Cristo les ha dado a ustedes poder para animar a los demás, y si el amor que ustedes tienen los lleva a consolar a otros, y si todos ustedes tienen el mismo Espíritu y son compasivos, les pido que vivan en armonía y que se amen unos a otros. Así me harán muy feliz. Pónganse de acuerdo en lo que piensan, deseen las mismas cosas y

no hagan nada por orgullo o sólo por pelear. Al contrario hagan todo con humildad, y vean a los demás como mejores a ustedes mismos. Nadie busque el bien para sí mismo, sino para todos Tengan la misma manera de pensar que tuvo Jesucristo:

> Aunque Cristo siempre fue igual a Dios,
> no insistió en esa igualdad.
> Al contrario, renunció a esa igualdad, y se hizo igual a nosotros,
> haciéndose esclavo de todos.
> Como hombre,
> se humilló a sí mismo y obedeció a Dios hasta la muerte:
> ¡murió clavado en una cruz! (Fil. 2:1–8, BLS)

Si Jesús es nuestro modelo para la misión, entonces la identificación encarnacional tiene que convertirse en nuestro método de ministerio. Este pasaje de Filipenses nos recuerda que Jesús se despojó de sí mismo y renunció a su poder, su posición, sus privilegios y el prestigio de ser el Hijo de Dios para identificarse con los seres humanos. Vaciarnos de nosotros mismos precede a la identificación con los demás. Relacionarnos con personas que son diferentes de nosotros tiene que ver, por tanto, más con nuestra actitud y postura que con nuestras técnicas o estrategias para llegar a ellas. Tenemos que identificarnos con las personas entre las que vivimos y servimos, y a menudo esto significa movilidad descendente, no ascendente. Del mismo modo que Jesús se despojó de sí mismo, nosotros tenemos que despojarnos de nuestro orgullo, nuestra agenda, nuestras ambiciones y todo lo que esperamos conseguir para Dios. Para Jesús, la encarnación le llevó a la crucifixión. Si optamos por encarnarnos en la identificación con los demás, puede que tengamos que morir a muchas preferencias, como nuestro estilo de vida, prejuicios, reputación, comprensión, poder, riqueza e incluso el valor del fuerte individualismo. Jesús utiliza una imagen agrícola para transmitir la idea de la identificación encarnacional: "Les digo la verdad, el grano de trigo, a menos que sea sembrado en la tierra y muera, queda solo. Sin embargo, su muerte producirá muchos granos nuevos..." (Juan 12:24, NTV).

He comprobado que muchos testigos transculturales parecen dispuestos a hacer lo necesario para identificarse con la población local, pero con frecuencia son muy lentos a la hora de morir a sus normas de vida y cambiar su estilo de vida por otro más apropiado para el contexto en el que ejercen su ministerio.

Morir a algo más que a uno mismo

A veces, la identificación encarnacional conduce a la muerte física, como lo demuestra el relato inicial de este capítulo. La encarnación de Jesús condujo a su crucifixión, pero ¿qué siguió a su crucifixión? ¡La resurrección! Nosotros podemos seguir el mismo patrón. Si estamos dispuestos a someternos a la movilidad descendente, a morir a nosotros mismos para identificarnos con los demás, entonces también "resucitaremos". Podremos "nacer de nuevo" con un nuevo lenguaje, una nueva comunidad, una cosmovisión ampliada y una comprensión y apreciación nuevas y más profundas de la misión de Dios en el mundo.

Si existe la posibilidad de la resurrección, ¿por qué tantos misioneros se resisten a encarnarse? Tenemos temor de volvernos vulnerables, así que nos escondemos detrás de excusas. He oído muchas excusas a lo largo de los años, entre ellas las siguientes:

"Estoy dispuesto a encarnarme, pero ¿y mis hijos? No debería hacerles pasar por eso. Dios nos llamó a mi cónyuge y a mí, pero no llamó a nuestros hijos".

"La población local no espera realmente que me identifique estrechamente con ellos, así que, ¿por qué debería hacerlo yo?"

"Si me encarnara y viviera en una casa similar a la de ellos o utilizara el transporte local, no sería tan cómodo y, por lo tanto, no sería tan eficiente en mi ministerio".

"Si me encarno y entro realmente en su mundo, entonces ¿quién se asegurará de que la iglesia no se desvíe hacia alguna extraña herejía?"

"He sido enviado a plantar iglesias que se alineen con nuestra denominación, por lo que necesito controlar y gestionar lo que ocurre. No puedo hacerlo muy bien si me vuelvo encarnacional. Cualquier grupo raro podría entrar a una iglesia y tengo que asegurarme de que mantenemos y protegemos nuestros distintivos doctrinales y nuestros elevados estándares".

Las excusas y razonamientos para no vivir encarnadamente son interminables, pero debemos verlas como lo que son: excusas a menudo generadas por el temor.

El tema de nuestra identidad es aún más complicado que adoptar un estilo de vida encarnacional adecuado. No siempre podemos elegir la identidad que queremos proyectar. A veces, las personas entre las que vivimos y a las que servimos la eligen por nosotros, y a veces cuesta mucho trabajo y tiempo superarla. Tenemos que llegar a una identidad y una función que sean mutuamente compatibles y, por supuesto, nuestra función y nuestra identidad cambian con el tiempo y en diferentes circunstancias.

Llevo más de cuarenta y cinco años observando, estudiando y capacitando a misioneros, y he visto surgir un patrón claro. Cuando los misioneros intentan encarnarse, sus vidas son altamente gratificantes y su ministerio es efectivo. Desarrollan relaciones profundas y significativas con la población local. Cuando les pido que me hablen de sus amigos, enseguida mencionan a la gente local, no a otros misioneros o expatriados. Sin embargo, cuando los misioneros se niegan a identificarse con la población local de esta manera, a menudo se sienten frustrados, amargados, enfadados y agotados. No mantienen relaciones personales estrechas con la población local, ni siquiera después de treinta y cinco años viviendo en el país, por lo que su ministerio suele ser poco efectivo. Esta antipatía por la cultura y la población locales puede manifestarse de diversas formas. Un misionero que conozco, que trabajó en Taiwán durante muchos años pero nunca aprendió a gustarle la comida china, solía decir: "La única comida china que me gusta son las naranjas".

De manera similar, pero no idéntica, el proceso de encarnación, de Dios convirtiéndose en ser humano, se produce cada vez que el evangelio cruza una nueva frontera cultural, lingüística o religiosa. Si la misión de Dios se realizó mediante la encarnación de Jesús, y si Jesús a su vez dijo a sus discípulos: "Como me envió el Padre, así también yo os envío" (Juan 20:21), entonces, ¿qué significa esto para un modelo de misión, de ministerio transcultural? Creo que podemos asumir que estamos obligados a trabajar dentro de las limitaciones de las formas culturales de las personas a las que somos enviados. No se trata de una visión rígida, estática o monolítica de la cultura, porque la cultura cambia. Debido al impacto de la globalización y la urbanización en una sociedad, es aún más complicado identificarse con personas que son diferentes a nosotros. Sin embargo, cuando Jesús nos invita a ir al mundo de la misma manera que él fue enviado por el Padre, debemos partir de los confines y limitaciones, así como de las oportunidades y posibilidades que impone una cultura. Empezamos donde están las personas porque es donde Dios empezó con nosotros para transformarnos en lo que Él quiere que seamos. Cuando empleamos la encarnación como modelo para la misión, a menudo significa movilidad descendente. Cuando nos tomamos en serio la encarnación en el ministerio, significa que nos inclinamos ante la cruz con humildad antes de ondear la bandera del patriotismo. La encarnación como modelo para la misión significa que tenemos que renunciar a nuestras propias compulsiones y preferencias culturales. No insistimos en que la expresión del evangelio en otra cultura tiene que ser la misma que en la nuestra. Esto es tan difícil de hacer porque realmente creemos que tenemos la interpretación correcta de las Escrituras, la teología correcta y la mejor manera de ser iglesia.

La identificación encarnacional *no* es "hacerse nativos"

A veces, cuando me escuchan abogar por la identificación encarnacional, las personas llegan a la conclusión de que me refiero a que los testigos transculturales deberían intentar "hacerse nativos" y llegar a ser como las personas entre las que ejercen su ministerio. Quiero subrayar que encarnarse con otros no significa "hacerse nativos". En primer lugar, no podemos ser nativos con éxito porque no hemos nacido como tales.

William D. Reyburn subraya este punto en un esclarecedor artículo titulado "La identificación en la tarea misionera", escrito en una época anterior de obra misionera (1978, 751). Haciendo todo lo posible por identificarse con los quechuas de los Andes ecuatorianos mediante la vestimenta, los hábitos alimenticios y la forma de vida, se entristecía cuando la gente se refería a él como *patroncito*, que significa "jefe" o "terrateniente rico". Escribe:

> Durante un tiempo hice todo lo posible por evitar a la gente del pueblo, pero el término *patroncito* parecía estar tan permanentemente fijado como el día en que nos mudamos a la comunidad.
>
> Los hombres habían sido requeridos por el comisionado local para reparar un camino intransitable que conectaba la comunidad con Tabacundo. Me uní a este trabajo con los indios [quechuas] hasta que se terminó dos meses después. Tenía las manos duras y callosas. Un día mostré con orgullo mis manos callosas a un grupo de hombres mientras terminaban el último recipiente de *chichi* fermentado. "Muy bien, ya no pueden decir que no trabajo como ustedes. ¿Por qué me siguen llamando *patroncito*?" Esta vez la verdad estaba más a flote, a causa de las desinhibidas respuestas alcohólicas. Vicente Cuzco, uno de los líderes del grupo, se acercó, me pasó el brazo por el hombro y me susurró: "Te llamamos *patroncito* porque no naciste de madre india" (751).

En segundo lugar, los intentos por hacernos nativos rara vez son comprendidos, apreciados o respetados por las personas entre las que vivimos y ejercemos nuestro ministerio. Esto se debe a que la población local sabe que no somos uno de ellos y se preguntan por qué intentamos actuar como si lo fuéramos. Por mucho que lo intentemos, no lo conseguimos.

En tercer lugar, no deberíamos intentar hacernos nativos porque identificarnos con un grupo o estrato de la sociedad puede muy bien alejarnos de otro. Además, debido al creciente impacto de la globalización y la urbanización y a los flujos de ideas, personas y cosas en una sociedad, a menudo es difícil decidir con quién de esa sociedad deberíamos identificarnos más. ¿Deberíamos identificarnos con los ricos, los pobres, los educados, los líderes o los marginados?

Entonces, si la identificación encarnacional no significa hacerse nativo, ¿qué significa? Significa que optamos por identificarnos tanto como nos sea posible con la población local y que nuestro objetivo es convertirnos en "extranjeros aceptables" en su sociedad. No podemos convertirnos en lugareños. Ser un extranjero aceptable es un papel ideal para un testigo transcultural. Significa que no competimos por funciones de liderazgo limitadas dentro de la cultura.

Significa que nos convertimos en un puente transcultural, llevando ideas y cultura de una sociedad a otra.

Samuel Wells ha desarrollado un fundamento teológico para la identificación encarnacional en su libro *Incarnational Mission: Being with the World*. En él establece un contraste entre estar con la gente, trabajar para la gente y trabajar con la gente en el mundo. Señala: "'Trabajar para' es cuando hago cosas y éstas mejoran tu vida. Las hago porque de esta manera me recompensan económicamente, recibo la estima del público, disfruto ejerciendo mis habilidades, me complace aliviar tu necesidad o penuria, busco tu buena opinión y gratitud; quizá todo lo anterior. 'Trabajar para' es el modelo establecido de abordaje social... 'Trabajar para' identifica los problemas y se enfoca en los que tiene la capacidad y el interés para resolver" (2018, 10–11). Gran parte de la obra misionera ha consistido, y desafortunadamente sigue consistiendo, en trabajar para la gente, lo que a menudo desapodera a las personas y genera una dependencia poco saludable.

Otro modelo inadecuado pero que supone una mejora con respecto al anterior es el de *trabajar* con la gente. Se quita el control y el poder al extranjero que intenta intervenir y se pone en manos de los necesitados, empoderándoles para que actúen y resuelvan aquello que identifican como problema. Wells dice: "Al igual que 'trabajar para', este otro modelo obtiene su energía de la resolución de problemas, identificando objetivos, superando obstáculos y alimentándose de las ráfagas de energía resultantes. Pero a diferencia de 'trabajar para', que asume la concentración de poder en el experto y altamente cualificado, localiza el poder en coaliciones de intereses, inicialmente colectivos de personas con ideas afines y una ubicación social similar, pero finalmente asociaciones que superan las divisiones convencionales de religión y clase en torno a causas comunes" (2018, 11). Este modelo de trabajar con la gente, que a menudo es el lenguaje de la asociación, sigue quedándose corto.

Sin embargo, el modelo de estar con la gente, sostiene Wells, "empieza por rechazar en gran medida el eje de resolución de problemas... Su principal preocupación es el predicamento que no tiene solución, el escenario que no puede arreglarse. Ve la inmensa mayoría de la vida y, desde luego, los momentos más significativos de la vida, en estos términos: el amor no se puede conseguir, la muerte no se puede remediar, el embarazo y el nacimiento no son un problema que necesiten solución" (2018, 11). Si Jesús es nuestro modelo de identificación encarnacional, debemos preguntarnos: "¿Cómo pasaba el tiempo? ¿Cuál era su principal modo de actuar?" Era *estar* con la gente más que cualquier otra cosa. Wells se pregunta: "Si todo lo que Jesús hacía hubiese sido 'trabajar para' la gente, ¿cómo es que pasó alrededor del 90 por ciento *'estando con'* (en Nazaret), el 9 por ciento *'trabajando con'* (en Galilea) y sólo el 1 por ciento *'trabajando para'* (en Jerusalén)? ¿Son estos porcentajes significativos y ofrecen un modelo para la misión cristiana? Seguramente Jesús sabía lo que hacía en el modo en que empleaba su tiempo; ¿o nosotros sabemos más?" (2018, 13).

Comportándonos como todos ante todos

Otro pasaje bíblico sorprendente que nos ayuda a entender la encarnación como modelo de misión es la primera carta del apóstol Pablo a la iglesia de Corinto, en la que aborda la manera en que los cristianos deben vivir en una sociedad pagana. ¿Hasta dónde debemos llegar en nuestra identificación con la cultura que nos rodea? Esta es una pregunta que los cristianos de todas las épocas han tenido que plantearse. He aquí la respuesta de Pablo a esa pregunta:

> Porque, aunque soy libre y no dependo de nadie, me he hecho esclavo de todos para ganar al mayor número posible. Entre judíos me comporto como judío, para ganar a los judíos; y, aunque no estoy sujeto a la ley, entre los que están sujetos a la ley me comporto como si estuviera sujeto a la ley, para ganar a los que están sujetos a la ley. Entre los que no tienen ley, me comporto como si no tuviera ley, para ganar a los que no tienen ley (aun cuando no estoy libre de la ley de Dios, sino bajo la ley de Cristo). Entre los débiles me comporto como débil, para ganar a los débiles; me comporto como todos ante todos, para que de todos pueda yo salvar a algunos. Y esto lo hago por causa del evangelio, para ser copartícipe de él. (1 Cor. 9:19-23, RVC)

Analicemos este pasaje. Pablo comienza diciendo que, aunque es libre y no depende de nadie, elige ser esclavo de todos. Su audiencia entendió exactamente de lo que estaba hablando, porque los esclavos eran prácticamente una necesidad doméstica para muchos en el Imperio Romano en ese momento (cf. Bradley 1994; Hunt 2018; y Yavetz 1988). Pero, ¿por qué haría algo así? "Para ganar al mayor número posible", escribe. Cuando está en contacto con judíos, vive como un judío, por la misma razón: "para ganar a los judíos". No tiene que adaptar su estilo de vida a todas las normas y reglamentos de la religión y la cultura judías, pero decide hacerlo. Del mismo modo y por las mismas razones—para salvarlos—cuando se relaciona con los que no conocen la ley, vive como uno de ellos. Pero en términos de su identidad, Pablo es judío y no puede convertirse en gentil. Kenneth Bailey lo expresa muy bien: "En cuanto al *estilo de vida*, Pablo puede vivir como 'alguien que está sujeto a la ley' y puede vivir como 'alguien que no está sujeto a la ley'. Pero en cuanto a su *identidad*, sabe que no puede hacerse *gentil* y no se anda con juegos con sus lectores. Sólo cuando estamos profundamente arraigados en nuestra propia cultura podemos arriesgarnos a tender un puente a través de un abismo cultural a las personas que están al otro lado. Un puente debe estar firmemente anclado en cada extremo. Sólo entonces puede completarse el puente y sólo entonces es posible transitar a través del puente" (2011, 256–57).

Entonces Pablo nos da una sorpresa: "Entre los débiles me comporto como los débiles" (1 Cor. 9:22). Esto parece contraproducente. ¿No se supone que debemos ser fuertes, especialmente entre los débiles, para dar ejemplo? Bailey lo explica de nuevo: "Usualmente, los líderes quieren parecer fuertes. A menudo están dispuestos a servir a los débiles, con tal de que el público los vea como fuertes. Desde una posición de fortaleza, tenderán la mano a los necesitados. En cambio, Pablo *se comporta como débil* deliberadamente para 'salvarlos'. Su misión desde abajo ilumina todo lo que hace" (257).

La identificación encarnacional significa hacer cuanto esté en nuestra mano para identificarnos con los demás sin violar nuestra conciencia y manteniendo nuestra cordura. Por ejemplo, cuando mi esposa, Laurie, y yo fuimos a las Islas Salomón y nos instalamos en el pueblo de Gnulahage, en la isla de Santa Isabel, vivíamos como sus habitantes. Sin embargo, hacía tanto calor y tanta humedad que Laurie tenía sed constantemente. Después de varias semanas, seguía luchando, sintiendo sed todo el tiempo. Le dije que si no encontrábamos una solución, conseguiría un pequeño refrigerador de queroseno para tener agua fría. Poco después, unos aldeanos le contaron a Laurie lo que hacían cuando no podían saciar la sed. En los trópicos crece una pequeña lima verde llamada kamansi y si exprimes el zumo en un vaso de agua y te lo bebes, se calmará tu sed. Efectivamente, funcionó y teníamos un árbol de kamansi justo fuera de casa. Quizá saber que podíamos tener un pequeño refrigerador también ayudó psicológicamente a Laurie, pero al final no lo necesitamos. Incluso con pequeñas salvedades, sigue habiendo mucho espacio en el estilo de vida para identificarnos con los demás. La famosa frase de Pablo: "me comporto como todos ante todos, para que de todos pueda yo salvar a algunos" (1 Cor. 9:22) es una buena pauta para nuestra identificación encarnacional con los demás en la misión.

Hace algunos años, una de mis antiguas estudiantes, que había sido transformada por la idea de la identificación encarnacional, fue con su esposo a Suramérica, en lo alto de la cordillera de los Andes, para trabajar entre los aymaras. Ella y su esposo se enfocaron particularmente en trabajar con mujeres atrapadas en la prostitución y niños que vivían en las calles. En menos de un año de ministerio, quedó embarazada de su primer hijo. Su familia le imploró que regresara a Estados Unidos y tuviera al niño en un lugar seguro. Se sentía confusa. ¿Debía hacer caso a su familia y dar a luz en los Estados Unidos, o debía encarnarse y dar a luz a su primer hijo entre los aymaras, a cuatro mil metros de altitud? Se puso en contacto conmigo para que la ayudara a pensar en un enfoque culturalmente apropiado y encarnacional de este dilema. Le dije que yo no era el tipo de médico que podía ayudarla, pero le aconsejé que pidiera consejo a los médicos locales para que le dijeran si era seguro dar a luz a esa altitud. Luego añadí: "Si decides tener este bebé entre las mismas mujeres con las que trabajas, eso hará más por vincularte a ellas y establecerte en ese ministerio y esa cultura que casi cualquier otra cosa. Tener a tu bebé allí será una forma poderosa de identificarte con ellas". Decidió quedarse y tener a su hijo a cuatro mil metros de altitud, a pesar de los riesgos para su salud como no nativa. El niño se ha convertido en un joven bicultural, capaz de hablar varios idiomas, un motivo de orgullo tanto para sus padres como para los aymaras. Qué regalo le ha hecho Dios a la comunidad local y a su hijo.

Puede que esta historia y la que abrió este capítulo les haga preguntarse si alguna vez podrían hacer ese tipo de sacrificio. Quizá se pregunten si están preparados para servir transculturalmente. Muchos factores contribuyen a nuestra capacidad de identificarnos con las personas entre las que vivimos y servimos. Algunas personas parecen haber nacido para esto y adaptarse a la vida en otras culturas les resulta bastante fácil. Para otros, es más desafiante. No tenemos que perder de vista el objetivo final, que es cruzar culturas con el evangelio y, a través de nuestras palabras y nuestra forma de vivir, presentar a Jesús a las personas. Así pues, debemos identificarnos con los demás en la medida de lo posible, pero también debemos llevar una vida que sea sostenible. Cada testigo transcultural tendrá que confiar en el Espíritu Santo para que le guíe en una vida equilibrada que le permita permanecer a largo plazo y establecer relaciones profundas y significativas con los demás.

RESUMEN DEL CAPÍTULO

Un proverbio de Kenia dice: "Si no puedes explicar un proverbio en mi lengua, entonces no me conoces". ¿Qué haría falta para explicar un proverbio en una lengua que no es la nuestra? Creo que el planteamiento que hemos defendido en este capítulo de identificarnos a fondo con el otro para aprender su lengua, comprender su cosmovisión y sondear las profundidades de su cultura nos pondría en el camino para explicar el proverbio de esa otra persona en su lengua.

El enfoque encarnacional al ministerio transcultural, a través del cual nos identificamos con las personas entre quienes vivimos y servimos y de los que tenemos mucho que aprender, implica al menos las ocho prácticas siguientes:

1. Empezar con las personas allí donde están, integradas en su cultura. Esto requiere a menudo una movilidad descendente por nuestra parte.

2. Tomar en serio su cultura, pues es el contexto en el que la vida tiene sentido para ellos.

3. Hacerse como niños y acercarnos a ellos como si fuésemos aprendices, ansiosos por ver el mundo desde su perspectiva.

4. Ser humildes, pues aún no hemos adquirido los conocimientos necesarios para interpretar la experiencia y generar comportamiento social en su cultura.

5. Dejar de lado nuestro propio etnocentrismo cultural, nuestras posiciones de poder, prestigio y privilegio.

6. Ponerse en una postura de vulnerabilidad; nuestras defensas tienen que desaparecer.

7. Hacer todo lo posible por identificarnos con las personas allí donde están, viviendo entre ellas, amándolas y aprendiendo de ellas.

8. Descubrir desde dentro de su mundo la manera en que Cristo puede convertirse en la respuesta a las preguntas que se hacen y a las necesidades que sienten.

A lo largo de este libro, nos basaremos continuamente en la encarnación y nos referiremos a ella como modelo bíblico para todo ministerio, especialmente para quienes se dedican al ministerio transcultural.

5

Comunicación encarnacional

Vayan a las personas
Vivan entre ellas
Aprendan de ellas
Ámenlas
Comiencen por lo que saben
Edifiquen sobre lo que tienen
Poema chino

Comenzamos este capítulo con la fascinante historia de Bartolomäus Ziegenbalg (1682–1719), un luterano alemán de veintitrés años que fue enviado por la Misión Danesa de Halle al sur de la India como misionero en 1706, casi un siglo antes de que William Carey escribiera su famoso tratado en 1792, *An Enquiry into the Obligation of Christians to Use Means for the Conversion of the Heathens*, y zarpara hacia la India al año siguiente, en 1793. Ziegenbalg es considerado el primer misionero protestante.

Cuando Ziegenbalg llegó a la Compañía Danesa de las Indias Orientales en Tranquebar, el 9 de julio de 1706, pronto se dio cuenta de que si alguna vez iba a poder comunicar y vivir el evangelio de forma efectiva y persuasiva, iba a tener que aprender la lengua tamil y la cultura de este pueblo de habla tamil, cuya religión sería llamada más tarde hinduismo por los orientalistas británicos. Afortunadamente, había sido enviado por el rey Federico IV de Dinamarca para hacer exactamente eso y determinar la imagen de Dios en el pueblo tamil con el fin de conducirlos a un conocimiento más pleno de Dios tal como se reveló en Jesús. Aunque Ziegenbalg no dominaba el tamil, asistió a una escuela local, se sentó entre los niños del pueblo y rápidamente aprendió a leer, escribir y hablar tamil lo suficiente como para traducir el Nuevo Testamento y el Antiguo Testamento desde el Génesis hasta Rut.

Ziegenbalg era un visionario creativo y se dedicó a la tarea no sólo de aprender a hablar y escribir la lengua tamil, sino también de descubrir lo intrincado de la cultura y las costumbres del sur de la India y comprender su compleja religión, creyendo que esta comprensión contribuiría a crear una iglesia luterana en cuanto a su fe y culto, pero de carácter indio (G. Anderson 1998, 761). Con la ayuda de amigos tamiles, miembros de la iglesia e informantes etnográficos, Ziegenbalg pudo compilar un extenso manuscrito en 1713 titulado "Genealogy of the Malabarian Gods" (Genealogía de los dioses malabares), que envió a su junta misionera en Halle, Alemania. August Hermann Francke, mentor espiritual de Ziegenbalg y jefe de la misión de Halle, no quedó satisfecho y rápidamente lo reprendió por "perder el tiempo" estudiando esas tontas creencias y costumbres supersticiosas. Según el Dr. Germann, biógrafo de Ziegenbalg, Francke "escribió a Tranquebar diciendo que no debía pensarse en la impresión de la 'Genealogía de los Dioses del Sur de la India', ya que los misioneros fueron enviados para extirpar el paganismo, y no para difundir tonterías paganas en Europa" (Germann 1869, xv). La suposición europea, pero no la creencia de Ziegenbalg, era que cuando los tamiles se convirtieran al cristianismo, también se volverían culturalmente cada vez más alemanes y dejarían atrás sus costumbres y cultura indias. La suposición popular pero falsa de la cristiandad de la época era que los tamiles debían europeizarse más si querían ser cristianizados. La cultura europea y la religión cristiana iban de la mano, reforzándose mutuamente.

Afortunadamente, la Misión de Halle no desechó el manuscrito de Ziegenbalg. Es más, Ziegenbalg envió copias de este a diversas autoridades de Alemania, Dinamarca e Inglaterra. En la década de 1860, el manuscrito de Ziegenbalg fue redescubierto y es asombroso lo que se encontró. Estaba lleno de información, puntos de vista e ideas que podrían haber ayudado a los misioneros a conectar el evangelio con los hindúes de habla tamil. El libro se publicó en 1869 con el título *Genealogy of the South-Indian Gods* (Genealogía de los dioses del sur de la India) y se reimprimió en 1984 (Ziegenbalg 1984). Hoy en día, Ziegenbalg es reconocido como un pionero en el estudio occidental de la cultura, la sociedad y la religión del sur de la India.

La junta de la Misión de Halle tenía la idea errónea de que el evangelio podía predicarse en un vacío cultural. Tal vez no creían necesario dedicar un tiempo valioso a aprender la lengua y la cultura de estos hindúes de habla tamil en el sur de la India, como lo estaba haciendo Ziegenbalg. De algún modo, tenían la idea de que si un misionero se limitaba a predicar el evangelio, Dios se ocuparía de todo lo demás. Cuando enseño sobre este tema, dibujo dos figuras humanas, ciertamente caricaturescas, en una pizarra. Una, el "misionero comunicador", lleva un salacot y una Biblia de tres kilos bajo el brazo. Está intentando comunicar el evangelio a un "receptor no cristiano". Desafortunadamente, he conocido a misioneros que se han convencido de la suposición errónea de que si sólo pudieran "propagar la Palabra", entonces Dios se encargaría del resto, y no necesitarían dedicar un tiempo valioso a aprender la lengua y la cultura locales, y a desarrollar relaciones con la población local.

Por ejemplo, en Papúa Nueva Guinea, donde trabajé, conocí a misioneros que sobrevolaban las selvas y dejaban caer folletos impresos en inglés. Su esperanza y creencia era que el Espíritu Santo podría usar esos folletos para redargüir a una persona de pecado y llevarla a una nueva vida en Cristo. Supongo que es teóricamente posible, pero es improbable. La razón por la que no ocurrirá es porque este método no es encarnacional. No implica el contacto personal ni el establecimiento de relaciones con posibles conversos analfabetos o que no saben leer inglés. Por supuesto, los folletos no se desaprovecharon. Simplemente no se utilizaron para el propósito que los misioneros tenían en mente. ¡Resultaron tener el tamaño perfecto para enrollar tabaco en cigarrillos!

Recuerdo que una vez, cuando estaba compartiendo esta historia de Papúa Nueva Guinea, una de las jóvenes participantes puso de repente una expresión de horror en la cara. Dijo: "Ahora entiendo mejor lo que pasó el verano pasado cuando estaba en lo que llamamos 'un crucero con una causa'. Navegamos por el Caribe repartiendo tratados en los distintos puertos de escala. Recuerdo que cuando desembarcamos en las Bahamas, después de haber bajado a tierra, me di cuenta al volver al barco de que los tratados que había repartido un par de horas antes estaban ahora en el suelo cubiertos de barro". Le pregunté si tenía una copia de los tratados que estaban repartiendo. Buscó en su Biblia y sacó un billete de un millón de dólares con la imagen del expresidente estadounidense Grover Cleveland. En todos los aspectos -color, textura y diseño artístico- parecía a primera vista un billete legítimo de un millón de dólares, hasta que le dabas la vuelta y descubrías que era falso, diseñado para compartir la verdad del evangelio. ¿Por qué alguien repartiría tratados que manipulan a las personas haciéndoles creer que están recibiendo dinero estadounidense en un intento de presentarles a Jesús, que proclamó que él era el camino, la *verdad* y la vida (Juan 14:6)?

Unos años más tarde, estaba capacitando a un grupo grande de metodistas brasileños para la misión transcultural y les contaba la historia de la joven estadounidense que había repartido tratados del evangelio disfrazados de dinero como forma de compartir la verdad del evangelio. Noté que varios de los participantes se ponían inquietos mientras yo hablaba. Entonces uno de ellos tomó la palabra y dijo: "Nosotros hemos hecho lo mismo" y sacó de su Biblia dos tratados muy parecidos a un billete de cinco y cien reales brasileños. En el

Figura 5.1
**Folletos misioneros diseñados
como moneda estadounidense y brasileña**

reverso del billete había un breve mensaje, versículos bíblicos de Juan 3:16-17 y Romanos 10:9, y espacio para estampar el nombre y la dirección de la iglesia metodista que había puesto a disposición esos tratados (véase fig. 5.1).

Conocer el contenido y comprender el contexto

Para cruzar culturas con el evangelio de forma efectiva, es necesario conocer el *contenido* del mensaje que se comunica y comprender el *contexto* en el que se comunica y se vive ese mensaje. Muchos testigos transculturales pasan muchos años preparándose para su ministerio en otras culturas. Es posible que vayan al seminario o a un instituto bíblico y estudien las Escrituras, teología e historia de la Iglesia hasta que tengan un buen conocimiento de la historia cristiana. Les enseñamos a hacer exégesis de las Escrituras, es decir, a interpretar lo que dicen las Escrituras. En otras palabras, aprenden el *contenido* bíblico y teológico del mensaje que desean comunicar.

Desafortunadamente, nunca aprenden a hacer exégesis del contexto, es decir, a interpretar y dar sentido a la cultura de la comunidad en la que se preparan para servir. Puede que hayan recibido clases de homilética—cómo predicar— pero nunca aprendieron a escuchar y observar de manera efectiva. En mis sesiones de capacitación, a menudo pregunto: "¿Dónde aprendemos a entender el contexto de nuestro ministerio transcultural?" Con frecuencia la respuesta es: "Lo aprendemos del lugar donde vivimos y servimos". Sí, por supuesto, hay mucho de verdad en eso, pero ¿dónde aprendemos a hacer buenas preguntas, a hacer observaciones precisas, a sacar conclusiones de lo que vemos y a dar sentido al lugar en el que vivimos? No capacitamos así a los cirujanos. No les enseñamos sólo la teoría o el contenido de lo que es la cirugía y luego les decimos que aprenderán el contexto cuando entren en una operación. No les decimos: "Inténtenlo. Ya lo descubrirán cuando estén ahí". Desafortunadamente, gran parte de nuestra capacitación para el ministerio transcultural es así. Los que están siendo capacitados pueden escuchar cosas como esto: "Ya lo resolverán cuando lleguen allí", pero no les proporcionamos buenas herramientas antropológicas y etnográficas para que sepan cómo aprender del contexto en el que están sirviendo. El capítulo 12 de este libro presenta una serie de herramientas y prácticas antropológicas y etnográficas para que estén mejor preparados para hacer exégesis del contexto cultural junto con su exégesis de las Escrituras.

Sin la capacitación adecuada, los pastores y testigos transculturales no saben cómo descubrir la cosmovisión de los refugiados musulmanes que se han trasladado a su comunidad o de los budistas que viven en el país donde quieren servir. Las diferencias culturales les abruman, les asustan y les confunden, así que se limitan a confiar en la promesa de Isaías 55:11 y esperan que sus palabras no vuelvan a ellos vacías. Pero sus palabras y acciones a menudo no producen cosecha porque no comunican el contenido de su mensaje de forma que tenga sentido para los receptores en función de su contexto. El mensaje llega como una noticia irrelevante, una mala noticia, una noticia aburrida o una noticia sin importancia. Rara vez se escucha y se ve como una buena noticia. Recuerde que el significado de lo que queremos comunicar lo determina el oyente, no el que habla.

Un ejemplo de interpretación errónea del contexto puede verse en el trabajo de dos misioneras estadounidenses en Kenia. Llevaban quince años trabajando con un determinado grupo étnico cuando un pastor y varios laicos fueron a Kenia para ver su trabajo. La visita parecía ir bien, pero los visitantes tenían curiosidad por saber por qué sólo las mujeres y los niños kenianos parecían participar en el ministerio de estas dos mujeres estadounidenses y verse impactados por él. A los visitantes les parecía extraño que los hombres de la aldea estuvieran completamente desinteresados. Así que los visitantes preguntaron a algunos de los hombres kenianos por qué estaban "boicoteando" el ministerio de estas misioneras. Para sorpresa de los visitantes estadounidenses, los hombres kenianos dijeron: "Todos estos años hemos supuesto que lo que hacían y de lo que hablaban estas mujeres misioneras no era muy importante porque siempre están de pie cuando hablan. En nuestra cultura, si tienes algo importante que decir, siempre te sientas cuando hablas. Estas dos mujeres misioneras nunca lo hacen, así que las desestimamos a ellas y a su mensaje por no ser importantes para nosotros los hombres". Durante quince años, los hombres de la aldea no escucharon el contenido del evangelio porque estas misioneras no comprendían adecuadamente el contexto en el que se comunicaban. Habían pasado por alto una clave cultural muy importante sobre la comunicación, y su ofensa cultural había impedido que los hombres kenianos oyeran la ofensa del evangelio.

Para tener éxito en el ministerio transcultural, necesitamos tanto el conocimiento del contenido como la comprensión del contexto. También necesitamos conocer y estar comprometidos, tanto de palabra como de obra, con el contenido del evangelio que intentamos comunicar. Si no conocemos el contenido del evangelio, puede surgir cualquier tipo de evangelio falso. Y si no entendemos el contexto en el que se recibe el evangelio, entonces no importará mucho lo bien que conozcamos el contenido de nuestro mensaje, porque no se entenderá ni se recibirá de la manera que pretendíamos. Con el fin de aprender a relacionarnos con las personas allí donde se encuentran en su cultura, necesitamos utilizar las herramientas de la antropología y otras ciencias del comportamiento para hacer exégesis del contexto.

La complejidad de la comunicación encarnacional del evangelio

Cuando no comprendemos o no nos tomamos en serio el contexto de nuestro ministerio transcultural, a menudo parecemos la caricatura del misionero comunicador que he descrito antes. Desafortunadamente, muchos laicos de nuestras iglesias tienen esta percepción errónea de la labor misionera. Propongo un modelo que intenta tener en cuenta el contexto tanto del comunicador como del receptor en la comunicación del evangelio (véase fig. 5.2). Este modelo consta de siete partes.

La primera parte son los significados bíblicos. Es nuestro punto de partida. Aquí enumeramos los elementos esenciales de lo que significa ser cristiano. Esperamos que los elementos que enumeramos sean aquellos en los que todos

Figura 5.2
Comunicando el evangelio

Cosmovisión de los chinos Han y red denominacional

Cosmovisión tailandesa

El evangelio MÁS

Significados bíblicos

Significados cristianos

Comunicador misionero

Receptor no cristiano

los cristianos puedan estar de acuerdo, aunque las diferentes tradiciones y denominaciones cristianas pondrán más énfasis en unas áreas que en otras. Así, por ejemplo, los protestantes se asegurarían de incluir la importancia de las Escrituras, mientras que los católicos equilibrarían las Escrituras con las enseñanzas del magisterio. Los wesleyanos harían hincapié en el amor de Dios, mientras que los de la tradición reformada quizá empezarían por la pecaminosidad de los seres humanos y la importancia de la expiación sustitutiva, es decir, que hay salvación de nuestro pecado mediante la muerte y la sangre de Jesús. Los elementos del Credo de los Apóstoles serían quizá un buen resumen de significados bíblicos con el que podríamos empezar. Los teólogos y biblistas pueden debatir sobre lo que es esencial como punto de partida para comunicar el evangelio, pero ese no es nuestro tema aquí. En cualquier caso, el misionero comunicador confía en que conoce a fondo las creencias básicas y el comportamiento de un seguidor de Jesús, que componen la categoría de significados bíblicos.

En segundo lugar, ¿entran estos significados bíblicos directamente en la mente y el corazón del misionero comunicador? ¿Se transfieren a nosotros como una transfusión de sangre? No, no es así. Primero deben pasar por una cosmovisión específica (usaré la cosmovisión china Han como ejemplo) y concordar con nuestra cuadrícula denominacional. Y, por supuesto, aquí es donde empieza inmediatamente el problema. Dado que los testigos transculturales proceden de todo el mundo en este mundo poscolonial, se enfrentan a un reto misionológico. Su comprensión de los significados bíblicos de las Escrituras y la tradición pasa a través de la lente de su cosmovisión y también debe pasar la "prueba de fuego" de su perspectiva teológica y las tradiciones y requisitos denominacionales. Esta es la razón principal por la que los testigos transculturales surgen con diferentes comprensiones e interpretaciones de lo que es el evangelio.

En su innovador libro *Misreading Scripture with Western Eyes: Removing Cultural Blinders to Better Understand the Bible* (2012), E. Randolph Richards y Brandon J. O'Brien llaman vívidamente nuestra atención sobre este desafío de identificar la manera en que nuestra propia cosmovisión influye en la forma en que uno lee e interpreta la Biblia. Así que no es exacto decir simplemente: "La Biblia significa lo que dice y dice lo que significa". Nuestra capacidad para comprender el significado de la Biblia procede del Espíritu Santo, pero está mediada por la lengua que hablamos y la cultura en la que vivimos. En otras palabras, la cosmovisión que tenemos y las perspectivas teológicas a las que nos adherimos influyen en la forma en que percibimos y comprendemos el significado de la Biblia. Por ejemplo, los misioneros coreanos, que proceden de una de las sociedades más homogéneas del mundo, tienen su comprensión de los significados bíblicos filtrada por su cosmovisión coreana y sus diversas perspectivas denominacionales sobre el cristianismo. Así que, naturalmente, su comprensión y práctica del cristianismo es totalmente coreana.

Según la vigesimosexta edición de *Ethnologue: Languages of the World*, hoy en día se hablan en el mundo 7.168 lenguas (Simons 2023). Podríamos estimar con seguridad que existen al menos entre ocho mil y diez mil cosmovisiones distintas que surgen de las diferentes lenguas habladas por los seres humanos. Además, según la *Enciclopedia Cristiana Mundial* 2020, existen en el mundo 44.800 denominaciones diferentes de cristianismo (Zurlo, Johnson, y Crossing 2020). Si tenemos en cuenta los diferentes géneros, ubicaciones sociales, estatus económicos y perspectivas políticas, podemos empezar a imaginar la amplia gama de cosmovisiones posibles.

La tercera parte del modelo es el comunicador misionero. Dado que el comunicador misionero entiende e interpreta los significados bíblicos en función de su cosmovisión y su esquema confesional, no comunica *únicamente* el evangelio. Comunican el evangelio *más* las suposiciones que provienen de su cosmovisión y de la teología y política de sus distintivos denominacionales. El problema es que la mayoría de nosotros ni siquiera somos *conscientes* de que hemos confundido el evangelio con nuestra cultura y nuestros distintivos denominacionales. Esto se debe a que confundimos los significados bíblicos con las formas que utilizamos para comunicar y vivir esos significados bíblicos. (En el capítulo 8, abordo el mal uso de las formas culturales al intentar transmitir significados).

Entonces, por ejemplo, me encontré con este problema al crecer en la Iglesia Metodista Libre, una iglesia evangélica conservadora de tradición wesleyana/santidad. Asumí que la forma en que los Metodistas Libres entendíamos y vivíamos el evangelio era el evangelio. No creía esto porque fuera arrogante y de mentalidad estrecha. Lo creía por mi condicionamiento cultural. Admitía que algunas otras iglesias estaban cerca de la verdad, pero descartaba a muchas otras por estar lejos de la verdad porque no practicaban su fe como lo hacíamos los Metodistas Libres. Yo creía que las características y marcas dominantes de un verdadero cristiano eran que no bebía alcohol, no fumaba tabaco, no jugaba a las cartas, no bailaba ni iba al cine, y creía que la salvación de una persona estaba en peligro si lo hacía. Sin darme cuenta, crecí confundiendo mis distintivos denominacionales metodistas libres con el evangelio liberador y transformador.

Pasamos ahora a la cuarta parte del modelo, el mensaje del evangelio que proclamamos. El misionero comunicador en su mente cree que tiene una comprensión firme del evangelio, de todo el evangelio y nada más que el evangelio. No sólo proclamamos el evangelio verbalmente, sino que también vivimos el evangelio conductualmente. Como veremos más adelante, la mayor parte de nuestra comunicación es no verbal. Un dicho atribuido a San Francisco de Asís declara célebremente: "En todo lo que hagas, predica el evangelio— si es necesario, usa palabras". Y, por supuesto, a menudo es necesario usar palabras para explicar la esperanza que hay en nosotros (1 Pe. 3:15). El problema es que, tanto de palabra como de obra, a menudo proclamamos el evangelio y algo más, en lugar de sólo el evangelio.

Vincent Donovan, tras diecisiete años de trabajo misionero entre los miembros de la tribu pastoril masai de Tanzania, África oriental, concluyó en su libro *Christianity Rediscovered* (1978) que tenemos que presentar el "evangelio desnudo" a las personas y dejar que lo revistan con su cultura para que sea culturalmente relevante, tenga sentido para ellos y aborde los problemas de su contexto. Esta es la forma en que puede surgir una iglesia autóctona. Pero, desafortunadamente, hemos sobrecargado el mensaje del evangelio y el estilo de vida con mucho equipaje extra y ropa que no encaja. Como resultado, a menudo nos es difícil descubrir qué es el evangelio desnudo y cómo distinguirlo de nuestra cultura y nuestras exigencias denominacionales.

Por supuesto, en realidad nunca puede haber un evangelio completamente desnudo porque cada seguidor de Jesús llega al evangelio desde su propio contexto cultural y época histórica. Todo el significado de la encarnación es que el evangelio no existe fuera de la cultura. Sólo existe cuando entra en una cultura y la transforma. No obstante, el concepto de un evangelio desnudo puede ser una forma útil de empezar a entender todas las cosas extrabíblicas que hemos añadido al evangelio. Con el tiempo, llegué a comprender que las "cinco marcas de un cristiano metodista libre"—no beber alcohol, no fumar tabaco, no jugar a las cartas, no bailar y no ir al cine—no eran el evangelio en absoluto. Imagínense mi sorpresa cuando de adulto descubrí Colosenses 2:16: "Por tanto, que nadie los critique por lo que comen o beben..." (DHH).

Llegamos ahora a la quinta parte del modelo, la cosmovisión del receptor no cristiano. En la figura 5.2, la cosmovisión tailandesa del receptor es diferente de la cosmovisión del comunicador misionero chino Han. A efectos ilustrativos y de simplificación, llamaremos cosmovisión tailandesa a la cosmovisión del receptor, aunque reconozcamos, por supuesto, que existen múltiples cosmovisiones tailandesas. Cuando el evangelio *con algo más* atraviesa la cosmovisión del receptor, éste no oye ni entiende exactamente lo que el misionero comunicador pretendía transmitir. A veces sólo hay una sutil diferencia entre lo que se comunica y lo que se comprende. Pero a menudo la diferencia es grande y conduce a malentendidos, en el mejor de los casos, o a conflictos y resistencia, en el peor.

El sexto elemento de este modelo de comunicación es el receptor. Cuando los receptores tailandeses escuchan el evangelio y lo interpretan en términos de su cosmovisión, su comprensión puede no coincidir con los significados bíblicos al principio del proceso de comunicación. Permítanme ilustrarlo con la historia de una de mis estudiantes tailandesas, Ubolwan Mejudhon. Ella comenzó su investigación doctoral tratando de descubrir por qué los tailandeses se han resistido tanto al evangelio tras más de 150 años de actividad misionera. En Tailandia se suele escuchar la frase: "ser tailandés es ser budista", por lo que el concepto de cristiano tailandés parece un oxímoron para muchos tailandeses. Al analizar la cosmovisión y los valores básicos tailandeses, descubrió que un valor tailandés dominante era la mansedumbre en la interacción social. Los misioneros occidentales y coreanos solían ser percibidos por los budistas tailandeses como agresivos y dominantes, por lo que su mensaje del "evangelio de paz" solía ser rechazado (Mejudhon 1994).

El séptimo elemento en el proceso de comunicación es evaluar si los significados que entiende el receptor se acercan a los significados bíblicos con los que comenzó el proceso de comunicación. Una vez más, hay que recordar que el significado lo determina el oyente, no quien habla. No siempre está claro si los significados bíblicos sobreviven a este viaje transcultural de un contexto a otro. Muchas veces lo que el misionero comunicador pensó que estaba comunicando no es lo que el receptor entendió. Algo se pierde en la traducción y la transmisión. Aquí es donde se necesita otro elemento.

La figura 5.3 muestra el esfuerzo por comunicar el evangelio desnudo. Resulta significativa la flecha que apunta del receptor al comunicador, indicando lo importante que es para el comunicador entender lo que el receptor ha entendido. Esto requiere observar y escuchar, dos habilidades etnográficas que trataremos en el capítulo 12.

Repasemos el proceso. Comenzamos con los significados bíblicos como fuente del evangelio, pero esos significados bíblicos se filtran inmediatamente a través de la cosmovisión del comunicador misionero y la estructura denominacional. Sin darnos cuenta o inconscientes de que el evangelio ha acumulado un bagaje adicional, nos lanzamos, creyendo que tenemos el evangelio, todo el evangelio y nada más que el evangelio, por la gracia de Dios. Pero, por supuesto,

Figura 5.3
Comunicando el evangelio desnudo con retroalimentación

Cosmovisión de los
chinos Han y red
denominacional

Cosmovisión
tailandesa

El evangelio
MÁS

Significados bíblicos

Significados cristianos

*Comunicador
misionero*

*Receptor
no cristiano*

ahora es el evangelio *con algo más* lo que estamos comunicando. Además, es el receptor, no el comunicador, quien en última instancia determina si se trata o no del evangelio. Y aquí está el problema. A menos que podamos ver y comprender el mundo de la misma manera que el receptor lo comprende y lo ve, no sabremos si lo que estamos comunicando está siendo comprendido. Podemos ser claros, incluso elocuentes, en lo que decimos pero no sabremos cómo lo oye e interpreta el receptor. Ser encarnacional significa que debemos entrar en la cosmovisión del receptor lo mejor que podamos y, desde ahí, ver qué es lo que intentamos comunicar. Hasta que no nos pongamos en su lugar, lloremos y riamos con ellos, no sabremos si el receptor entiende lo que intentamos comunicarle.

La evidencia de que los significados bíblicos realmente superan este proceso y sobreviven es variada. En todo el mundo, encontramos que allí donde se ha proclamado el mensaje cristiano, hay creyentes que están verdaderamente en relación con Cristo. No cabe duda de ello. El Espíritu de Dios ha penetrado en su cultura y ha captado su atención, transformando sus mentes, sus estilos de vida e incluso sus comunidades. Son discípulos de Jesús y discipulan a otros. Pero, desafortunadamente, muchos otros han aceptado las formas de cristianismo introducidas por los misioneros sin comprender el poder transformador y el significado del evangelio. El cristianismo nominal y el cristianismo popular están vivos en todo el mundo. Las *formas* de cristianismo están presentes, pero no el poder transformador para cambiar las vidas personales y las comunidades que el evangelio pone a disposición de los creyentes.

El apóstol Pablo advirtió sobre este problema hace mucho tiempo, cuando dijo en su segunda carta a Timoteo que en los últimos días, las personas "aparentarán ser muy religiosos, pero con sus hechos negarán el verdadero poder de la religión" (2 Tim. 3:5, DHH). Allí donde el evangelio se ha encarnado en un contexto cultural, deberíamos esperar descubrir diferentes tipos de iglesias, diferentes expresiones e interpretaciones del evangelio. Cuando encontramos iglesias que se parecen a las iglesias de nuestro país, es decir, a las del país del misionero, deberíamos preocuparnos seriamente. Este problema se produce cuando los significados bíblicos no sobreviven al proceso de comunicación del misionero comunicador al receptor no cristiano.

Mi reacción inicial al descubrir la dificultad (tanto para el comunicador como para el receptor) del proceso de comunicar el evangelio a través de estas barreras culturales es de desesperación. Hay tantos errores de comunicación por parte del misionero y malentendidos por parte del receptor. Parece que a veces ni siquiera sabemos qué es el evangelio y mucho menos la forma de comunicarlo efectivamente en el mundo de la otra persona. Sin embargo, es el Espíritu Santo quien supervisa este proceso de comunicar el evangelio de una persona a otra, de una cultura a otra, de una generación a otra. Además, este es el plan que Dios ha puesto en marcha para que el evangelio atraviese el tiempo y las culturas. Dios ha elegido utilizar a personas ordinarias empoderadas por el Espíritu Santo como vehículos de Dios para comunicar las buenas nuevas del evangelio. Cuando nos damos cuenta de que el Espíritu Santo está a cargo de este proceso, nos quitamos un peso de encima. Tomar consciencia de esto no nos da licencia para aflojar o ser culturalmente insensibles, pero sí nos da una mejor perspectiva de nuestro papel como testigos transculturales. Es obra del Espíritu Santo convencer a las personas de pecado y conducirlas a una nueva vida en Cristo. Nuestro papel es ser canales claros a través de los cuales el amor de Dios fluya hacia los demás. Dios nos llama a prepararnos lo mejor que podamos para el ministerio transcultural y a ser fieles seguidores de Jesús, pero es la obra del Espíritu Santo la que hace fructífero nuestro ministerio. La fidelidad es nuestra responsabilidad; la productividad es obra del Espíritu Santo.

Además, cuando somos conscientes del papel del Espíritu Santo en el proceso de comunicar el evangelio a través de las culturas, podemos confiar en que el Espíritu de Dios está vivo y actúa en la cultura de las personas a las que nos dirigimos mucho antes de que lleguemos allí. Juan Wesley introdujo en el vocabulario teológico el concepto de gracia previniente, la gracia que actúa en la vida de una persona mucho antes de que se convierta en cristiana. La gracia previniente conduce finalmente a las personas a la gracia salvadora. Aunque Wesley aplicó este orden de salvación a las personas, creo que también es aplicable a sociedades enteras, como también argumenta Gerald H. Anderson en su análisis del papel de la gracia previniente en la misión mundial. Anderson cita a Max Warren, durante mucho tiempo secretario general de la Sociedad Misionera de la Iglesia Anglicana, en un debate con Donald McGavran, diciendo: "Encuentro a Dios obrando en todas partes, a menudo obrando de forma muy extraña para mi limitada comprensión humana, pero obrando de todos modos. En nuestra misión hacia el vasto mundo fuera del pueblo del Pacto, tenemos un fuerte apoyo bíblico para un espíritu de expectación mientras vamos a descubrir en esas otras creencias la gracia previniente del Cristo no pactado" (G. Anderson, 2009, 47).

Sabemos por la historia que ha habido épocas en las que culturas enteras fueron más receptivas y menos resistentes al evangelio. Ese es el momento *kairos* en el que las personas están abiertas y preparadas para escuchar y responder a las buenas nuevas. Esto sucedió en Polinesia (Tippett 1971), en Fiyi (Tippett 1980), y en las Islas Salomón (Tippett 1967, 42–43; Whiteman 1983). Un grupo numeroso de personas respondió al evangelio en un momento propicio de su historia.

Otro ejemplo de la acción de la gracia previniente de Dios en una cultura es la historia que recuerdo haber oído de un misionero de la Sociedad Misionera de la Iglesia Británica del siglo XIX que fue a ejercer su ministerio entre los igbos, en lo que hoy es el sudeste de Nigeria, en África Occidental. Llevaba allí unos seis meses, estaba progresando en el aprendizaje de la lengua igbo y en la comprensión de la cultura, y empezaba a ver algunos resultados positivos de su trabajo. Un día hablaba con un grupo de aldeanos sobre el cristianismo. Les dijo: "Me alegro mucho de que Dios me enviara desde Inglaterra a ustedes, los igbos, para que pudiera hablarles de Dios, porque antes de que yo llegara, ustedes eran ignorantes y no sabían nada de Dios". Parloteó durante un rato hasta que, finalmente, un anciano sentado entre la multitud se levantó y, con una sonrisa en la cara, le dijo: "Amigo mío, casi has acertado, pero no del todo". El misionero británico se quedó desconcertado, porque no estaba acostumbrado a que le dijeran que no tenía razón al cien por ciento. El anciano igbo continuó: "Nos alegramos de que hayas venido, pero es nuestro dios igbo Chukwu quien te ha enviado para que aprendamos más sobre Dios, ahora que nos has hablado de Jesús".

Esto es asombroso y qué diferencia marca esta perspectiva. Si vamos como testigos transculturales con la expectativa de que Dios ha dejado un testimonio en cada cultura, que Dios ha estado trabajando en cada sociedad en cada período de la historia humana y que Dios ha estado presente en las vidas de las personas mucho antes de que llegáramos al lugar, esto transformará nuestro enfoque del ministerio transcultural. Para empezar, nos quita de encima la carga de su salvación. Esto no significa que debamos ser menos apasionados con la evangelización. Más bien, podemos ser aún más apasionados, aún más comprometidos porque ahora podemos estar motivados por el amor y el entusiasmo por lo que Dios está haciendo en lugar de estar impulsados por la culpa y el miedo al infierno. Esta comprensión nos empoderará para toda una vida de ministerio y fomentará la resiliencia en tiempos de dificultad y desánimo.

Conviene hacer algunos comentarios finales sobre este modelo de comunicación encarnacional. Muchos de nosotros no hemos hecho el duro trabajo de distinguir nuestra cultura del evangelio. La comunicación encarnacional significa que tomamos nuestra comprensión del evangelio, por muy condicionada culturalmente que esté, y desarrollamos una relación con personas que son diferentes a nosotros en su cultura. Intentamos leer la Biblia a través de sus ojos y comprenderla e interpretarla desde la perspectiva de su cosmovisión, no sólo de la nuestra. Cuando esto empiece a suceder, ya no habrá sólo una flecha unidireccional que apunte del comunicador misionero al receptor no cristiano. Ahora las flechas irán en ambas direcciones porque el misionero aprenderá muchas cosas nuevas sobre Dios cuando vea la vida a través del lente de su cultura anfitriona. Obsérvese que la flecha de la figura 5.3 que apunta del receptor al comunicador es ligeramente más grande que la flecha que apunta del comunicador al receptor. Podemos aprender más de lo que Dios hace en el mundo a través del receptor que lo que el receptor aprende de nosotros.

El modelo de transmisión y el modelo constitutivo de la comunicación

En la discusión anterior sobre la comunicación del evangelio del misionero comunicador al receptor no cristiano, empleé principalmente un modelo de transmisión de la comunicación, que sostiene que la comunicación es "el proceso de estimular intencionadamente el significado en la mente de otra persona" (Haas 2016, 28).

Algunos académicos sostienen hoy en día que el modelo de transmisión de la comunicación es una simplificación excesiva del proceso de comunicación y afirman una alternativa popular llamada modelo constitutivo (Baxter 2004; Nicotera 2009; Pearce y Cronen 1980; Sigman 1992). En lugar de describir la comunicación como una mera transmisión de información, el modelo constitutivo postula que la comunicación tiene poder para dar forma a la propia realidad (Baxter y Montgomery 1996). Jimmie Manning afirma: "Los académicos deberían [investigar] la forma en que las relaciones, las identidades y las tareas están en la comunicación [misma] … en lugar de simplemente continuar nuestro enfoque dominante actual en la comunicación … entre dos o más personas" (2014, 432). Adoptar una perspectiva constitutiva de la comunicación es suponer que el significado se crea en la interacción entre el comunicador y el receptor y, por supuesto, ésta es la razón por la que la figura 5.3 contiene dos flechas en lugar de una sola que apunta del comunicador al receptor. Este enfoque constitutivo de la comunicación hace aún más importante el enfoque encarnacional de la comunicación.

Perdidos o malinterpretados en la traducción

Terminaremos este análisis de la comunicación encarnacional con dos ejemplos de lo que puede y suele salir mal cuando no utilizamos un enfoque encarnacional en el ministerio transcultural, cuando la flecha de la comunicación va sólo en una dirección, del comunicador al receptor, cuando nos vemos sólo como conocedores y no como aprendices. El primer ejemplo procede de una traducción del Salmo 23 a la lengua hmong de Laos. Se trata de una retrotraducción al inglés para que podamos entender la forma en que los hmong "escuchaban" el Salmo 23. Se trata de un salmo que muchos cristianos de habla inglesa memorizaron de la versión King James de la Biblia cuando eran niños. Escuchemos cómo suena interpretado y entendido desde la cosmovisión de los hmong:

> El Gran Jefe es el que cuida de mis ovejas,
>   No quiero ser dueño de nada.
> El Gran Jefe quiere que me recueste en el campo.

> Quiere que vaya al lago.
> Él hace que vuelva mi buen espíritu.
> Aunque camino por lo que el misionero
>   llama el valle de la sombra de la muerte,
>   no me importa.
>   Tú estás conmigo.
> Usas un palo y un garrote para ponerme cómodo.
> Fabricas un mueble delante
>   de mis ojos mientras mis enemigos observan.
>   Me echas aceite de carro en la cabeza.
> Mi copa tiene demasiada agua y por eso se desborda.
>   La bondad y la amabilidad caminarán en fila india
>   detrás de mí toda mi vida.
> Y viviré en la choza del Gran Jefe
>   hasta que muera y sea olvidado por la tribu.

Mi respuesta inicial cuando leí esto fue reírme, pero al reflexionar más profundamente, una respuesta más apropiada sería llorar. ¿Hay algún atisbo de Dios como pastor en esta traducción? ¿Qué significados bíblicos sobrevivieron al viaje del texto bíblico al contexto hmong? Yo sostengo que muy pocos lo hicieron. También diría que gran parte del significado se ha perdido en la traducción. De hecho, dudo que los norteamericanos de hoy entendamos el Salmo 23 tan bien como los antiguos hebreos. Esto se debe a que no sabemos mucho sobre ovejas y no somos pastores de ovejas. A menos que nos encarnemos y entremos en el contexto del receptor para oír la manera en que se interpreta el evangelio, seguirán produciéndose este tipo de ejemplos de falta de comunicación.

Otro ejemplo de mala comunicación del evangelio es el del pueblo Erima de la provincia de Madang, en Papúa Nueva Guinea. Observemos la manera en que entienden el evangelio:

Érase una vez, probablemente hace cien o doscientos años, Dios envió a un hombre espíritu llamado Jesús a los hombres blancos. Todas las tierras tienen sus propios espíritus y éste fue enviado a la tierra de los hombres blancos. Algunos hombres mataron al espíritu-hombre Jesús y lo enterraron. Mientras estaba muerto, Jesús visitó el lugar donde moran los hombres blancos muertos. Los antepasados de los hombres blancos, en el lugar de los muertos, revelaron a Jesús cómo hacer automóviles, aviones, radios, ollas y sartenes, etc. Lo que le revelaron fueron encantamientos mágicos secretos que permiten fabricar cosas tan maravillosas. Al tercer día, el espíritu de Jesús resucitó de entre los muertos, dejando su cuerpo en la tumba. Habiendo resucitado en su espíritu, reveló a los hombres blancos todos los maravillosos encantamientos mágicos secretos que había aprendido de los antepasados muertos de los hombres blancos, y les mostró cómo hacer todas las cosas que los hombres blancos tienen ahora. Después de eso, Jesús subió en su espíritu al cielo, a su padre. Y así ahora, debido a que Jesús murió por todos nuestros problemas, si nos bautizamos y somos bendecidos por un pastor, y si vivimos buenas vidas, cuando muramos, tres días después, al igual que Jesús nuestros espíritus también dejarán nuestros cuerpos y subirán al cielo. Mientras tanto, ¡miremos con cuidado a los hombres blancos! Todavía no nos han enseñado los encantamientos mágicos secretos para hacer la carga. Pero tal vez algún día, uno de ellos nos diga el secreto.

Esta interpretación del evangelio por parte del pueblo Erima es un ejemplo tan poderoso y memorable de lo que puede y suele salir mal al cruzar culturas con el evangelio.

RESUMEN DEL CAPÍTULO

En este capítulo sobre la comunicación encarnacional, hemos destacado la importancia de comprender tanto el contenido del evangelio como el contexto cultural en el que se presenta el evangelio de palabra y obra. Comunicar el contenido sin entender el contexto llevará a que el receptor no comprenda el significado completo y no experimente el poder transformador del evangelio. Comprender el contexto de nuestra sociedad de acogida sin tener claro el contenido del evangelio significa inevitablemente que comunicaremos el evangelio con un montón de requisitos extrabíblicos, o quizá incluso prescripciones antibíblicas. Conocer el contenido del evangelio y comprender el contexto en el que se comunica tienen la misma importancia en el ministerio transcultural.

CONCLUSIÓN A LA PARTE 2

La encarnación es algo más que una importante doctrina teológica sobre el hecho de que Dios se convierte en ser humano. Es también un modelo de ministerio transcultural. Ser encarnacional significa que nos despojamos de nuestro orgullo, prejuicios, agendas personales, ambiciones y estilo de vida para adentrarnos en el mundo de otra cultura. La encarnación frecuentemente significa movilidad descendente. De la misma manera que la encarnación llevó a Jesús a la crucifixión, la identificación encarnacional implica morir al yo para identificarnos con los demás, pero a esto seguirá la "resurrección" en la cultura de acogida, donde "nacemos de nuevo" con un nuevo idioma, una cosmovisión diferente, nuevas relaciones y una comprensión más profunda de la misión de Dios en el mundo.

En este capítulo hemos hablado de la comunicación encarnacional, que implica comprender tanto el contenido del evangelio como el contexto cultural en el que se comunica. Cuando comprendemos el contexto, podemos comunicar el evangelio de una manera que el receptor pueda entender.

Incluso cuando nos esforzamos por comunicarnos encarnacionalmente en un entorno transcultural, es inevitable que se produzcan errores de comunicación. Este es el tema de la tercera parte.

Problemas comunes de comunicación

6

Diferencias de cosmovisión

Para que cualquiera de nosotros sea plenamente consciente
intelectualmente no sólo deberíamos ser capaces de detectar
las cosmovisiones de los demás, sino ser conscientes de la
nuestra: por qué es la nuestra y por qué, a la luz de tantas
opciones, pensamos que es cierta.

James Sire (2020)

En 1977-78, mi esposa y yo vivíamos en una pequeña aldea de 150 habitantes en la isla de Santa Isabel, en las Islas Salomón. Estábamos investigando el impacto del cristianismo anglicano y conviviendo con personas que sólo unas generaciones antes habían sido cazadores de cabezas. Algunos de los ancianos recordaban aquellos días cuando eran niños y se alegraban de que hubieran pasado. La caza de cabezas era ya cosa del pasado. Los aldeanos hablaban de vez en cuando de la manera en que el evangelio de la paz había puesto fin a la caza de cabezas y estaban agradecidos. Viviendo en el pueblo, observamos que cuando el sacerdote anglicano de las Islas Salomón venía al pueblo cada varios meses, había un gran entusiasmo e interés por el servicio de la Santa Cena que celebraba. Parecía que todos los habitantes de la aldea acudían. En cambio, a la oración de la mañana y a la oración vespertina sólo acudían entre diez y quince personas. Me preguntaba a qué se debía tal discrepancia. ¿Por qué había tantos aldeanos deseosos de recibir la Santa Cena y tan pocos de asistir a las oraciones diarias?

Después de observar este patrón muchas veces, decidí investigar por qué la asistencia era mucho mayor cuando un sacerdote venía al pueblo y ofrecía la

Santa Cena. Así que le pregunté a los aldeanos: "¿Por qué acude tanta gente a la Santa Cena y tan poca a las oraciones diarias?"

"Oh, es porque recibimos alimento sagrado cuando tomamos la comunión", respondieron.

"¿Qué quieren decir con 'alimento sagrado'?", pregunté.

"Oh, ya sabes, recibimos poder espiritual cuando comemos el pan y bebemos el vino en la comunión", respondieron.

"¿Se refieren a que adquieren *maná* cuando participan de la Santa Cena?", pregunté.

"Sí", respondieron con una sonrisa tímida. "Somos cristianos sólo de nombre".

Tradicionalmente, se creía que el *maná* o poder espiritual, residía principalmente en la cabeza física de una persona. Cuanto más importante era una persona en la sociedad, más *maná* se creía que tenía. La caza de cabezas era la principal forma de obtener *maná*, ya que bebían la sangre y comían los sesos de los enemigos depuestos. Ahora podían obtener *maná* por medio de la Santa Cena en lugar de la caza de cabezas. Era obvio, al menos para mí, que algo faltaba, que algo se había perdido en la traducción de la comunicación transcultural del significado bíblico de la Santa Cena a estos habitantes de las Islas Salomón.

A menudo malinterpretamos a las personas entre las que vivimos y servimos, y ellas a menudo nos malinterpretan a nosotros y a nuestro mensaje. En esta parte del libro, vamos a tratar de entender por qué ocurre esto. El problema se agrava a veces cuando no nos damos cuenta de que nos están malinterpretando y de que nuestro mensaje también es malinterpretado. Un factor que contribuye a ello, sobre el que tenemos poco control, es la ubicación social que nos asigna nuestro anfitrión. Esto puede dar lugar a estereotipos inexactos o pueden juzgar mal nuestras motivaciones y las razones por las que vivimos entre ellos. Para complicar aún más las cosas, con frecuencia no somos conscientes de este problema porque las personas con las que vivimos y ejercemos nuestro ministerio pueden dudar en compartir con nosotros sus malentendidos y recelos. Sólo construyendo puentes sólidos de amor y confianza entre nosotros se disiparán este tipo de recelos, desconfianzas e incomprensiones. Esto lleva tiempo y no puede lograrse en un viaje misionero de siete a diez días.

Una vez pasé un tiempo en Bangladesh con una pareja que, en aquel momento, llevaba veintiocho años sirviendo allí. Mientras pasaba tiempo con ellos y observaba cómo se relacionaban con el pueblo bangladeshí, me resultó evidente que estaban profundamente conectados con las personas entre las que habían vivido durante tanto tiempo Una noche, durante la cena, les pregunté: "¿Qué tanto tiempo les llevó hacer conexión con estas personas a un nivel tan profundo de cosmovisión?" La respuesta inicial del hombre fue: "Ah, ¿se nota?" Le recordé que yo era antropólogo y que mi principal modo de operar era observar a las personas y hacerles preguntas. Entonces continuó: "Casi puedo decirle el día en que ocurrió. Llevábamos dieciocho años sirviendo aquí, aprendiendo la lengua bangladeshí, descubriendo su cosmovisión, sus postulados religiosos, su estructura social, su economía y sus creencias, y recuerdo el momento en que, al interactuar con un bangladeshí, me di cuenta de que realmente había hecho conexión con su lengua y su cultura". Y añadió: "Los últimos diez años hemos sido cinco o seis veces más efectivos que los primeros dieciocho, porque ahora entendemos al pueblo bangladeshí como nunca lo habíamos hecho". Esta pareja siguió sirviendo en Bangladesh otros siete años, para un total de treinta y cinco.

La falta de comunicación por ambas partes es inevitable. Es inevitable, pero eso no es excusa para dejar de hacer el duro trabajo de descubrir las profundas suposiciones subyacentes que conducen a juicios prematuros y a la falta de comunicación en el ministerio transcultural. Requiere tiempo e intencionalidad.

En este capítulo exploraremos la importancia de la cosmovisión a la hora de comunicar el significado de seguir a Jesús a personas cuya cosmovisión es muy diferente a la nuestra. Si no tenemos en cuenta la cosmovisión, puede producirse una falta de comunicación. Comenzaremos definiendo la cosmovisión, demostraremos cómo se compara con la religión y concluiremos con la función de la cosmovisión en el ministerio transcultural.

Definiendo cosmovisión

¿Qué es la cosmovisión? A menudo oímos hablar de una cosmovisión "cristiana" o "bíblica". ¿En qué consiste? Se han ofrecido muchas definiciones de cosmovisión y se han escrito libros enteros que describen las diferentes dimensiones de la cosmovisión, cómo introducir cambios en la cosmovisión de un pueblo y por qué es tan importante comprender la cosmovisión del otro en el ministerio transcultural.

Defino cosmovisión como el conjunto central y rector de conceptos, presuposiciones y valores que rigen una sociedad. Es importante hacer dos salvedades con esta definición. En primer lugar, puede haber tantas diferencias entre las personas de una misma cosmovisión como entre personas con cosmovisiones diferentes. Una cosmovisión no es monolítica. En segundo lugar, una cosmovisión no es estática, aunque puede cambiar muy lentamente en comparación con el comportamiento, el cual puede cambiar más rápidamente. Una cosmovisión es dinámica y cambia con el tiempo y las circunstancias, a menudo en respuesta a cambios políticos, económicos y medioambientales.

Los dos antropólogos misionólogos que más han escrito sobre cosmovisión son Paul G. Hiebert y Charles H. Kraft, que fueron colegas durante más de una docena de años (1977–89) en la Escuela de Misión Mundial del Seminario

Teológico Fuller de Pasadena, California. Kraft define cosmovisión como la "totalidad de las imágenes y supuestos culturalmente estructurados (incluidos los supuestos de valor y compromiso o lealtad) en términos de los cuales un pueblo percibe la realidad y responde a ella" (2008, 12). Hiebert define cosmovisión como las "presuposiciones cognitivas, afectivas y evaluativas fundamentales que un grupo de personas hace sobre la naturaleza de las cosas y que utiliza para ordenar sus vidas" (2008, 15).

Ha habido intentos, escritos desde una perspectiva teológica y filosófica, de definir una cosmovisión cristiana. El renombrado biblista N. T. Wright analiza en profundidad lo que constituye una cosmovisión cristiana, señalando: "Como todas las cosmovisiones, la cosmovisión cristiana no es simplemente una cuestión de lenguaje privado, un misterio secreto o arcano que sólo interesa a quienes profesan la fe cristiana. Todas las cosmovisiones, incluida la cristiana, son en principio declaraciones públicas. Todas cuentan historias que intentan desafiar y quizás subvertir otras cosmovisiones. Todas ofrecen una serie de respuestas a las preguntas básicas, que pueden ser invocadas desde el subconsciente y debatidas. Todas comprometen a sus oyentes con una forma de ser-en-el-mundo o de ser-para-el-mundo" (1992, 135).

Normalmente, la mayoría de las personas no son conscientes de su cosmovisión. Aunque nuestras ideas, valores y suposiciones subyacen a nuestras acciones y les dan sentido, rara vez lo reconocemos conscientemente. Obtenemos significado de nuestra cosmovisión, aunque la mayoría de nosotros no somos conscientes de ello. Un ejemplo de la manera en que a menudo no somos conscientes del papel que desempeña nuestra cosmovisión a la hora de dar sentido al mundo, es la forma en que leemos e interpretamos la Biblia. E. Randolph Richards y Brandon J. O'Brien lo han dejado muy claro en su libro *Misreading Scripture with Western Eyes: Removing Cultural Blinders to Better Understand the Bible* (2012). El hecho de que leamos la Biblia a través de nuestra cosmovisión no niega la verdad de la Biblia, pero debemos reconocer el papel que desempeña la cosmovisión en su comprensión e interpretación. Los autores explican que una de las mejores maneras de descubrir los supuestos ocultos de nuestra cosmovisión es observar cuando decimos u oímos decir a otros: "Se sobreentiende". Por ejemplo, durante miles de años se dio por sentado que la Tierra era plana y que el Sol giraba alrededor de la Tierra. Haga una lista de todas las suposiciones que "se sobreentienden". Puede que le sorprenda lo larga que se hace la lista.

Permítanme demostrar el poder de la cosmovisión de una persona a la hora de configurar su percepción y comprensión del mundo que le rodea. Un ejemplo de la frase "se sobreentiende" es "Dios ayuda a quienes se ayudan", que, según la investigación de George Barna, tres de cada cuatro estadounidenses creen que se encuentra en la Biblia. Sin embargo, este dicho popular procede del *Poor Richard's Almanac* de Benjamin Franklin, un almanaque anual que se publicó ininterrumpidamente desde 1732 hasta 1758. Si en el fondo de nuestra cosmovisión está la suposición inconsciente de que "Dios ayuda a quienes se ayudan" y vamos a una comunidad en la que, desde nuestro punto de vista, las personas no parecen esforzarse mucho por mejorar su suerte, nuestra suposición influirá en la forma en que las percibimos e interactuamos con ellas. Es probable que supongamos que si no están dispuestos a intentar ayudarse a sí mismos, entonces por qué deberíamos molestarnos o, peor aún, por qué debería Dios preocuparse y molestarse en ayudarles. Podríamos concluir inconscientemente: "Se merecen lo que tienen" o "Quien mala cama hace en ella se yace". Sin embargo, si somos capaces de exponer los prejuicios y sesgos que provienen de nuestra cosmovisión, entonces podremos descubrir que se trata de una cultura campesina con una economía de subsistencia. Podríamos ver que la pobreza abyecta es alimentada por la desigualdad estructural en la que quizás el 2% de la población posee o controla el 80% de la tierra, como encontramos en algunas sociedades de América Central. ¿Puedes ver cómo estos temas subconscientes de cosmovisión que surgen en nuestras mentes pueden influir en la manera en que percibimos la pobreza, la suciedad y la "pereza" y, en última instancia, afectar la forma en que nos relacionamos con las personas que son diferentes a nosotros? Estos temas de cosmovisión no se encuentran en las Escrituras, pero sin embargo son temas dominantes en la cultura estadounidense que se han extendido por todo el mundo con la urbanización y la globalización (Barna y Hatch 2001, 90).

Religión y cosmovisión

La cosmovisión es aún más básica y fundamental que la religión, aunque ambas cumplen funciones similares. En otras palabras, muchos cristianos estadounidenses son más estadounidenses que cristianos, pero no nos damos cuenta. Muchos cristianos coreanos son más coreanos que cristianos, pero no lo saben. Nos resulta incómodo oír esto. Nos gustaría creer que ante todo somos cristianos y que los valores del Reino impregnan nuestra cosmovisión y guían nuestro comportamiento, pero, de hecho, a menudo es al revés. Nuestra identidad nacional, étnica o política puede ser más importante para nosotros que nuestra identidad como hijos de Dios. Por tanto, nuestra cosmovisión es más fundamental que nuestra fe cristiana. Somos más estadounidenses que cristianos. Somos más kikuyu que cristianos. Somos más filipinos que cristianos. Somos más republicanos que cristianos. La idea es clara.

Paul G. Hiebert explica la diferencia entre cosmovisión y religión: "Una cosmovisión proporciona a las personas sus supuestos básicos sobre la realidad.

Figura 6.1
**El iceberg como metáfora de la cosmovisión,
la religión y el comportamiento**

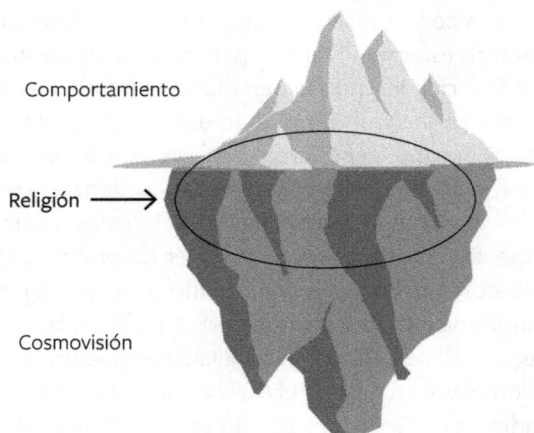

La religión les proporciona el contenido específico de esta realidad, las cosas del modelo de universo de las personas y las relaciones entre las cosas" (1983, 371). Según Hiebert, nuestra cosmovisión se encuentra en lo más profundo de nuestra existencia e identidad (2008, 32–33).

Una forma de pensar en la relación entre nuestra cosmovisión, religión y comportamiento es verla en términos de un iceberg. Según el Centro de Navegación de la Guardia Costera de Estados Unidos, casi el 90% de un iceberg se encuentra por debajo de la línea de flotación y por eso un iceberg es una metáfora apropiada (véase la fig. 6.1).

Empecemos por la punta del iceberg y analicemos las tres dimensiones. En primer lugar, el comportamiento es lo que podemos ver en los demás y, en menor medida, en nosotros mismos. Evaluamos, juzgamos, condenamos, criticamos y ridiculizamos el comportamiento cuando no se ajusta a lo que creemos que es correcto y adecuado según nuestra cosmovisión. O bien, podemos aprobar, aceptar, apreciar e incluso modelar un comportamiento que es compatible con lo que creemos que es un comportamiento correcto. En demasiados ministerios transculturales de todo el mundo y de todas las épocas, hemos insistido en la necesidad de que las personas cambien su comportamiento si quieren ser cristianas. Queremos que organicen sus iglesias y practiquen su fe del mismo modo que nosotros. Podríamos criticar sus patrones matrimoniales, sus estructuras de liderazgo y sus sistemas políticos si parecen ser demasiado diferentes de los nuestros. Incluso podemos calificarlos de pecaminosos, repugnantes o degradantes. Sin embargo, la conversión para seguir a Jesús consiste más en cambiar las dimensiones ocultas de lo que somos—nuestros valores, nuestras creencias y nuestra cosmovisión-que en cambiar nuestro comportamiento, aunque a veces sea necesario cambiar ambas cosas si queremos ser verdaderos seguidores de Jesús. Por eso, enfocarse en intentar convencer a las personas de que cambien su comportamiento sin que el Espíritu Santo fomente un cambio más profundo en sus valores, creencias y cosmovisión, en el mejor de los casos es superficial y, en el peor, conduce a un cristianismo nominal y a la hipocresía. Como me confesaron una vez los habitantes de las Islas Salomón, que varias generaciones antes habían dejado de cazar cabezas para adquirir maná, ahora participaban en la Santa Cena para adquirir maná, lo que, por supuesto, era mucho menos peligroso para su salud.

En la figura 6.1, la religión se encuentra tanto por encima como por debajo de la línea de flotación. Está por encima porque gran parte de la religión se expresa en símbolos, ceremonias y rituales que podemos observar. La religión también se encuentra justo debajo de la línea de flotación y no se ve. Es el conocimiento que las personas tienen de su religión. Para algunos cristianos, el Credo de los Apóstoles es un buen resumen de lo que creen y, en algunas denominaciones, lo recitan cada semana en la iglesia. Una vez más, en el ministerio transcultural, con demasiada frecuencia imploramos a los no cristianos que simplemente abandonen su religión y adopten la nuestra. Pero si se limitan a adoptar el conocimiento del cristianismo sin una transformación interior, esto también es superficial.

Durante demasiados siglos, el enfoque misionero estándar para la evangelización musulmana ha sido el de atacar y extraer. Hemos atacado su libro sagrado y su comportamiento religioso, y los hemos extraído de sus familias y comunidades para que se unan a las nuestras. Nuestro mensaje no tan sutil ha sido: "Si quieren ser cristianos, tienen que cambiar su religión por la nuestra". El cambio ciertamente ocurrirá, pero debe ser un cambio que el Espíritu Santo produzca a través de la convicción. No tiene que ser generado por extraños. Hoy sopla un viento fresco del Espíritu Santo en el mundo islámico. Muchos musulmanes seguidores de Isa (Jesús) están descubriendo que no tienen que abandonar su identidad de nacimiento para afirmar su identidad de segundo nacimiento como seguidores de Jesús. El fenómeno de los movimientos internos, como se les suele llamar, es un tema controversial, a veces muy debatido entre los misionólogos. Hasta la fecha, la colección definitiva de ensayos sobre el tema es *Understanding Insider Movements: Disciples of Jesus within Diverse Religious Communities* (2015), editado por Harley Talman y John Travis.

El evangelismo que intenta persuadir a las personas para que cambien su comportamiento religioso sin cambiar su cosmovisión no llega a ser una verdadera conversión bíblica. Es como el proverbial reacomodo de las sillas de cubierta en el Titanic que se hunde después de chocar con un iceberg. La religión de una persona puede cambiar en términos de comportamiento y algunas creencias, pero su cosmovisión sigue resistiéndose obstinadamente al cambio. Cuando sólo hay un cambio superficial en la religión y no un cambio profundo en la cosmovisión, en tiempos de crisis las personas suelen volver a los patrones anteriores de creencias y comportamiento. Jaime Bulatao, sacerdote católico y psicólogo filipino, en un esclarecedor libro escrito hace dos generaciones, identificó este problema como "cristianismo de dos niveles" (1966). Describe el cristianismo de dos niveles como la coexistencia en una misma persona de dos o más sistemas de pensamiento y conducta que son inconsistentes entre sí. En el nivel de las preocupaciones últimas, como la creación del cosmos, el destino eterno, lo que ocurre cuando morimos y otras muchas cuestiones últimas, el cristianismo ofrece respuestas. Pero en el nivel cotidiano, cuando se trata de saber por qué ocurren las tragedias, por qué se enferman las personas, por qué se producen los accidentes, el cristianismo, tal como se comunica a través de los misioneros extranjeros, no parece tener las respuestas, y por eso, según Bulatao, los filipinos recurren a respuestas tradicionales precristianas para explicar lo que ocurre. Este fenómeno de cristianismo de dos niveles no existe sólo en Filipinas o en las Islas Salomón; existe en todas partes, incluido el Occidente científico y tecnológicamente sofisticado.

En nuestra metáfora, el fondo del iceberg es la cosmovisión, en su mayor parte oculta e inconsciente, pero que es el sistema de control central dentro de nosotros que afecta a nuestra religión e influye en nuestro comportamiento. Nuestro sentido de quiénes somos, nuestro concepto de nosotros mismos y nuestra percepción de dónde encajamos en el mundo están muy influidos por nuestra cosmovisión.

Dado que la primera lengua que aprendemos moldea la mayor parte de nuestra cosmovisión, ésta se desarrolla principalmente en los primeros cinco años de vida, cuando nuestra lengua materna ya está firmemente asentada. No sólo adquirimos nuestra cosmovisión a una edad temprana, sino que además es muy resistente al cambio durante el resto de nuestra vida. Los antropólogos han demostrado que las cosas que aprendemos más pronto en la vida son las más resistentes al cambio más adelante (Bruner 1956). Del mismo modo, Proverbios 22:6 (DHH) nos recuerda: "Dale buena educación al niño de hoy, y el viejo de mañana jamás la abandonará". Por eso, cuando enviamos a nuestros hijos a la escuela en su primer día, puede que les "digamos adiós" en más de un sentido. Esto se debe a que la cultura de nuestro hogar y nuestros valores ya han moldeado de forma significativa su cosmovisión. Según George Barna Research Group, "la cosmovisión de una persona se forma y se asienta firmemente cuando alcanza los 13 años; se refina a través de la experiencia durante la adolescencia y los primeros años de la edad adulta; y luego se transmite a los demás durante la vida adulta" (Barna 2009).

Esta cosmovisión se forma a través de la primera lengua que aprendemos de niños. La lengua que hablamos configura nuestra cosmovisión porque nos proporciona categorías gramaticales y formas de organizar y clasificar tanto el mundo visible como el invisible que nos rodea. La lengua llama nuestra atención sobre determinadas cosas del entorno social, político, económico, religioso e incluso físico, mientras que bloquea y oculta otras que pueden ser igualmente importantes. La poderosa influencia de la lengua puede verse en el hecho de que parece más fácil abusar, esclavizar o incluso matar a las personas si se las llama con nombres que erosionan su humanidad. En la Alemania de Hitler, a los judíos se les llamaba "alimañas", lo que hacía culturalmente más aceptable para los nazis exterminarlos. En el genocidio de Ruanda de 1994, en el que fueron asesinados ochocientos mil tutsis, la mayoría étnica hutu que llevó a cabo esta matanza llamó "cucarachas" a la minoría tutsi (History.com 2022).

El gran lingüista Edward Sapir (1921) y su estudiante Benjamin Lee Whorf (Carroll 1956) propusieron la hipótesis Sapir-Whorf, según la cual la lengua que hablamos influye enormemente en la forma en que percibimos y categorizamos el mundo que nos rodea, y ésta es la principal fuerza que moldea nuestra cosmovisión. Sapir escribe: "No hay dos lenguas lo bastante parecidas como para considerar que representan la misma realidad social. Los mundos en los que viven las diferentes sociedades son mundos distintos, no simplemente el mismo mundo con diferentes etiquetas" (1929, 209). Esta afirmación es bastante contundente y refuerza la idea de que, para comunicar el evangelio con efectividad, debemos comprender la cosmovisión del otro.

Nuestro sentido de quiénes somos, nuestro concepto de nosotros mismos, nuestra percepción de dónde encajamos en el mundo están todos muy influenciados por nuestra cosmovisión, que es muy resistente al cambio. De hecho, es lo más difícil de cambiar de nosotros mismos.

Figura 6.2
Cosmovisión y nuestra percepción de la realidad

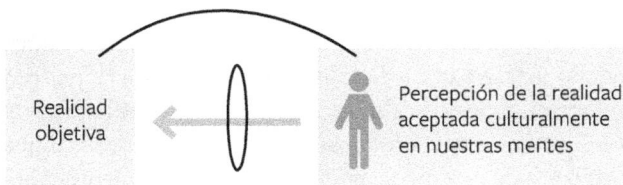

La figura 6.2 trata de ilustrar que estamos rodeados e inmersos en un mundo real y objetivo. Sin embargo, distintas personas de distintas culturas que ocupan distintas ubicaciones sociales, viven en distintas circunstancias económicas y tienen distintas perspectivas políticas, no ven ni experimentan la misma realidad. *Existe* un mundo real, pero las personas no lo perciben ni lo experimentan de la

misma manera. Los sociólogos denominan a este fenómeno construcción social
de la realidad (Berger y Luckmann 1966). Las personas de diferentes culturas,
ubicaciones sociales y realidades económicas tienen cosmovisiones distintas, a
veces radicalmente distintas, y los "hechos" no cambian su percepción. Incluso
podrían crear "hechos alternativos" para apoyar su cosmovisión. Nuestra cosmovisión es lo que nos permite comprender el mundo objetivo que nos rodea y
darle sentido. Nuestra experiencia del "mundo real" tiene sentido para nosotros
en términos de nuestra cosmovisión, que es como un par de anteojos tintados a
través de los cuales vemos el mundo, pero no nos damos cuenta de que los
llevamos puestos. Nos parecen naturales. Nuestra cosmovisión también cierra
la brecha entre la percepción culturalmente aceptada de la realidad, que está en
nuestras mentes, y el mundo real que nos rodea.

Permítanme ilustrarlo. Para muchas personas en el mundo, los espíritus
ancestrales forman parte de su realidad objetiva. Especialmente en África, Asia
y Oceanía, está muy extendida la creencia de que los espíritus ancestrales están
vivos y activos y pueden influir en el mundo de los vivos. En algunas partes
de África, se les llama "los muertos vivientes". Sin embargo, cuando pregunto
al público norteamericano cuántos de ellos creen que los espíritus ancestrales
son reales y no sólo una forma de superstición, con frecuencia nadie admite
tal creencia. La razón por la que tan pocos norteamericanos creen en esta
realidad es que nuestra percepción culturalmente consensuada de la realidad,
moldeada por la ciencia y la Ilustración, no da cabida a esta creencia. A pesar
de la crítica posmoderna de la modernidad, en los últimos trescientos años
nuestra cosmovisión ha sido moldeada e influenciada más por la ciencia y la
Ilustración que por la Biblia. Nuestra cosmovisión científica y de la Ilustración
asume que cuando morimos, ahí acaba nuestra existencia terrenal. No hay más.
Nuestros espíritus no pueden influir ni comunicarse con los vivos. Los cristianos
occidentales tienen la esperanza de ver algún día a sus antepasados en el cielo,
pero tienen pocas esperanzas de encontrarlos aquí en la tierra.

Mi padre murió poco después de decirme en mi duodécimo cumpleaños que
no viviría mucho más. Es una edad difícil para perder a tu padre y recuerdo
lo duros que fueron mis años de adolescencia sin un padre. Sin embargo, me
consolaba soñar con mi papá. En mis sueños, le hablaba de las dificultades que
tenía como adolescente que crecía en Estados Unidos y siempre era reconfor-
tante hablar con él. Pero luego me despertaba y me daba cuenta de que sólo era
un sueño. Tengo la esperanza de reunirme con mi papá en el cielo, pero pocas
esperanzas de verlo antes.

Mientras tanto, mis amigos de Melanesia tienen una visión muy diferente del
mundo y del lugar que ocupan en él los espíritus ancestrales. Muchos de ellos
creen que cuando una persona muere, su espíritu es liberado y queda libre para

vagar, pues ya no está limitado por el tiempo y el espacio. Más bien, es libre de moverse, interactuar con los vivos e influir en la vida de su aldea mientras la persona sea recordada. Cuando los habitantes de las Islas Salomón me hablaban de sus encuentros con espíritus ancestrales, estaba claro que se referían a un fenómeno real, a una realidad objetiva y concreta, no a una superstición o una visión. Un día, los aldeanos con los que vivíamos me contaron que sus espíritus ancestrales les habían dicho que siguieran los caminos de la Iglesia y la Biblia. Los espíritus les describieron a los vivos que, cuando el cristianismo llegó a su isla, fue como si la luz hubiera entrado en las tinieblas. Entonces los antepasados le preguntaron a los vivos: "¿Por qué tardó tanto en llegar el cristianismo a nuestra isla? ¿Por qué no llegó cuando aún vivíamos?"

¿Qué hacen con esa realidad las personas occidentalizadas o aquellas que han sido educadas o influenciadas por Occidente? Nuestra percepción culturalmente aceptada de la realidad (es decir, nuestra cosmovisión) dice: "Eso no es posible. Los muertos no pueden comunicarse con los vivos. No es más que superstición y en cuanto estas personas reciban alguna educación formal, dejarán de creer semejante tontería". Pero para muchos melanesios, los espíritus ancestrales son muy reales. Creer en ellos no es ninguna tontería. Una de las razones por las que la creencia en espíritus ancestrales es tan importante para ellos es porque cuando llegan a la fe en Cristo, una de las primeras cosas que preguntan es: "¿Qué pasa con mis antepasados? ¿Se preocupa Dios por ellos?" Muy pocos misioneros occidentales, si es que hay alguno, han recibido alguna vez un curso sobre la teología de los antepasados, por lo que están mal equipados para responder a las preguntas de los melanesios sobre los espíritus ancestrales y el mundo de los espíritus. Y, sin embargo, cuando se lee la Biblia a través de la lente de una cosmovisión que está más en armonía con las cosmovisiones que se encuentran en la Biblia y se cree que los espíritus ancestrales son reales, como lo hacen muchos de mis amigos melanesios, y no meramente una forma de superstición, como creen la mayoría de los occidentales, entonces uno encuentra todo tipo de evidencia bíblica que apoya la postura melanesia.

Por ejemplo, Hebreos 12:1 dice: "Por tanto, también nosotros, que estamos rodeados de una multitud tan grande de testigos" (NVI). ¿Quiénes están en esa multitud tan grande de testigos? Todos aquellos que tuvieron fe en Dios y yo incluiría a mi padre. Cuando los discípulos están en una barca cruzando el mar de Galilea, Jesús se les acerca caminando sobre el agua y ellos se asustan porque piensan que es un fantasma (Mat. 14:25-27; Marcos 6:49-50). Pero Jesús les asegura que no es un fantasma; no es un espíritu ancestral. En el episodio de la transfiguración, Jesús lleva a Pedro, Santiago y Juan a un monte alto, y allí ven a Moisés y Elías hablando con Jesús (Mateo 17:1-9; Marcos 9:2-9; Lucas 9:28-36). Pero, ¿cómo es posible? Moisés y Elías llevaban muertos cientos de años. Finalmente, cuando

Jesús, después de su resurrección de entre los muertos, aparece de repente en la habitación donde los asustados discípulos están apretujados tras las puertas cerradas, les dice esencialmente: "No tengan miedo. No soy un fantasma. No soy un espíritu ancestral" (véase Lucas 24:36–39). En un ejemplo del Antiguo Testamento, el rey Saúl se encuentra con el profeta Samuel muerto a través de una médium conocida como la bruja de Endor (1 Sam. 28). De modo que parece haber abundante evidencia bíblica de que los espíritus ancestrales existen. La enseñanza de la Biblia sobre los espíritus ancestrales no es que no existen. La enseñanza bíblica es que los vivos no deben confiar en los espíritus de los muertos para guiarse. Deben confiar sólo en Dios (Lev. 19:31; Deut. 18:11; Isa. 8:19–20).

Resulta que los occidentales somos los que parecemos estar fuera de la realidad en lo que respecta a la creencia en espíritus ancestrales. La mayor parte del resto del mundo, durante la mayor parte de la historia de la humanidad, ha sabido que existen. Las personas de Occidente también creían que los espíritus ancestrales eran reales hasta la época de la Ilustración, cuando esa creencia fue tachada de superstición inculta. Craig Keener, en su tratado en dos volúmenes *Miracles: The Credibility of the New Testament Accounts* (2011), sostiene que es la cosmovisión científica occidental la que no está sincronizada con gran parte del mundo no occidental y que nos estamos perdiendo la "realidad" del mundo sobrenatural y espiritual.

Cosmovisión y ministerio transcultural

Es nuestra cosmovisión la que queremos ver cambiada y transformada cuando nos convertimos en seguidores de Jesús. Vivir como Jesús con una orientación hacia el reino es lo que queremos que suceda en nuestras propias vidas y en las vidas de aquellos que conocemos en el ministerio transcultural.

No podemos dar por sentado que los demás ven el mundo como nosotros y por eso tenemos que esforzarnos por entender la forma de pensar de los demás. Puede que nos parezca una tontería hacerlo porque estamos mejor educados y porque "sabemos" que tenemos la "razón", pero encarnarnos significa entrar en su mundo, con todas sus suposiciones, e intentar ver el mundo a través de sus ojos. Cuando participamos de la identificación encarnacional, no tenemos por qué aceptar los supuestos de la cosmovisión de aquellos a los que intentamos llegar con el evangelio, pero debemos tomarnos en serio su cosmovisión e intentar comprenderla para presentar el evangelio de una forma que tome en cuenta su cosmovisión. En lugar de decir con ligereza: "Cristo es la respuesta", primero tenemos que preguntar: "¿Cuál es la pregunta?" ¿Cuáles son las preguntas que surgen de la cosmovisión de las personas entre las que vivimos y a las que servimos, especialmente en tiempos de crisis?

Un ejemplo de la importancia de conectar el evangelio con la cosmovisión de un pueblo, es la historia de los Binumarien de Papúa Nueva Guinea. Era una tribu asediada, diezmada por la guerra y expulsada de su tierra por otras tribus. Cuando Des y Jenn Oats, traductores de la Biblia Wycliffe, se trasladaron a su aldea, su población había descendido de unas 3.000 personas a sólo 111. Los traductores de la Biblia Wycliffe casi siempre comienzan sus traducciones con el libro de Mateo del Nuevo Testamento. Cuando he leído el evangelio de Mateo, a menudo me he saltado los primeros diecisiete versículos que tratan de la genealogía de Jesús, pero cuando los binumarienses escucharon esos diecisiete versículos, se dieron cuenta de que Jesús debía de ser una persona real que se preocupaba por sus antepasados. Y entonces llegó la gran pregunta que le hicieron al traductor: "¿Significa eso que Dios se preocupa por nuestros antepasados?" Cuando descubrieron que a Dios sí le importaban, les dio un sentido totalmente nuevo de quiénes eran ellos y quién era Jesús, y ese fue el punto de inflexión en la vida de los Binumarien, que los llevó de estar a punto de extinguirse a ser un grupo de personas que se convirtieron en seguidores de Jesús (Oates 1992).

Cuando empezamos a ver el mundo a través de las perspectivas de quienes son diferentes de nosotros, podemos descubrir cosas en la Biblia que antes no sabíamos o que entendíamos mal debido a los límites de nuestra propia cosmovisión. Recordemos que la Biblia se escribió a lo largo de muchos años, hace más de dos mil años, desde la perspectiva de muchas culturas diferentes repartidas geográficamente por el antiguo Cercano Oriente. No es realista pensar que entendemos todo a la perfección, ni tampoco pensar que nuestra cosmovisión no afecta nuestra interpretación. Aunque en el mundo de la erudición bíblica esta conciencia es ahora algo habitual, rara vez tenemos en cuenta la cosmovisión cuando leemos e interpretamos la Biblia y luego tratamos de explicársela a alguien cuya cosmovisión contrasta enormemente con la nuestra. En *Unexpected News: Reading the Bible with Third World Eyes* (1984) de Robert McAfee Brown, la Biblia se lee a través de los ojos de los pobres y ellos ven las cosas de forma diferente a los ricos. Así pues, entender la Biblia no es tan sencillo como "la Biblia dice lo que quiere decir y quiere decir lo que dice". El reconocimiento de que nuestra cosmovisión afecta nuestra interpretación de la Biblia no erosiona la verdad de las Escrituras. Al contrario, cuando se leen las Escrituras desde las perspectivas de diferentes cosmovisiones, se revela una verdad más profunda y completa. Leer e interpretar la Biblia a través de múltiples cosmovisiones revela cosas que nunca habíamos visto. Esta es una de las razones por las que necesitamos cuatro evangelios para obtener una comprensión holística de Jesús y su ministerio.

Una vez me enteré por medio de un estudiante acerca de un estudio que comparaba a grandes rasgos la forma de orar de los cristianos chinos con la de los cristianos norteamericanos. Según este estudio, los norteamericanos tienden a orar pidiendo las bendiciones de Dios por riqueza y salud y para que Dios cambie las cosas a su favor, todo desde orar para ser sanados de cáncer hasta encontrar un lugar para estacionar. La cosmovisión norteamericana parte de la base de que, con suficientes recursos y trabajo duro, podemos cambiar cualquier cosa, incluso podemos enviar seres humanos a la Luna. Por eso oramos para que Dios intervenga en nuestro favor. En cambio, los cristianos chinos no suelen orar para que Dios cambie su situación o sus circunstancias, por ejemplo para que cese la persecución que sufren por su fe. Sus oraciones se centran menos en que Dios les cambie las cosas y más en que les ayude a mantenerse fieles en medio de la adversidad. Dos cosmovisiones diferentes se expresan en dos formas distintas de orar. ¿Cuál es la correcta? Ambas lo son. Santiago 4:2 no nos recuerda que no tenemos porque no pedimos, sino que debemos pedir conforme a la voluntad de Dios.

A menos que el encuentro de una persona con el evangelio transforme su cosmovisión, su conversión será sólo superficial. Desafortunadamente, muchos testigos transculturales no entienden el concepto de cosmovisión ni el papel que ésta desempeña a la hora de compartir el evangelio. Nos enfocamos demasiado en cambiar el comportamiento de las personas y su religión. Esta es la obra del Espíritu Santo, no el trabajo del misionero.

Cuando el evangelio desafía nuestra cosmovisión, el evangelio comenzará a cambiar nuestra cosmovisión, que es lo que ocurre cuando asumimos la mente de Cristo. Pablo aborda esta cuestión en Romanos 12:2 cuando escribe: "No imiten las conductas ni las costumbres de este mundo, más bien, dejen que Dios los transforme en personas nuevas al cambiarles la manera de pensar [cosmovisión]. Entonces aprenderán a conocer la voluntad de Dios para ustedes, la cual es buena, agradable y perfecta" (NTV). Pablo está argumentando que a menos que experimentemos una conversión significativa de nuestra cosmovisión, a través del poder del Espíritu Santo, no podemos y no conoceremos la voluntad de Dios. Pablo pide una transformación de nuestra cosmovisión, no sólo un cambio de religión o incluso un cambio de comportamiento. Esos cambios vendrán con el tiempo, bajo la guía del Espíritu Santo, después de que hayamos experimentado un cambio profundo en nuestra cosmovisión. El recientemente fallecido historiador misionológico Andrew F. Walls (1928-2021) señala algo similar cuando escribe:

> Dios en Cristo no sólo toma a las personas tal como son: las toma para transformarlas en lo que Él quiere que sean. Junto con el principio de indigenización que hace de su fe un lugar en el cual sentirse como en casa, el cristiano hereda el principio del peregrino, que le susurra que no tiene ciudad permanente y le advierte que ser fiel a Cristo le desajustará de su sociedad; pues nunca existió, ni

en Oriente ni en Occidente, ni en la antigüedad ni en la modernidad, una sociedad que pudiera absorber sin dolor la palabra de Cristo en su sistema. Jesús dentro de la cultura judía, Pablo dentro de la cultura helenística, dan por sentado que habrá roces y fricciones, no por la adopción de una nueva cultura, sino por la transformación de la mente hacia la mente de Cristo. (1996, 8)

Entonces, ¿cómo cambiar la cosmovisión? Con los años, me he convencido de que no hay atajos ni formas rápidas y fáciles. El cambio lleva tiempo, a veces toda una vida. El cambio en la cosmovisión que es coherente con los valores bíblicos se produce a través del proceso de discipulado. Y por discipulado no me refiero a llenar los espacios en blanco de un folleto de discipulado. Ese ejercicio tiene más que ver con *información* sobre el discipulado que con una *transformación* y *formación* duraderas en la semejanza de Cristo. W. Jay Moon, en su exhaustivo libro *Intercultural Discipleship: Learning from Global Approaches to Spiritual Formation* (2017), y A. H. Mathias Zahniser, en Symbol and Ceremony: Making Disciples across Cultures (1997), discuten los muchos géneros que se pueden utilizar en el ministerio transcultural para provocar un cambio en la cosmovisión de las personas en su peregrinación para llegar a ser más semejantes a Cristo.

Cuando las personas de diferentes culturas aceptan el evangelio y su cosmovisión es transformada, la forma en que expresan su vida en Cristo va a ser diferente, a veces radicalmente diferente, de la de los seguidores de Jesús en otras culturas. No obstante, a pesar de esta diferencia, dos seguidores de Jesús tendrán más en común entre sí que con los no creyentes de sus respectivas culturas. Por ejemplo, un seguidor chino de Jesús tendrá más en común con un seguidor norteamericano de Jesús que cualquiera de ellos con los que aún no son cristianos en su propia sociedad. En otras palabras, el Espíritu de Cristo en una persona saluda al Espíritu de Cristo en la otra persona y cierra la distancia cultural entre ellos.

RESUMEN DEL CAPÍTULO

En este primer capítulo de la tercera parte, que se enfoca en los problemas comunes de comunicación, discutimos la importancia de comprender nuestra propia cosmovisión y la cosmovisión de los demás para comunicar el evangelio de una cultura a otra. Hemos observado que nuestra cosmovisión, que es en su mayor parte inconsciente, es más fundamental que la religión. Adquirimos nuestra cosmovisión en los primeros años de nuestra vida y se resiste al cambio durante el resto de nuestra vida. Como nuestra cosmovisión inconsciente parece tan natural, creemos que vemos y entendemos el mundo como es en realidad, sin darnos cuenta de que nos encontramos con el "mundo real" a través de nuestra percepción del mundo consensuada culturalmente. Por lo tanto, no todos vemos el mundo de la misma manera, y sin embargo, creemos que el evangelio universal es para todas las personas en todos los tiempos y en todas las culturas. Esta tensión entre el evangelio universal y las particularidades de la cosmovisión puede hacernos suponer incorrectamente que nuestra tarea en el ministerio transcultural es guiar a las personas a seguir a Jesús, organizar sus iglesias y leer e interpretar la Biblia de la misma manera que lo hacemos nosotros. Con el objetivo de contrarrestar esta tendencia, necesitamos entrar encarnacionalmente en la cosmovisión de los demás, intentar ver y entender el mundo a través de su lente cultural, y luego descubrir dónde el evangelio puede responder a sus necesidades y producir un cambio transformador duradero.

7

Paramensajes involuntarios

> Por temor al fuego de la luciérnaga, te metes en el fuego de la bruja. (Si intentas esquivar un problema, puedes acabar metido en otro peor).
>
> Proverbio Builsa, Ghana

El ambiente era muy concurrido, el aire de la noche indonesia era cálido y húmedo, y el servicio evangelístico estaba llegando a su fin. Saeed, un musulmán entre la multitud, se había sentido conmovido por el predicador estadounidense, que había relatado historias extraordinarias de Jesús, algunas de las cuales conocía porque estaban en el Corán y otras las había oído en el Injil, conocido como los Evangelios por los cristianos. El predicador habló de los milagros de Jesús y de su amor por los marginados, los parias, las mujeres y los niños. La imagen de Jesús que el predicador dibujaba con sus palabras descriptivas y convincentes atraía a Saeed a querer estar más cerca de Jesús, a quien conocía por el Corán como Isa. Saeed quería saber más.

El servicio llegó a su fin cuando el predicador comenzó a orar mientras caminaba de un lado a otro del escenario con una mano en el bolsillo de la chaqueta y la otra agitando su enorme Biblia en el aire. Saeed, que contemplaba esta escena sacrílega ante sus propios ojos, estaba atónito. ¿Qué estaba ocurriendo? A ningún musulmán se le ocurriría dirigirse a Alá de una manera tan despreocupada. Este predicador tenía que ser un fraude, un charlatán religioso. Seguramente no era un hombre de Dios. Saeed se movió rápidamente entre la multitud hacia la salida y se marchó, confuso, desconcertado, preguntándose qué acababa de ocurrir. ¿Jesús? ¡Sí! ¿El predicador? ¡No!

Figura 7.1
El problema de los paramensajes

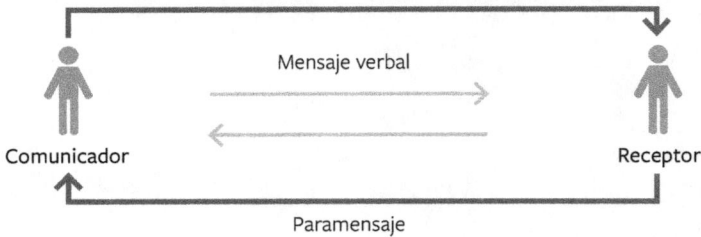

Esta historia, que me contó un colega, ilustra el poder de las muchas formas no verbales de comunicarnos, a menudo inconscientemente, que pueden confirmar o desvirtuar el mensaje verbal que deseamos transmitir. Cuando dos personas interactúan entre sí, hay un comunicador y un receptor (véase la fig. 7.1). Estas dos personas se comunican bidireccionalmente, con un intercambio de ideas. Conscientemente, utilizan palabras. Se concentran en el mensaje verbal consciente, asegurándose de transmitir su mensaje de forma clara y correcta. Pero inconscientemente, envían y reciben mensajes sin pronunciar palabra. A estas formas no verbales de comunicación las llamamos "paramensajes". De hecho, los estudios sobre comunicación revelan que la mayor parte de la comunicación entre dos personas es no verbal. La ubicación social de una persona, su identidad étnica, su sexo, su atuendo, su lenguaje corporal y su cosmovisión contribuyen a los mensajes tácitos que envía. El reto de los paramensajes se acentúa cuando intentamos comunicar el evangelio a personas culturalmente distintas de nosotros, personas con cosmovisiones diferentes y formas distintas de lenguaje corporal. Charles Kraft, en su libro *Communication Theory for Christian Witness*, señala que *"cuando nos comunicamos, siempre enviamos múltiples mensajes. O, mejor dicho, los receptores suelen captar múltiples mensajes cuando interpretan. Algunos de estos mensajes adicionales pueden distorsionar o incluso contradecir el mensaje principal que intentamos enviar, como cuando el mensaje de nuestra vida comunica algo distinto de lo que intentamos transmitir con nuestras palabras"* (1991, 53). Cuando un pastor sube al púlpito para predicar el sermón en el que ha trabajado toda la semana, puede resultarle desconcertante descubrir que solo un pequeño porcentaje de su comunicación con la congregación el domingo por la mañana consistirá en las palabras que tan cuidadosamente eligió al elaborar su sermón.

Fuentes de los paramensajes

¿Cuál es la fuente de estos numerosos paramensajes inconscientes? Provienen de tres lugares principales. En primer lugar, las actitudes que tenemos hacia nosotros mismos son una fuente clave de nuestros paramensajes. ¿Cómo nos sentimos con respecto a nosotros mismos? ¿Tenemos confianza en nosotros mismos o somos tímidos? ¿Dudamos de nuestras capacidades? ¿Nos despreciamos a nosotros mismos? ¿Nos sentimos cómodos con nosotros mismos? ¿Nos tenemos en demasiada estima? Lo que sentimos por nosotros mismos se comunica a través de nuestros paramensajes, lo reconozcamos o no. Por tanto, un buen concepto de nosotros mismos es un requisito importante para un ministerio transcultural eficaz. Si no nos sentimos a gusto con nosotros mismos, es probable que tengamos dificultades para llevarnos bien con los demás, especialmente en situaciones de ministerio transcultural. Entonces, ¿cómo debemos sentirnos con respecto a nosotros mismos? Creo que deberíamos sentirnos igual a lo que Dios siente por nosotros. No somos un montón de basura sin valor. Somos pecadores redimidos en el camino de Dios. Somos preciosos y amados porque hemos sido creados a imagen de Dios, sólo un poco menores que los ángeles (Salmos 8:5). Por lo tanto, deberíamos aceptar quiénes somos y sentirnos cómodos con nosotros mismos para que los demás puedan sentirse cómodos a nuestro alrededor. Para algunos de nosotros, esto puede requerir una cantidad significativa de consejería psicológica, especialmente si fuimos criados en un contexto en el que no nos sentíamos seguros y amados.

La manera en que nos percibimos y sentimos con respecto a nosotros mismos es un factor crucial en nuestra capacidad para desarrollar relaciones personales profundas con los demás, tanto con aquellos a quienes servimos como con otros testigos transculturales con los que trabajamos. Sostengo que uno de los mayores problemas del ministerio transcultural es la incapacidad de los misioneros para llevarse bien entre sí. Los equipos misioneros internacionales con múltiples culturas en juego aumentan este desafío (Lingenfelter y Green 2022).

En segundo lugar, la actitud que tenemos hacia los demás es otra fuente de estos paramensajes. ¿Consideramos a otros como inferiores a nosotros porque tenemos mejor educación o situación económica? ¿Vemos a otros como simples bebés en Cristo porque no han estado caminando con Jesús durante décadas como nosotros? Si tenemos una actitud paternalista o maternalista, entonces podemos justificarnos más fácilmente y decirnos inconscientemente a nosotros mismos: "Las personas con las que estamos viviendo y ministrando son realmente como niños en la fe. No conocen la Biblia ni tienen suficiente base teológica, y realmente necesitan nuestra ayuda, nuestros conocimientos y nuestro dinero". Por supuesto, esta actitud es captada inmediatamente por el receptor y daña la relación entre ambos.

¿Y si uno tiene la tendencia a sentirse superior a las personas entre las que ha venido a vivir y a servir, aun sabiendo que no debería sentirse así? ¿Deberíamos intentar fingir? ¿Se puede fingir? No, claro que no. Nuestros paramensajes revelarán lo que realmente sentimos. ¿Qué pasa si simplemente no nos gustan las personas o la cultura a la que hemos sido enviados? ¿Podemos decir con ligereza: "Dios les ama y tiene un plan maravilloso para sus vidas", mientras pensamos: *No los soporto?*" No, no podemos creer una cosa e intentar comunicar otra distinta. Los paramensajes que enviemos revelarán a los receptores lo que realmente sentimos por ellos, a pesar de nuestros esfuerzos verbales por lo contrario. A menos que creamos en lo más profundo de nuestro ser que somos iguales a los demás como hijos de Dios y que somos iguales como pecadores que han sido redimidos por la gracia de Dios, entonces vamos a enviar paramensajes que dicen: "Son inferiores a mí. Soy mejor que ustedes".

A menudo les digo a los testigos transculturales que si llegan al lugar al que han sido enviados por su iglesia o misión y descubren que no les gusta las personas, deben hacer una de dos cosas inmediatamente. En primer lugar, deben solicitar el traslado a otro lugar porque no tendrán un ministerio efectivo. Esto puede parecer extremo, pero ¿por qué quedarse con personas que no les agradan cuando saben que sus sentimientos sabotearán su ministerio? En segundo lugar, y quizás más importante, deberían caer de rodillas, literalmente y con buena actitud, y pedirle a Dios que les quebrante el corazón y les permita ver a las personas desde la perspectiva de Dios. A menudo, debemos confesar nuestro etnocentrismo, sesgos y prejuicios que llevamos muy dentro. A veces, los primeros veinte mil kilómetros son la parte más fácil del trayecto transcultural. Los últimos cuatro metros pueden ser los más desafiantes cuando vivimos cerca de las personas e interactuamos regularmente con ellas en lugar de ministrar desde la distancia.

Uno de mis tristes fracasos en la capacitación de personas para un ministerio transcultural efectivo es el de una mujer del sur profundo de Estados Unidos que recibió mis enseñanzas y fue designada por su organización como misionera para servir en Sudáfrica. Cuando llegó, confió a uno de sus colegas misioneros su sorpresa por el número de personas negras que participaban en el ministerio. A las pocas semanas, estaba de nuevo en un avión rumbo a casa. El racismo profundamente arraigado y tal vez incluso inconsciente que residía en su interior le impedía establecer conexión con los sudafricanos negros como sus iguales, como hijos también amados y preciosos de Dios.

La tercera fuente de estos paramensajes son las actitudes y creencias que tenemos sobre el mensaje que intentamos comunicar y sobre la vida en general. ¿Creemos en lo que comunicamos o se ha vuelto algo tan común que simplemente repetimos palabras vacías sin ninguna convicción? ¿Hemos perdido la pasión y nos limitamos a hacer lo que hacemos? ¿Somos optimistas o pesimistas? ¿Vemos el vaso de agua de la vida medio lleno o medio vacío? Nuestra actitud y orientación básicas ante la vida se expresarán una y otra vez en los paramensajes que enviemos.

He aquí el problema. Muchos de estos paramensajes se encuentran por debajo del nivel de conciencia tanto del comunicador como del receptor. Esto es realmente aterrador porque fácilmente podríamos estar comunicando justo lo contrario de lo que queremos decir. En otras palabras, estos paramensajes son en gran medida inconscientes y, sin embargo, a menudo serán mucho más importantes para el receptor que cualquier cosa que digamos verbalmente. No es de extrañar que nuestra comunicación fracase una y otra vez: no hemos prestado suficiente atención a algunos de estos paramensajes.

Después de una de mis sesiones de capacitación con candidatos a misioneros, un pastor se me acercó rápidamente para hablarme de mis enseñanzas sobre el poder de los paramensajes para comunicar el evangelio. Me dijo que le encantaba ir al sudeste asiático y celebrar cruzadas evangelísticas porque las personas eran muy receptivas a sus predicaciones. En una de esas ocasiones, le dijo a su intérprete que iba a predicar contra la práctica de fumar porque veía a muchos jóvenes fumando cigarrillos. Para él, fumar era pecaminoso y pensaba que debía abordar el problema de frente. Su traductor le aconsejó que no predicara contra el hábito de fumar aunque fuera un problema de salud. Cuando el evangelista preguntó por qué no debía predicar sobre fumar, su traductor le dijo: "Mírate los pies. Has estado aquí cuatro días y llevas puesto tu tercer par de zapatos caros de diseñador. La gente de esta zona piensa que has estado haciendo alarde de tu riqueza con los zapatos que llevas puestos y has perdido toda credibilidad. Ya casi no soportamos escucharte". Mientras el pastor que ahora era candidato a misionero me contaba esta historia, las lágrimas corrían por su rostro y dijo: "todo eso tenía que ver con los paramensajes que enviaba, ¿cierto? ¿Por qué no lo aprendí antes?" Se comprometió a no volver a cometer el mismo error.

El estilo de vida como paramensaje

¿Cuáles son algunos de los paramensajes inconscientes que se interponen en nuestros intentos de comunicación? En el ministerio transcultural, cosas como nuestro estilo de vida, los automóviles que conducimos, las casas en las que vivimos y la ropa que vestimos se interponen o ayudan a facilitar lo que realmente queremos comunicar. Consideremos el difícil tema del estilo de vida misionero como un importante paramensaje que enviamos.

A menudo me he encontrado con una reticencia general por parte de los misioneros a ajustar su estilo de vida a uno más apropiado para el contexto cultural en el que viven. Los misioneros suelen estar dispuestos a recorrer medio mundo por Jesús, pero no se les pide que cambien su estilo de vida cuando llegan allí. A menudo racionalizan que su estilo de vida es su elección personal, un asunto propio y no afecta ni interfiere con su ministerio. De hecho, muchas veces he oído argumentar que continuar con su estilo de vida en la sociedad de acogida les facilita adaptarse a las difíciles condiciones de vida en la que están sirviendo. Muchos misioneros me han dicho: "La gente local espera que vivamos de manera diferente porque no somos parte de su cultura, así que está bien que sigamos con el estilo de vida que teníamos en casa". Una familia misionera que prestaba servicio en el sudeste asiático llegó al extremo de tener una habitación separada en su casa a la que llamaban su "habitación Wisconsin". Cuando entraban en esa habitación con aire acondicionado y toda su parafernalia de Wisconsin, se sentían "en casa". Era un escape de todos los sonidos, imágenes y olores desconocidos de su sociedad anfitriona. Era un respiro cultural, sin duda, pero también obstaculizaba su capacidad de conectarse y convivir con la gente a la que habían venido a servir.

La clave del estilo de vida no está en qué tipo de casa vivimos o cuántas cosas metemos en la maleta procedentes de nuestro país, sino más bien si nuestro estilo de vida nos permite entablar relaciones personales profundas con la población local o si se convierte en un obstáculo para ello.

En Kenia, los traductores de la Biblia trabajaban y vivían en un contexto local y hacían todo lo que sabían para identificarse con las personas y vivir de forma encarnacional. Compraban muebles locales, vivían en una casa local, utilizaban transporte local y comían comida local. ¿Qué más podrían haber hecho? Después de haber estado allí durante varios años, un día descubrieron por casualidad que la gente local se refería a su casa como la "casa canadiense". Esta noticia decepcionó mucho a los traductores de la Biblia, porque se habían esforzado mucho por adaptarse a un estilo de vida que parecía apropiado para el contexto. ¿Qué había fallado en su intento de identificarse con la población local y su cultura? Cuando investigaron la razón por la que su casa se consideraba una "casa canadiense", descubrieron que se percibía así porque la habían llenado a rebosar de muebles africanos y habían dispuesto los muebles siguiendo un patrón típico norteamericano. En las casas locales, había muy pocos muebles y la disposición era muy diferente.

La comunicación transcultural efectiva del evangelio está vinculada a relaciones interpersonales estrechas. Si nuestros amigos más cercanos no son personas locales, sino otros misioneros u otros inmigrantes, entonces algo ha salido mal. Al entrevistar a cientos de misioneros estadounidenses en Asia, les pregunté: "¿Quiénes son sus mejores amigos aquí?" La mayoría mencionó a otros estadounidenses como sus mejores amigos y muchos no tenían amigos entre la población local. Confesaron que se trataba de una lucha cultural y un obstáculo emocional que tenían que superar. Sabían que debían tener relaciones personales estrechas con la gente local, pero era demasiado difícil. La mayoría de ellos no se daban cuenta de que su estilo de vida era el principal impedimento que los mantenía en una prisión social de su propia manufactura.

Tenemos que evaluar nuestro estilo de vida para ver si está perjudicando o facilitando el desarrollo de relaciones personales estrechas con la población local. Esto es más fácil de hacer que elaborar largas listas de cosas que debemos meter en nuestros proverbiales barriles o baúles misioneros y decidir qué debemos dejar en casa. Sin duda, los misioneros que optan por vivir como la población local a menudo se ven presionados por otros misioneros y por la comunidad de expatriados, que les animan a vivir más como lo hacían en su país. En todos los años que llevo investigando y estudiando a los misioneros, aún no he descubierto a ninguno que se identificara demasiado con la población local, aunque es posible que los niños de la siguiente historia se hayan acercado.

En una época en que los misioneros llegaban a su destino en barcos de pasajeros en lugar de volar en aviones, una familia misionera con cuatro hijos volvía a casa desde África. En anteriores períodos de permiso en Estados Unidos, los cuatro niños habían sido objeto de burlas por llevar "ropa de misioneros" pasada de moda. Los padres planearon con mucha antelación su regreso a Estados Unidos y compraron ropa para sus hijos del último catálogo. Cuando el barco entró en el puerto, los niños se pusieron la ropa nueva con entusiasmo. Pero cuando desembarcaron y bajaron por la rampa, se dieron cuenta de que la gente les señalaba, se reía y se burlaba de ellos. Estaban cabizbajos y se preguntaban qué había salido mal. Los padres habían comprado ropa nueva y a la moda para que no les pasara este tipo de vergüenza. Desafortunadamente, ¡se habían olvidado de decir a sus hijos que no hicieran equilibrios con las maletas sobre la cabeza mientras bajaban por la rampa!

Un paramensaje poderoso

El dicho "las acciones hablan más fuerte que las palabras" captura el poder de los paramensajes en la comunicación transcultural. Un paramensaje muy poderoso que podemos enviar y que facilitará, en lugar de frustrar, lo que queremos comunicar es entrar a una cultura como aprendices: escuchar más y hablar menos, observar, preguntar, ser curiosos y explorar el entorno de nuestra cultura anfitriona.

Entrar a una nueva cultura como aprendices, en lugar de como maestros que tienen todas las respuestas, es el mejor paramensaje que podemos enviar a quienes queremos influir con el evangelio. Nuestra tentación, sin embargo, es pensar que porque somos portadores de las buenas nuevas, debemos ir como maestros. Pero cuando entramos en una cultura como maestros u otro tipo de expertos, a menudo cerramos la puerta al aprendizaje sobre la gente y su cultura. Con nuestras actitudes de superioridad, también dificultamos que las personas nos acepten a nosotros y a nuestro mensaje. Eugene Nida, en su libro clásico *Customs and Cultures: Anthropology for Christian Missions*, dice la verdad cuando afirma: "No es principalmente el mensaje, sino el mensajero del cristianismo, lo que plantea los mayores problemas al no cristiano promedio" (1954, 251). No podemos despreciar o extinguir el conocimiento y la experiencia que tenemos, pues todo lo que hemos hecho forma parte de nosotros. Pero *podemos* entrar al ministerio transcultural con un espíritu de humildad y la actitud de un aprendiz.

Me acuerdo de un joven misionero que se fue de permiso tras un período de cuatro años en Zambia, donde había enseñado en una escuela bíblica para capacitar a pastores y obreros eclesiásticos de su denominación. Decidió asistir a mi curso de "Antropología para la misión cristiana", en el que el tema dominante a lo largo del semestre era entrar a otra cultura como aprendiz y no como un sabelotodo que tiene todas las respuestas. Le fue bien en el curso y se tomó muy a pecho lo que había aprendido, aunque iba en contra de todo lo que su denominación le había enseñado antes. Volvió a Zambia para un segundo término y continuó enseñando en la misma escuela bíblica. Seis meses después de haber regresado a Zambia, me escribió diciendo que, aunque estaba enseñando en la misma escuela que antes, todo le parecía un lugar nuevo y los alumnos eran como personas nuevas y diferentes. Pero no lo eran; eran los mismos. Lo que había cambiado era él. Regresó a la escuela bíblica como un aprendiz en lugar de como un profesor de teología que tenía todas las respuestas a las preguntas que ellos no se hacían. Estaba asombrado de lo mucho que había aprendido de aquellos estudiantes sobre su mundo social, sobre el mundo espiritual con el que tenían que luchar como cristianos y sobre las luchas ordinarias de la vida para las que Cristo era la respuesta. Ahora, por primera vez, descubrió las preguntas urgentes que los estudiantes se hacían y eso marcó la diferencia en su enseñanza.

Cuando mi esposa y yo fuimos a las Islas Salomón para realizar una investigación sobre el impacto del cristianismo anglicano, los líderes de las aldeas nos preguntaron: "¿Por qué están aquí?" Yo respondí: "He venido a vivir entre ustedes y a aprender de ustedes la forma en que el cristianismo funciona en la vida de su aldea". Asintieron con la cabeza en señal de aprobación, como si hubieran entendido lo que les decía. Sin embargo, al día siguiente me hacían la misma pregunta y yo respondía lo mismo. Lo mismo sucedió durante muchos días. No entendían por qué habíamos decidido venir a vivir con ellos y como ellos en un pueblo tan aislado. Finalmente, un día volví a decirles que estábamos allí para aprender de ellos y me respondieron: "¿Han venido a vivir y a aprender de *nosotros*? Nunca conocimos a un hombre blanco que viniera a aprender algo de nosotros. Ya fueran oficiales de patrulla británicos o misioneros, siempre nos decían lo que teníamos que hacer". Luego, con franca honestidad, dijeron: "Bueno, si están aquí para aprender de nosotros, será mejor que nos pongamos a enseñarles, porque ustedes no saben nada". Tenían mucha razón. Entonces se tomaron en serio su papel y empezaron a enseñarnos las múltiples capas de su religión animista y su cristianismo anglicano. A menudo, cuando caminábamos juntos por la selva, se paraban y nos decían: "Saquen papel y lápiz y apunten esto. Esto es importante". Se convirtieron en mis maestros y lo que aprendí de ellos se publicaría más tarde en el libro *Melanesians and Missionaries* (1983).

La necesidad de humildad epistemológica

Al comunicar el evangelio a través de las culturas, tenemos que renunciar a nuestra necesidad de certeza a cambio de nuestra búsqueda de comprensión. Esto es humildad epistemológica. En otras palabras, ¿cómo podemos mantener una confianza plena en el evangelio que hemos venido a proclamar y vivir sin sentirnos superiores en todo lo demás que hacemos? ¿Percibimos la tensión? Cuando llegamos con una actitud de superioridad, cerramos la puerta a mucha comunicación. Podríamos objetar diciendo: "Tenemos un evangelio que proclamar que cambiará para bien la cultura de ellos, y ¿no es esa la razón principal por la que somos enviados como misioneros: cambiar su cultura?" ¡No, no lo es! Nuestra tarea es presentarle a las personas a Jesús, que es el agente transformador más increíble en cualquier sociedad que el mundo haya conocido. Nuestra tarea no es cambiar su cultura. Eso es obra del Espíritu Santo.

Mi recomendación para la mayoría de los lugares es que los testigos transculturales dediquen los dos primeros años de su ministerio en una nueva cultura al aprendizaje a tiempo completo del idioma y la cultura, y luego continúen con ese aprendizaje durante el resto de su tiempo en el lugar, ya sean dos años más o veintidós años más. ¿Qué ocurre cuando dedicamos un par de años a aprender intencionadamente el idioma y a intentar comprender su cultura? ¿Estamos entonces ejerciendo el ministerio? ¿Fuimos enviados como misioneros con la tarea primordial de aprender la lengua y la cultura de las personas a las que fuimos enviados? Nuestra tendencia es pensar que necesitamos aprender una lengua y comprender una cultura para poder dedicarnos a la verdadera obra del ministerio. Por lo tanto, si nos tomamos en serio el aprendizaje de la lengua y la cultura, tendemos a separar ese tiempo y a considerarlo únicamente como una preparación para el ministerio. Jon Kirby, misionero católico en Ghana durante muchos años con la Sociedad del Verbo Divino, nos recuerda que el aprendizaje de la lengua y la cultura es conversión, es ministerio por derecho propio. No es simplemente una preparación para el ministerio transcultural. Señala: "El aprendizaje de lenguas y culturas amplía y profundiza nuestra fe, exige la postura humilde de quien tiene mucho que aprender de la nueva fuente de conocimiento en un diálogo abierto y, mediante el descubrimiento de una nueva realidad a través de nuestros nuevos preceptores en sintonía cultural, el misionero experimenta una auténtica conversión y siembra las semillas de futuras conversiones" (1995, 137).

Sostengo que estamos involucrados en el ministerio desde el momento en que llegamos, incluso antes de que podamos hablar el idioma o entender la cultura. ¿Cómo es posible? Aunque ni siquiera podamos hablar una palabra de su idioma, las personas están pendientes de nuestras vidas, de nuestra actitud, observando la manera en que nos relacionamos con nuestros hijos, la forma en que interactuamos con nuestro cónyuge, cómo nos relacionamos con otros misioneros y si tenemos amigos no cristianos. Durante este tiempo, mientras nos observan, están decidiendo si vale la pena escucharnos cuando finalmente podamos hablar su idioma y vivir apropiadamente en su cultura. En otras palabras, nuestros paramensajes han estado comunicándose todo el tiempo. Si el ministerio consiste en construir relaciones y no sólo en el intercambio verbal, entonces estamos ministrando desde el principio, cuando llegamos como invitados a su sociedad. Pero muchos de nosotros no pensamos así. Creemos que tenemos un mensaje urgente que compartir y por eso tenemos que aprender su idioma, pero yo creo que este es el enfoque equivocado para un ministerio transcultural efectivo.

Si sólo un pequeño porcentaje de nuestra comunicación tiene lugar a través de las palabras que utilizamos, entonces la mayor parte del evangelismo es lo que se "habla" de forma no verbal. El tono de nuestra voz, nuestro estilo de vida y nuestro comportamiento comunican grandes cantidades de información. Pero hasta que no entendamos lo que las personas realmente "oyen" cuando hablamos, no sabremos si están aceptando o rechazando el evangelio por razones equivocadas. Recordemos que el significado lo determina el oyente, no quien habla. Por tanto, si no sabemos lo que las personas oyen, no podremos decir si el evangelio es ofensivo o si les estamos ofendiendo culturalmente.

¿Qué quiero decir con la ofensa del evangelio? Las buenas nuevas son tan desafiantes para otras culturas como para la nuestra. Pablo nos recuerda que el evangelio era tropezadero para los judíos y locura para los griegos (1 Cor. 1:23). ¿Cómo es posible que el evangelio sea a la vez una buena noticia y una ofensa? Richard Osmer aborda esta paradoja. "El llamado de Dios viene a través del evangelio. El evangelio es la buena nueva de la salvación del mundo por Jesucristo. Es el mensaje de salvación. El evangelismo siempre debe dar prioridad al 'Sí' de Dios. El juicio divino—el '¡No!' de Dios— está al servicio de la gracia de Dios. En el evangelismo estamos invitando a las personas a responder a la historia del amor de Dios al mundo en Jesucristo. No los avergonzamos, reprendemos o amenazamos [ofendiéndolos culturalmente] en nombre de Dios" (2021, 15).

El evangelio siempre es ofensivo, en todas las culturas, así que no podemos eliminar la ofensa del evangelio, pero lo que sí podemos hacer es eliminar la forma ofensiva en que lo comunicamos y lo vivimos. Desafortunadamente, a menudo ofendemos a las personas culturalmente, por lo que nunca escuchan la ofensa del evangelio. Nuestro objetivo en la comunicación transcultural del evangelio es reducir nuestra ofensa cultural para que la ofensa del evangelio sea más fuerte y penetre hasta lo más profundo de la cultura. Jesús a menudo ofendía a la gente, frecuentemente a los líderes religiosos, pero los ofendía por la razón correcta, por los propósitos del reino.

RESUMEN DEL CAPÍTULO

Este capítulo podría resumirse con el sencillo dicho "Las acciones hablan más fuerte que las palabras". Al cruzar culturas con el evangelio, a menudo ponemos tanto énfasis en la comunicación verbal, que no nos damos cuenta de que los muchos paramensajes no verbales o inconscientes que enviamos a menudo hablan más fuerte y son incluso más importantes que el mensaje verbal que pretendemos comunicar. Por lo tanto, tenemos que descubrir los paramensajes inconscientes que influyen en nuestra comunicación. Estos paramensajes tienen tres fuentes: la actitud que tenemos hacia nosotros mismos, la actitud que tenemos hacia los demás y la actitud que tenemos hacia el mensaje que intentamos comunicar y hacia la vida en general. Un paramensaje poderoso es entrar a otra cultura como aprendices. Luego debemos ponernos en el lugar de nuestros oyentes y descubrir lo que están escuchando e interpretando mientras intentamos comunicar y vivir el evangelio en su cultura.

8

El uso incorrecto de las formas culturales y el espacio

Si no puedes explicar un proverbio en mi lengua, entonces no me conoces. (Cuando conocemos a fondo una cultura, podemos explicar sus proverbios más profundos).

Proverbio Lubya, Kenya

Formas culturales

Al igual que las diferentes cosmovisiones y los paramensajes involuntarios, las formas culturales pueden plantear un problema en el ministerio transcultural. Un ejemplo procede de la experiencia de mi familia en Melanesia. En el ritual de la Santa Cena, decimos con frecuencia: "Jesús es el Cordero de Dios que quita los pecados del mundo". Aunque los norteamericanos de hoy pueden repetir esas palabras, dudo que para la mayoría de nosotros tengamos la profundidad de significado que tenían hace dos mil años en la Iglesia primitiva. Una de las razones por las que estas palabras pueden no resonar tan profundamente para nosotros como lo hicieron para los discípulos y los primeros cristianos, es porque ya no vivimos en una cultura que mata animales para expiar nuestros pecados. Pero, ¿cómo comunicar el concepto de Jesús como Cordero de Dios en una cultura en la que no hay ovejas (Whiteman 1993, 2–3)? ¿Cómo comunicar el significado de la muerte sacrificial de Jesús cuando la forma convencional de un cordero sacrificial no tiene sentido para las personas porque nunca han visto ovejas? Tal es el caso de Papúa Nueva Guinea y de toda la región de Melanesia.

Por otra parte, los melanesios quizá estén mejor preparados conceptualmente para entender la muerte sacrificial de Jesús porque viven en un mundo de sacrificios. Tradicionalmente, mataban animales, igual que los antiguos hebreos sacrificaban corderos, para apaciguar a los espíritus y para rituales de reconciliación entre dos clanes enfrentados. Pero no utilizaban ovejas. Utilizaban cerdos.

Los líderes de las iglesias locales reconocen que el animal perfecto para el sacrificio ya existe en su cultura, pero es un cerdo, no un cordero. Entonces, para comunicar el significado de Jesús como el Cordero de Dios que quita los pecados del mundo, ¿sería mejor empezar refiriéndose a Jesús como el "Cerdo de Dios" que quita los pecados del mundo y trae sanidad y reconciliación a las personas y comunidades quebrantadas? A la mayoría de los occidentales esta idea les parece absolutamente blasfema, repugnante, absurda. (Y, por supuesto, tendremos todo tipo de argumentos teológicos sobre por qué sólo la forma de un cordero sin mancha puede utilizarse para comunicar el importante significado de Jesús como sacrificio en lugar de un sacrificio animal.) Cuando he planteado esta posibilidad a estudiantes o misioneros en formación, a menudo se han quedado boquiabiertos ante una idea tan herética. Entonces les aseguro que la idea de Jesús como el "Cerdo de Dios" es un punto de partida, y una vez que se transmite el verdadero significado de Jesús utilizando la forma familiar de un cerdo, entonces se convierte en un puente para hablar de los antiguos hebreos, que utilizaban corderos en lugar de cerdos para sus sacrificios. Cuando el significado se entiende, porque se ha utilizado una forma apropiada (cerdos), entonces los melanesios dirán: "Oh, estas son verdaderamente buenas nuevas. Esto significa que ya no tenemos que seguir sacrificando cerdos para apaciguar a los espíritus. Ya que Jesús es el 'Cerdo de Dios', su sacrificio hace que nuestros sacrificios de cerdos ya no sean necesarios." Al cambiar la forma de cordero a cerdo, ahora se puede comunicar el verdadero significado. Para que nadie se preocupe demasiado de que los líderes de la Iglesia hayan alterado la Biblia en sus traducciones, no sé de ningún lugar en el que se haya sustituido "cerdo" por "cordero". Sin embargo, las notas que relacionan la equivalencia del cordero sacrificial de los israelitas con el cerdo de los melanesios han ayudado a comprender el significado común al que apuntan estas formas diferentes. En resumen, lo sagrado es el significado, no la forma utilizada para comunicar el significado. Por eso, las formas culturales deben actualizarse y modificarse con el paso del tiempo y entre las distintas culturas, para que perdure el verdadero significado que pretenden transmitir.

¿Qué son las formas culturales? Las formas culturales son las partes evidentes de una cultura, las cosas que podemos ver, tocar, oír, saborear y oler. Incluyen comportamientos, rituales, gestos, ceremonias, artefactos materiales, idioma y alimentos. Las formas culturales son muy importantes porque son los vehículos

Figura 8.1
Forma y significado de una cultura a otra

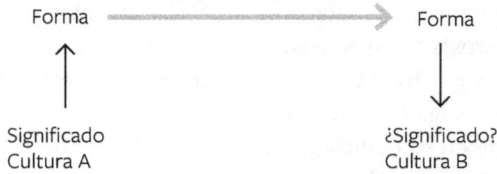

Forma ───────────────────► Forma

↑   ↓

Significado   ¿Significado?
Cultura A   Cultura B

para transmitir significados. La única forma que tenemos de comunicar significado es utilizando formas culturales. Incluso Dios utiliza nuestras formas culturales para comunicarse con nosotros.

Hay muy pocas formas culturales universales, si es que hay alguna, porque las formas culturales son casi siempre específicas de una cultura particular. No comunican el mismo significado de una cultura a otra. ¿Qué significa esto? Significa que una forma utilizada en una cultura para comunicar un significado concreto no comunicará el mismo significado en una cultura diferente.

La figura 8.1 muestra la relación entre forma y significado de una cultura a otra. Supongamos que quiero comunicar algo en mi propia cultura A y, para ello, utilizo una forma adecuada y conocida. Pero ahora quiero comunicar lo mismo en la cultura B. ¿Qué ocurre si utilizo la misma forma de la cultura A para comunicar mi significado en la cultura B? ¿Comunicará la forma que utilice el mismo significado? Lo más probable es que no, porque las formas culturales no transmiten significados universales a través de las fronteras culturales.

Por ejemplo, que los hombres africanos se tomen de la mano entre los Babembe del Congo es una forma cultural normal que expresa la amistad entre dos seres humanos. En Norteamérica, esa misma forma (dos hombres tomados de la mano) tiene un significado muy diferente: son homosexuales. En Norteamérica, hacemos la señal de "está bien" formando un círculo con el dedo índice tocando el pulgar. Pero si utilizamos ese mismo gesto en Brasil, es obsceno, similar al gesto del dedo del medio en Norteamérica.

¿Y qué decir de la sonrisa? ¿No es la sonrisa una forma universal de comunicar felicidad en todas las culturas? No, puede ser un signo de vergüenza en algunas culturas asiáticas o comunicar demasiada familiaridad en otras. ¿Y la música? ¿No es la música una forma universal? No, la música no comunica lo mismo de una generación a otra en mi propia cultura y mucho menos de una cultura a otra.

La razón por la que las formas culturales presentan un problema tan serio para los testigos transculturales del evangelio es que tenemos un mensaje—el evangelio—que creemos que es universal y que salva la vida de todas las personas, pero debemos presentar este mensaje universal en formas culturales, que son específicas de cada cultura. Además, tenemos que utilizar las formas culturales correctas que comuniquen el significado que queremos transmitir.

Las traductoras de la Biblia Eunice Pike y Florence Cowan (1959) dedicaron muchos años a traducir el Nuevo Testamento a la lengua de los mazatecos, que vivían en el valle de Oaxaca, en el sur de México. Cuando llegó el momento de publicarlo, eligieron un término local para transmitir el significado de la Biblia como "Palabra de Dios". Estos indios mazatecos creían que comiendo hongos alucinógenos rellenos de la sustancia química mescalina, podían tener una experiencia sobrenatural y recibir un mensaje de Dios. Por eso, el término utilizado para "Palabra de Dios" comunicaba a los mazatecos "comer el hongo sagrado". A primera vista, esto puede no parecer un problema grave. Se podría hablar de "drogarse con Jesús" o "devorar la Palabra de Dios", pero, en realidad, era un problema serio y los mazatecos no leían ni prestaban atención a la Biblia recién traducida a su lengua.

El problema surgió del hecho de que el uso de los hongos estaba sujeto a muchas precauciones rituales y tabúes. Las personas tenían que purificarse ritualmente absteniéndose de mantener relaciones sexuales cuatro o cinco días antes de comer los hongos sagrados y cuatro o cinco días después. Debido a que la "Palabra de Dios" estaba en la misma categoría cognitiva que "comer el hongo sagrado", las personas temían leer la Biblia por miedo a romper casualmente los mismos tabúes impuestos a comer los hongos sagrados. Temían que si violaban los tabúes sagrados, les ocurriría algo terrible: podrían volverse locos, sus hijos podrían morir, sus jardines podrían secarse. El resultado fue que nadie leía la "Palabra de Dios". Era demasiado trabajo purificarse ritualmente cada vez antes de atreverse a abrir las páginas y empezar a leer la Biblia.

Pasó un año y las traductoras de la Biblia se sentían abatidas. Después de pasar todos esos años aprendiendo la lengua mazateca, poniéndola por escrito y traduciendo la Biblia a esa lengua, descubrieron que muy pocos mazatecos leían la Biblia. Afortunadamente, además de su formación lingüística, también tenían conciencia antropológica, por lo que empezaron a buscar el significado que tenía el término que habían utilizado para "Palabra de Dios". Cuando descubrieron el significado que el término comunicaba a los mazatecos, se dieron cuenta de que necesitaban cambiarlo para que se entendiera el significado correcto de "Palabra de Dios". Se les ocurrió un término diferente, que tenía el significado de "este libro nos enseña acerca de Dios".

"Oh, bueno, eso es diferente," dijeron los mazatecos. "Queremos saber acerca de Dios. Toda nuestra vida ha sido una búsqueda para tratar de descubrir quién es Dios y qué está haciendo Dios en el mundo. Por eso comemos los hongos sagrados. ¿Nos va a enseñar esta Biblia algo sobre Dios?"

"Sí, claro que sí", respondieron las traductoras de la Biblia. Había que cambiar la forma, es decir, el término para "Palabra de Dios", para que se entendiera el verdadero significado de la Biblia.

Ahora, quiero plantear una pregunta que es relevante para nuestros esfuerzos por comunicar significados cristianos a través de las fronteras culturales. ¿Cuánta de nuestra vida y comportamiento cristianos están atrapados en formas que funcionan muy bien para nosotros en nuestra cultura o en nuestra subcultura denominacional, pero que no comunican gran cosa o comunican mal lo que pretendemos decir a personas de culturas diferentes a la nuestra? Por ejemplo, ¿por qué durante tantos años los norteamericanos han celebrado el culto a las 11:00 los domingos por la mañana? La hora de culto a las 11:00 a.m. es una costumbre de los Estados Unidos agrario de hace un siglo o más. Si uno era granjero, tenía que ordeñar las vacas a primera hora de la mañana y a última de la tarde. Eso daba mucho tiempo para estar con la comunidad eclesial a mediodía. Socializábamos, comíamos juntos, adorábamos juntos y fortalecíamos la comunidad. Pero ahora hemos extendido la hora de adoración del domingo a las 11:00 por todo el mundo, incluso en lugares donde ni siquiera hay vacas.

Eugene Nida me dijo en una ocasión: "He podido viajar por todo el mundo, asistir a cultos y tomar notas de lo que ocurre. Nueve de cada diez veces, soy capaz de adivinar correctamente qué denominación plantó la iglesia a la que estoy asistiendo". ¿Cómo es posible? Porque las formas culturales utilizadas son las mismas en el país anfitrión que en la iglesia del misionero. Este es un comentario triste, porque significa que no se anima a las personas a utilizar sus propias formas culturalmente apropiadas para adorar a Dios. En vez de eso, toman prestado de la cultura del misionero la música, la organización/ política de la iglesia, el estilo de adoración e incluso la hora del día en que se reúnen. En septiembre de 2022, estuve en Filipinas impartiendo capacitación a misioneros, pastores y obreros eclesiásticos filipinos. Melba Maggay del Instituto de Estudios sobre la Iglesia y la Cultura Asiáticas, me dijo: "En realidad me preocupa que nuestros ansiosos misioneros que van al extranjero sean simplemente conductores de lo que mi amigo japonés siente que es meramente "un evangelio estadounidense".

He aquí el problema. Podemos acabar adorando las formas culturales y pensar que son sagradas y perder el significado que estas formas intentan comunicar. De hecho, una buena caracterización del cristianismo nominal es cuando las formas continúan pero el significado se pierde. Yo sostengo que no hay formas sagradas; sólo hay significados sagrados. Las formas son simplemente vehículos para transmitir significados sagrados.

Mi antiguo colega George Hunter, de la Escuela de Misión Mundial y Evangelismo E. Stanley Jones del Seminario Asbury, sugirió que las iglesias de Estados

Unidos han levantado barreras de vitrales que impiden efectivamente que las personas sin iglesia acudan y se sientan cómodas en ella. Se trata de muchas barreras culturales construidas por el ser humano que alejan a las personas de la iglesia y las apartan del cristianismo. Son obstáculos culturales, no espirituales. Me dijo: "El cristianismo estadounidense no se ha librado de su propia versión del problema de la 'barrera cultural'. Yo la llamo barrera de 'vitrales', pero el problema va más allá de ventanas. Nuestras iglesias están llamadas a alcanzar a las personas 'precristianas' en el campo misionero de más rápido crecimiento de la Tierra. Pero en la mayoría de nuestras iglesias se habla un lenguaje interno que los interesados no entienden y se toca un estilo musical con el que no están culturalmente preparados para identificarse y, en muchos sentidos, su visita a una iglesia es una experiencia culturalmente alienante". Si esto es un problema dentro de una cultura en particular, imaginemos la dificultad de tratar de llevar el evangelio de una cultura a otra.

Dos áreas de la vida de la Iglesia son las que más dificultades nos plantean a la hora de comunicar lo que significa ser cristiano en culturas diferentes de la nuestra. Se trata del bautismo y la Santa Cena. Sin una enseñanza adecuada sobre lo que representan estas formas, las hemos difundido por todo el mundo, pero su significado no siempre se ha comunicado plenamente. Quienes tienen una sólida teología sacramental podrían creer que los elementos del pan y el vino son cruciales, incluso en entornos donde no crecen el trigo y la uva.

En la década de 1960, el controversial obispo de la Iglesia Episcopal, James Pike (1913-69), se dio cuenta de que los jóvenes de su diócesis de San Francisco no entendían el significado del ritual cristiano de la Santa Cena, o Eucaristía, en la Iglesia Episcopal. Así que introdujo papas fritas y Coca-Cola para los elementos utilizados en la Santa Cena con la esperanza de que el verdadero significado de la comunión llegara mejor a los adolescentes. ¿Cuál es tu reacción inmediata ante esto? Tal vez la acción del Obispo Pike no resulte tan repugnante o sacrílega hoy como hace cincuenta años. En mi labor docente y de capacitación de testigos transculturales, he compartido esta historia, y he aquí algunas de las respuestas que he recibido:

"Es sacrílego porque cambia las formas bíblicas de la comunión".

"Esos elementos son demasiado ordinarios y comunes, no sagrados ni especiales".

"Las papas fritas y la Coca-Cola son comida chatarra y no deberían usarse para la comunión".

"Usar papas fritas y Coca-Cola abarata el acto sagrado de la comunión".

"La Coca-Cola no es del color de la sangre".

Figura 8.2
Cuatro zonas del espacio de comunicación

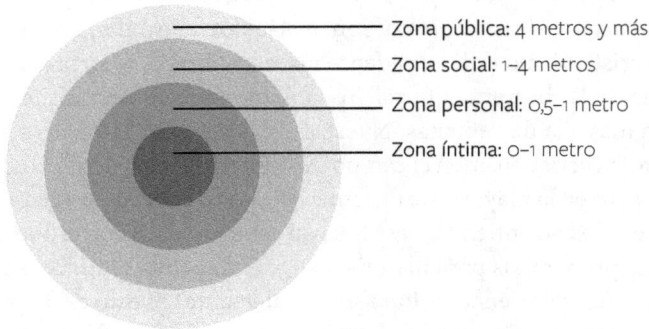

Zona pública: 4 metros y más
Zona social: 1–4 metros
Zona personal: 0,5–1 metro
Zona íntima: 0–1 metro

En respuesta a estas objeciones, en primer lugar, debo señalar que muchos cristianos ya han cambiado las formas utilizadas para la comunión sustituyendo el vino y el pan sin levadura por jugo de uva y pan con levadura. En segundo lugar, ante la queja de que las papas fritas y la Coca-Cola son tan ordinarias y comunes, debemos recordar que Jesús utilizó lo común y corriente de la vida para conmemorar este sagrado acontecimiento.

Ahora bien, ¿quiénes son los que deben juzgar si las papas fritas y la Coca-Cola son elementos apropiados para la Eucaristía? ¿El Obispo? ¿El Concejo de la Iglesia? No, los mejores jueces son los propios adolescentes. Ellos son los que pueden decirnos qué significado han experimentado al utilizar estas formas comunes en lugar del pan y el vino. ¿Y cuál fue el resultado de este "experimento"? Estos adolescentes le dijeron al obispo que ahora entendían la Santa Cena mucho mejor que antes porque los nuevos elementos les recordaban que Jesús tomó lo ordinario, lo cotidiano y lo hizo especial, y se dieron cuenta de que Él también podía hacer eso en sus vidas. Un mensaje poderoso, el verdadero y sagrado significado de la comunión, llegó a través de las formas triviales de las papas fritas y la Coca-Cola.

Espacio

Un cuarto problema con el que nos encontramos cuando trabajamos transculturalmente es la manera en que las distintas culturas entienden y utilizan el espacio a la hora de comunicarse. El antropólogo Edward T. Hall, a partir de su libro *The Silent Language* (1959), nos ayuda a comprender que el espacio es un lenguaje silencioso. Además, es un lenguaje o paramensaje, que suele malinterpretarse en situaciones transculturales porque trata en gran medida de la comunicación implícita. Si deseamos comprender lo que ocurre en nuestra comunicación y que puede dar lugar a malentendidos, tenemos que hacer explícito lo implícito y hacer consciente lo que a menudo es inconsciente.

Hall divide el espacio entre dos personas que se comunican en cuatro zonas (véase la fig. 8.2). Hall señala que cada cultura tiene estas cuatro zonas de espacio en la comunicación, pero la forma en que se definen estas zonas puede ser muy diferente de una cultura a otra. Por ejemplo, ¿cómo entienden los norteamericanos el uso del espacio en la comunicación? Normalmente se sitúan a un metro o metro y medio de distancia durante las conversaciones informales. Los temas de conversación a esta distancia incluyen política, noticias locales, vacaciones recientes, el tiempo o cualquier otro tema en el que pueda participar cualquiera. Esta es su zona social y oscila entre uno y cuatro metros. Fuera de esta zona social está su zona pública. Las personas que se encuentran en esta zona pueden ser ignoradas porque están demasiado lejos para mantener una conversación normal. Por ejemplo, si entran en una habitación ocupada y hay unas cuantas personas en un rincón hablando entre ellas, normalmente no se sentirán incómodos hasta que se acerquen a unos tres metros del grupo. Si siguen acercándose, se sentirán cada vez más incómodos hasta que alguien se gire, les reconozca y les invite a participar en la conversación. Han pasado de su zona pública (donde está permitido ser ignorado) a su zona social, donde, a menos que sean reconocidos, empezarán a sentirse muy incómodos.

Si los profesores y predicadores comprendieran mejor esto, modificarían el lugar donde se sitúan cuando hablan y predican. La mayoría de los feligreses están a una distancia mínima de tres metros del predicador los domingos por la mañana, y esa puede ser una de las razones por las que es tan fácil quedarse dormido en mitad de un sermón. Se puede ignorar educadamente al predicador, pero si bajara de la plataforma y se situara a menos de tres metros y medio de distancia, los feligreses tendrían que prestar atención, porque ahora el predicador está dentro de su zona social y no se lo debe ignorar. Ignorarles sería descortés y probablemente provocaría tensiones entre el predicador y el feligrés.

Cuando los estadounidenses quieren comunicarse más íntimamente, bajan la voz y se acercan a la otra persona, a menos de medio metro. Esta es su zona personal y los temas de conversación a esta distancia son de carácter más bien personal, no destinados al conocimiento público. También tienen una zona íntima que se extiende desde el contacto físico hasta un metro o medio metro. Utilizan esta distancia para una comunicación muy personal e íntima.

Aunque todas las culturas tienen zonas similares, el uso adecuado del espacio dentro de estas zonas se define de forma bastante diferente. Por ejemplo, los latinoamericanos suelen tener zonas más pequeñas que los angloamericanos. Supongamos que mantengo una conversación con un hombre de Brasil y es una conversación apropiada para mi zona social. Es simplemente una conversación amistosa, casual, nada realmente íntimo o personal. Mientras hablo con esta persona, antes de darme cuenta, se ha acercado a mí y está frente a mí. ¿Qué hago? Retrocedo para sentirme cómodo de nuevo en mi zona social, pero cuando retrocedo, él se acerca más, y esto continúa hasta que nos movemos por toda la habitación. Mientras tanto, yo empiezo a sentir que este brasileño es un poco invasivo, pero mi amigo brasileño se pregunta por qué este hombre de Estados Unidos es tan frío y distante. Cada uno de nosotros se siente incómodo, pero probablemente no seamos conscientes de lo que ocurre. Intentamos mantener una conversación significativa, aunque no necesariamente profunda, pero nuestra comprensión del espacio apropiado se interpone en el camino, dificultando la comunicación.

Estaba capacitando a un gran grupo de candidatos a misioneros que iban a diversas culturas de todo el mundo. Pregunté cuántos hombres que estaban en la audiencia iban a Rusia. Varios levantaron la mano. Pregunté a la clase: "¿Saben cómo se saludan los hombres rusos?"

Uno de ellos dijo: "Hemos oído rumores".

"Bueno, permítanme mostrarles", respondí. Me acerqué a uno de los hombres, lo sujeté por los hombros y le di un beso en una mejilla, luego en la otra y, antes de darme cuenta de lo que estaba haciendo, lo besé directamente en la boca, tal como lo harían los hombres rusos. Toda la clase estalló en risas y yo me puse rojo como una remolacha. Más tarde, hablé con este hombre y su esposa sobre su incomodidad por lo que había ocurrido. Les dije que esperaba que pudieran verlo como una oportunidad para hablar sobre los desafíos que enfrentarían al comunicarse con personas de otras culturas. Proseguí diciendo que nuestro uso del espacio puede ser una prueba de los límites de nuestra identificación encarnacional y uno de los sacrificios que quizá tengamos que hacer cuando atravesamos culturas con el evangelio. Como testigos transculturales, tenemos que averiguar conscientemente la forma en que las personas de una cultura utilizan inconscientemente el espacio para que nuestra comunicación con ellos pueda ser fructífera y no ofensiva.

RESUMEN DEL CAPÍTULO

El dicho "No hay formas sagradas, sólo significados sagrados" recoge el tema principal de este capítulo. He intentado demostrar la manera en que las formas culturales utilizadas en una cultura para transmitir significados importantes e incluso sagrados, a menudo no comunican el mismo significado en otra cultura. Esto supone un problema a la hora de cruzar culturas con el evangelio, porque asumimos que las formas que utilizamos—adoración, estilo de vida, lenguaje, teología—en nuestra propia cultura comunicarán un significado idéntico en otra. Pero rara vez es así, por lo que tenemos que estar dispuestos a cambiar y ajustar las formas culturales para que encajen en la cultura de nuestra sociedad anfitriona, a fin de que se comunique el verdadero significado. Del mismo modo, a menudo malinterpretamos y utilizamos mal el espacio en la comunicación. La forma en que utilizamos el espacio es un lenguaje silencioso que comunica mucho sin decir una sola palabra. Para aumentar nuestra efectividad como testigos transculturales, debemos comprender suficientemente la cultura anfitriona, de modo que las formas culturales que utilicemos para transmitir significados importantes y nuestro uso del espacio se adecuen a su contexto. Esto nos ayudará a evitar ofenderles inadvertidamente por las razones equivocadas, lo que les impediría escuchar y comprender la ofensa del evangelio.

CONCLUSIÓN A LA PARTE 3

En la parte 3, hemos abordado cuatro problemas principales a los que se enfrentan los testigos transculturales cuando intentan comunicar y vivir el evangelio en culturas y subculturas diferentes a las suyas. Cada uno de estos retos—diferentes cosmovisiones, paramensajes involuntarios, formas culturales y uso del espacio—tiene que ver en gran medida con la comunicación implícita e inconsciente. Y aquí radica el reto. A menudo no somos conscientes de que nuestra cosmovisión es diferente de la de quienes viven en culturas distintas a la nuestra. No nos damos cuenta de que nuestros paramensajes en forma de comportamientos y un estilo de vida que nos parecen tan "naturales" a menudo pueden enviar un mensaje que difiere del mensaje verbal que pretendemos comunicar. Confundir las formas culturales con los significados que se pretende que transmitan puede causar enormes malentendidos en la comunicación transcultural. Y, por último, la forma en que utilizamos el espacio físico para comunicarnos con los demás puede parecer "correcta y natural" en nuestro propio contexto, pero en contextos diferentes al nuestro puede comunicar algo que no pretendemos o de lo que ni siquiera somos conscientes. Si queremos ser testigos transculturales más resilientes y efectivos, debemos comprender las raíces de los problemas de comunicación. Un enfoque antropológico y misionológico nos ofrece una perspectiva útil desde la cual empezar a descubrir y eliminar estos muchos "puntos ciegos".

PARTE 4

Superando el choque cultural

9

Comprendiendo el choque cultural

El extraño no sabe que el agua de mijo que le ofrecen es para
sembrar. (El forastero no conoce los secretos de la familia).

Proverbio Buisla, Ghana

¿Dónde estabas en mi primer año de universidad?", estalló una candidata a misionera de treinta y ocho años tras participar en la sesión de capacitación de cuatro horas que yo acababa de concluir sobre el tema de la identificación y superación del choque cultural. Continuó explicando que había sido hija de misioneros estadounidenses en Latinoamérica y que había regresado a Estados Unidos para asistir a la universidad. Su primer año en la universidad fue una crisis emocional, espiritual e incluso física, ya que se hundía cada vez más en la depresión, casi hasta el punto de quitarse la vida. Lo único que quería era volver a su país de acogida y estar con su familia y amigos. Echaba de menos la comida, los sonidos, los olores y los ritmos de vida de allá. La cultura estadounidense le parecía extraña y a veces ininteligible. Se sentía como una extraterrestre, fuera de lugar en el mismo sitio en el que creía que debía "sentirse como en casa". Después de todo, ¡era estadounidense! Pero sus compañeros de clase estadounidenses le parecían muy provincianos e ignorantes de otras culturas y de lo que estaba sucediendo en otras partes del mundo. Lo odiaba.

Continuó diciendo que mis enseñanzas sobre el choque cultural como enfermedad ocupacional, los síntomas que uno experimenta y las etapas que uno atraviesa en el camino desde el choque inicial hasta la recuperación final, eran justo lo que ella había experimentado. Hasta aquel día en mi clase, dijo

131

que nunca había oído una explicación de lo que le había causado tal confusión. Ahora estaba felizmente casada y, con su esposo y su familia, se preparaba para una vida de ministerio transcultural. Pero ahora sabía qué esperar cuando se fuera a vivir a una cultura diferente.

Definiendo el choque cultural

El concepto de choque cultural fue introducido y desarrollado por primera vez por el antropólogo canadiense Kalervo Oberg (1901–73). Oberg articuló por primera vez el concepto en una charla que dio en el Club de Mujeres de Río de Janeiro, Brasil, el 3 de agosto de 1954, en la que explicaba los sentimientos comunes de quienes se enfrentan a su primera experiencia transcultural. Su charla de once páginas se publicó en el *Technical Assistance Quarterly Bulletin* y se reimprimió en *Practical Anthropology* en 1960. Titulado "Culture Shock: Adjustment to New Cultural Environments" (Choque cultural: adaptación a nuevos entornos culturales), su artículo introdujo el concepto al mundo de las misiones y más allá, y ha sido citado más de cuatro mil veces. El concepto de choque cultural ha generado una cantidad considerable de investigaciones y se ha convertido en un término familiar entre los residentes temporales transculturales.

El "choque cultural", según Oberg, "tiende a ser una enfermedad ocupacional de las personas que han sido trasplantadas repentinamente al extranjero" y "se precipita por la ansiedad que resulta de perder todos nuestros signos y símbolos familiares del trato social. Estos signos o indicadores incluyen las mil y una formas en que nos orientamos en las situaciones de la vida cotidiana" (1960, 177).

Oberg identifica cuatro etapas del choque cultural: (1) una etapa de fascinación por todo lo que parece nuevo y diferente, a veces denominada fase de luna de miel o turística; (2) un periodo de actitudes hostiles y agresivas hacia el país de acogida, que es la fase real que llamamos choque cultural; (3) un periodo de ajuste, reorientación y recuperación gradual cuando vuelve el sentido del humor; y (4) adaptación y aceptación de la nueva cultura. Analizaremos cada una de estas fases en el capítulo siguiente.

¿Qué tan grave es el problema del choque cultural? ¿Se produce el choque cultural sólo cuando uno abandona la comodidad y la seguridad de su propia sociedad y se va a vivir a otra muy distinta de la suya? No, es algo más generalizado. El choque cultural puede producirse incluso cuando nos trasladamos de una región a otra de un país. He observado el choque cultural que experimentan muchos estudiantes de seminario cuando trasladan a su familia de Texas a Kentucky o cuando cristianos de Kerala, en el sur de la India, van como misioneros y fundadores de iglesias al norte de la India. El choque cultural también puede producirse cuando las personas cambian de trabajo, porque las instituciones académicas, las empresas, las corporaciones y las iglesias tienen cada una su propia cultura.

A lo largo de los años, he entrevistado a cientos de testigos transculturales, he escuchado sus historias, he descubierto las causas del choque cultural, he documentado los síntomas y he analizado el proceso de transición a través de la experiencia transcultural, desde la crisis inicial hasta la adaptación final a la nueva cultura. He llegado a la conclusión de que la forma en que los misioneros experimentan y responden al choque cultural es uno de los factores más significativos de su adaptación transcultural, y, por supuesto, sin una adaptación positiva a la nueva cultura, les resultará difícil, si no imposible, desarrollar un ministerio transcultural duradero, efectivo y significativo.

En cierta ocasión entrevisté a una misionera estadounidense que se había preparado para una vida de ministerio transcultural. Recordó que al principio estaba muy emocionada por vivir en un lugar tan exótico e interesante, y que esperaba un ministerio gratificante y satisfactorio junto con su familia. Sin embargo, la emoción inicial de vivir en un país fascinante no tardó en disiparse y degenerar en una profunda depresión y en dificultades y luchas cotidianas. A medida que se hundía más y más en la depresión, se preguntaba qué le estaba pasando. Lo que le ocurría era que estaba experimentando un choque cultural, pero no se daba cuenta. No se estaba volviendo loca, pero ciertamente se sentía así.

¿Por qué muchos norteamericanos etnocéntricos tienen tantas dificultades para adaptarse transculturalmente y son ellos los únicos? Jackie Pullinger, famosa por trabajar en Hong Kong durante más de cincuenta años entre personas adictas a las drogas, me dijo una vez que, de todas las personas que vienen a Hong Kong a trabajar en su ministerio de St. Stephens, los estadounidenses son los que más dificultades tienen para adaptarse a la cultura. Sin embargo, no sólo los norteamericanos tienen problemas con el choque cultural. Es un problema común para las personas de cualquier país que van a vivir a una cultura diferente. El choque cultural se produce en todo el mundo, entre inmigrantes, refugiados y personas que se trasladan por motivos laborales o educativos. A todos nos resulta difícil superar los retos transculturales y hacer frente al choque cultural. Sin embargo, parece haber un patrón. Los coreanos y los chinos Han, que proceden de sociedades relativamente homogéneas, parecen tener más dificultades con el choque cultural que los que proceden de sociedades culturalmente heterogéneas.

Cristianos de una sociedad asiática grande y bastante homogénea, con gran entusiasmo y compromiso, se aventuraban en el ministerio transcultural. Iban a ministrar a minorías dentro de su propio país y más allá de sus fronteras, y esperaban quedarse muchos años, si no el resto de sus vidas. Les apasionaba seguir el llamado de Dios en sus vidas y así, con su Biblia en la mano, un mínimo de capacitación teológica, una abundancia de coraje y un boleto de ida a su destino final, se lanzaron al desconocido mundo de la misión transcultural. Sin embargo, en los primeros dieciocho meses, el 90% de ellos regresó a casa. Volvían a casa prematuramente, frustrados, desanimados, enfadados y sintiéndose abandonados por su iglesia e incluso por Dios. ¿Qué había fallado? No estaban preparados para hacer frente a las diferencias transculturales que encontraron y, en consecuencia, sufrieron un grave choque cultural, que puso fin a su ministerio antes de que apenas hubiese comenzado. Me invitaron a impartirles una capacitación transcultural para ayudarles a comprender lo que les había ocurrido al entrar a una cultura distinta de la suya. Cuando les expliqué la dinámica del choque cultural, las causas, los síntomas, las etapas y las curas, muchos dijeron que les había descrito lo que ellos habían experimentado. Se preguntaron por qué no se les había enseñado antes sobre el choque cultural, porque sin duda les habría ayudado a adaptarse a las culturas que habían encontrado.

Los estudios indican que uno de cada tres estadounidenses que se van al extranjero con la intención de trabajar en una carrera regresa a casa en el primer año en lugar de quedarse los cinco o diez años que pensaba quedarse inicialmente. Un número considerable de quienes se embarcan en una carrera misionera con la intención de quedarse de diez a veinte años vuelven a casa tras su primer período y no regresan. Atrás quedaron los días en que la mayoría de los testigos transculturales se quedaban toda la vida. De hecho, la duración promedio del servicio de un misionero de carrera es ahora de sólo siete años. El desgaste de los misioneros ha sido objeto de varios estudios de investigación y, como cabe suponer, hay muchos factores que contribuyen a ello, entre ellos la adaptación transcultural y el choque cultural.

Nuestro éxito o fracaso en el ministerio transcultural depende en gran medida de lo que ocurra en los dos primeros años. Como descubriremos en el próximo capítulo, cuando analicemos las etapas del choque cultural, la mayoría de las personas en la mayoría de los lugares tardan alrededor de dos años en completar el ciclo del choque cultural y llegar a un cierto grado de ajuste y adaptación. Esta es la fase en la que intentamos aprender el idioma, empezamos a entender la cultura, establecemos relaciones sociales, creamos nuestras rutinas diarias y semanales, establecemos nuestro hogar y ministerio, y desarrollamos nuestras actitudes hacia las personas y su cultura.

Mi teoría de la adaptación transcultural es $2 + 2 + 2 + 2 + 2 = 20$: las dos primeras horas tras llegar a nuestro país de acogida dan forma a los dos primeros días, que afectan a las dos primeras semanas, que repercuten en los dos primeros meses, que determinan los dos primeros años, que a su vez influyen en los siguientes veinte años de ministerio transcultural. Mis entrevistas con cientos de misioneros sobre su adaptación transcultural confirman que las primeras horas, días y semanas son críticas para empezar con buen pie a hacer de un nuevo país un hogar y un lugar de ministerio. El capítulo 11 aborda algunas maneras de reducir la experiencia negativa del choque cultural para que los dos primeros años de ministerio transcultural sean más positivos que frustrantes.

La experiencia del choque cultural es inevitable para cualquiera que viva en una cultura diferente a la suya. Sin embargo, nuestro enfoque principal es la manera en que el choque cultural afecta a las personas en el ministerio transcultural. Por lo tanto, vamos a trabajar en la comprensión del choque cultural. En primer lugar, veremos los factores que contribuyen a que una persona sufra un caso grave o leve de choque cultural.

La severidad del choque cultural

Oberg afirma que "el choque cultural tiende a ser una enfermedad ocupacional de las personas que han sido trasplantadas repentinamente al extranjero" (1960, 177). Lo importante es recordar que, aunque el choque cultural es una enfermedad ocupacional, rara vez es mortal, pero puede ser muy debilitante. Digo que "rara vez" es mortal porque hay varios casos conocidos, incluido uno que conozco muy bien, de personas que cayeron en una depresión tan profunda en medio de un choque cultural grave que se quitaron la vida. ¿Qué determina si sufrimos un caso grave de choque cultural y perdemos todo el sentido de la normalidad, o si tenemos una experiencia leve y nos sentimos sólo ligeramente desanimados y decaídos emocionalmente, o ligeramente molestos e irritados con las diferencias culturales de nuestra sociedad de acogida? Hiebert señala que "la gravedad [de la enfermedad] depende de la magnitud de las diferencias entre las culturas, de la personalidad del individuo y de los métodos utilizados para afrontar las nuevas situaciones" (1985, 66). En mi investigación sobre las experiencias de choque cultural de los misioneros, he entrevistado a cientos de personas y examinado cada una de estas variables. Abordemos brevemente cada una de ellas.

1. La magnitud de las diferencias entre las culturas. Si la diferencia entre las culturas es grande, aumenta la probabilidad de sufrir un choque cultural. Cuanto mayor es la diferencia, mayor es el choque cultural, es una regla general. Cuando los estudiantes internacionales y los testigos transculturales llegan a Estados Unidos procedentes de países no occidentales, suelen experimentar un choque cultural severo. La vida en Estados Unidos es tan diferente de la vida en su país de origen que les cuesta encontrar su lugar, entablar relaciones significativas y desarrollar un ministerio eficaz. Por el contrario, si un norteamericano va a vivir y ejercer su ministerio en el Reino Unido, es probable que experimente un leve choque cultural; pero si ese mismo estadounidense va a Papúa Nueva Guinea, es probable que experimente un choque cultural mayor porque la diferencia de culturas es mayor.

Sin embargo, hay que tener cuidado de no asumir que mayores diferencias siempre significan mayor choque cultural. Por ejemplo, ¿dónde creemos que un estadounidense experimentaría más choque cultural, en Filipinas o en Tailandia? A primera vista, parece que Tailandia es la respuesta, porque Filipinas parece a simple vista más similar a Estados Unidos, por ejemplo en el uso generalizado del inglés. Pero, de hecho, según un estudio de investigación de los trabajadores del Cuerpo de Paz en ambos países (Guthrie 1966), los que trabajaban en Filipinas experimentaron un choque cultural más severo que los que trabajaban en Tailandia. ¿Cómo es posible? Aparentemente, como los elementos observables en EE.UU. y Tailandia, como la comida, la vestimenta y el comportamiento, parecen muy diferentes, los trabajadores del Cuerpo de Paz estaban mejor preparados emocional y cognitivamente para hacer frente a las diferencias. En Filipinas, sin embargo, la cultura parecía y se "sentía" más estadounidense en la superficie, por lo que los trabajadores del Cuerpo de Paz tendían a bajar la guardia y no prestaban tanta atención a esas diferencias. El resultado fue un mayor choque cultural para los que trabajaban en Filipinas que para los que lo hacían en Tailandia.

2. *La personalidad del individuo.* ¿Es usted una persona de tipo A o de tipo B? Las personas con una personalidad de tipo A tienden a ser competitivas, ambiciosas y urgidas de tiempo, y pueden volverse hostiles y agresivas en situaciones de estrés. Son personas emprendedoras que asumen más tareas de lo normal y, a menudo, las llevan a cabo bien. Por el contrario, las personas con una personalidad de tipo B se caracterizan por ser más relajadas, pacientes y tranquilas. Las personas de tipo B son más propensas a dejarse llevar por la corriente y pueden tolerar más fácilmente la ambigüedad en situaciones transculturales. Por lo tanto, las personas de tipo A tienden a sufrir un choque cultural más grave que las de tipo B (van der Zee y van Oudenhoven 2013; y Ward, Bochner, y Furnham 2001).

En una investigación que realicé en Asia sobre la adaptación transcultural de los misioneros, busqué si había alguna correlación entre el indicador de Myers-Briggs y la adaptación transcultural de los misioneros. Descubrí que muchos tipos de personalidades pueden manejar la adaptación transcultural, pero algunos lo hacen más fácilmente que otros. Aquellos cuyo perfil de personalidad era ENFP (extroversión, intuición, emocional, perceptivo) parecían tener menos choque cultural y adaptarse más fácilmente que los que eran ISTJ (introversión, sensorial, pensamiento, calificador). La razón por la que creo que los ENFP afrontan mejor el choque cultural es porque son extrovertidos y, por tanto, obtienen energía de estar con personas. Además, una puntuación alta en P (perceptivo), en contraste con una puntuación alta en J (calificador), indica que pueden manejar la ambivalencia con más facilidad. Les resulta más fácil dejarse llevar por la corriente y se sienten más cómodos con la ambigüedad cultural. Los misioneros que entrevisté que eran ENFP eran más propensos a dejarse llevar por la corriente y adaptarse a la ambivalencia de vivir en una nueva cultura, y resultaron adaptarse mejor a las diferencias culturales, por lo que tuvieron menos choque cultural. No estaban tan orientados a objetivos o tareas y puede que no consiguieran tanto como otros tipos de personalidad, pero seguro que se lo pasaban bien haciendo lo que hacían.

El tipo de personalidad Myers-Briggs misionero "estándar" para los misioneros bautistas del sur en la década de 1990 fue ESFJ (extroversión, sensorial, emocional, calificador), que tiene cierta fortaleza significativa para el ajuste transcultural y le permite a uno ser un misionero productivo y efectivo. En un estudio de 2019, "Personality Types and Intercultural Competence of Foreign Language Learners in Education Context" (Tipos de personalidad y competencia transcultural de los estudiantes de lenguas extranjeras en el contexto educativo), Shiva Azadipour descubrió que aquellos con el tipo de personalidad ESTJ (extroversión, sensorial, pensamiento, calificador) de Myers-Briggs se adaptaban mejor a las diferencias transculturales.

3. Los métodos que utilizamos para enfrentarnos a situaciones nuevas. A menudo pensamos que el mejor método para hacer frente al choque cultural es alejarse de las personas y las situaciones que provocan los sentimientos incómodos y la ansiedad. Sin embargo, aislarse de la población local y de su cultura permaneciendo en la supuesta seguridad y comodidad de un complejo misionero o situación similar, y pasando el rato con otros expatriados no hará sino aumentar nuestro choque cultural y prolongarlo. El mejor método para afrontar situaciones nuevas es lanzarse a las aguas profundas y aprender a nadar. Sin embargo, el dolor del choque cultural a menudo nos invita más a retirarnos que a comprometernos con un pueblo y una cultura diferentes a los nuestros.

Me puse en contacto con una antigua estudiante estadounidense y testigo transcultural en el sur de Asia que durante casi veinte años ha visto a gente ir y venir haciendo trabajo en su ministerio. Basándose en su amplia experiencia, me proporcionó una lista de cómo no responder al choque cultural:

1. Cuando te sientas incómodo o desafiado, retírate, descansa y repliégate.
2. Reconoce que tú y tus hijos necesitan estar rodeados de otros expatriados tanto como sea posible.
3. Para ayudarte a sentirte mejor, cocina comida occidental más a menudo y sal a comer a lugares occidentalizados más a menudo.
4. Utiliza Skype, Zoom y FaceTime con amigos y familiares en casa tanto como sea posible durante los sentimientos de incomodidad.
5. Mantente lo más conectado posible a través de las redes sociales. Cuantas más, mejor.

6. En cuanto a las tareas domésticas y cotidianas, asegúrate de encontrar la manera de hacerlas igual que en casa. Por ejemplo, no cuelgues la ropa en un tendedero; en su lugar, compra una secadora. O cómprate una escoba cara de importación para barrer la casa, en vez de usar las pequeñas escobas locales, que tienes que agacharte para usarlas. O busca a alguien que te instale un inodoro occidental en el baño en lugar de usar el inodoro de cuclillas que viene con la casa de alquiler.

7. Haz amistades superficiales con las personas, especialmente con las que trabajan para ti o están de alguna manera en deuda contigo.

8. No pidas ayuda. Resuélvelo tú mismo. Sé independiente. Eres estadounidense, brasileño o coreano y has venido a ayudar, no a que te sirvan. Tu trabajo principal es servir y ayudar a los demás, no ponerte en una posición vulnerable para que te ayude la gente local.

9. Tira la toalla y ríndete cuando las cosas se pongan difíciles. Dios probablemente tiene algo mejor para ti, en otro lugar que podría ser más adecuado.

10. Construye una falsa narrativa de cómo es tu vida, especialmente cuando compartes tu experiencia con otras personas, como quienes te apoyan económicamente.

Respuestas iniciales al choque cultural: Rechazo y regresión

La principal causa del choque cultural es la ansiedad que provoca la pérdida de todos los signos y símbolos de interacción social que nos son familiares: todas las formas familiares que hemos aprendido de cómo hablar entre nosotros, cómo interactuar con los demás, cómo comportarnos adecuadamente, qué pensar, qué decir. De repente, estas formas familiares de interactuar desaparecen y nos generan una ansiedad increíble. Es lo que llamamos señales culturales. Estas señales culturales incluyen palabras, gestos, expresiones faciales, costumbres y normas de comportamiento. Estas señales culturales, a menudo inconscientes, son tan naturales que ni siquiera pensamos en ellas en nuestra propia cultura. De repente, en una cultura nueva y diferente, desaparecen. Oberg dice: "Todos dependemos para nuestra paz mental y nuestra eficiencia de cientos de estas señales, la mayoría de las cuales no tenemos en cuenta en el nivel de conocimiento consciente" (1960, 177). Así pues, el problema es el siguiente: muchas de estas señales culturales son inconscientes, pero cuando entramos en una nueva cultura, no están presentes. ¿Qué es lo que ocurre? Nos sentimos confundidos, asustados y tal vez hasta enojados, pero no sabemos por qué nos sentimos así. No podemos identificar el problema. Lo que tenemos que hacer es reconocer por qué nos sentimos confusos, asustados y enfadados, y ponerle nombre. Una vez que lo hayamos hecho, podremos entender mejor la causa de ese sentimiento de inquietud y superarlo para crecer y adaptarnos a la nueva cultura en lugar de sentirnos abrumados por ella.

Oberg, en su investigación en Brasil, observó que "cuando una persona entra en una cultura extraña, todas o la mayoría de estas señales familiares desaparecen. Es como un pez fuera del agua. Por muy abierto de mente o lleno de buena voluntad que esté, una serie de soportes se le han venido abajo, seguidos de un sentimiento de frustración y ansiedad. Las personas reaccionan a la frustración de forma muy parecida. Primero, *rechazan* el entorno que les causa malestar, pero también experimentan regresión. El entorno familiar adquiere de repente una importancia tremenda" (1960, 177–78). Para un estadounidense, todo lo estadounidense se glorifica de forma irracional. Se olvidan todas las dificultades y problemas del hogar y sólo se recuerdan las cosas buenas.

Las personas que experimentan un choque cultural suelen responder haciendo estas dos cosas al mismo tiempo: tienden a *rechazar* y a *retroceder*. ¿Qué rechazamos? Rechazamos la cultura nueva y diferente. ¿Y quiénes son los portadores o las fuentes más obvias de esta nueva cultura que nos está causando todo este dolor? Nuestra sociedad de acogida, las personas con las que hemos venido a vivir, trabajar, servir y ejercer nuestro ministerio. Son la fuente simbólica de toda nuestra frustración y enojo. Así que tendemos a rechazar a la gente, su cultura, su idioma, su comida, etcétera. Acabamos pensando, si no expresándolo verbalmente: *¡Esto no es como en casa!*

Además, mientras rechazamos a las personas y su cultura, también tendemos a retroceder. ¿A qué o a quién retrocedemos? Retrocedemos a nuestra propia cultura y a las personas que son como nosotros. Si somos estadounidenses, queremos juntarnos con otros estadounidenses. Si somos coreanos, tendemos a agruparnos, si no enclaustrarnos, con otros coreanos. Esto es lo que yo llamo la fase de "regreso al vientre" del choque cultural. Retrocedemos y sólo queremos retirarnos para encontrar un lugar en el que volvamos a sentirnos cómodos. He observado este problema entre brasileños, indios del sur de Kerala, coreanos y personas de casi todas las culturas en las que he trabajado y estudiado. Es una respuesta común, si no universal, al choque cultural.

El problema con el rechazo y el retroceso es que son modos terribles para un ministerio transcultural efectivo. Como rechazamos a las personas a las que hemos venido a servir y retrocedemos a nuestra propia cultura y a sus prácticas familiares, la posibilidad de encarnarnos en este nuevo entorno es aún más improbable. Sin embargo, estas son las dos tendencias que tendremos que superar si queremos llegar a ser testigos transculturales efectivos.

Nunca olvidaré el primer (*y último*) día festivo del 4 de julio que celebramos con otros misioneros estadounidenses en Papúa Nueva Guinea. Aunque vivíamos en las tierras altas de Papúa Nueva Guinea, no faltaron las comidas típicas de una celebración estadounidense del 4 de julio: sandía, perritos calientes y hamburguesas, ensalada de papas y helado casero. La comida era estupenda, pero las conversaciones, terribles. Los misioneros estadounidenses se quejaban sobre todo de la vida en Papúa Nueva Guinea y de lo mucho que echaban de menos su hogar en los Estados Unidos. Las conversaciones degeneraron aún más a medida que las personas describían estereotipos negativos de los melanesios locales, contaban chistes despectivos y degradaban a las mismas personas entre las que habían venido a trabajar. La experiencia me conmocionó y alteró tanto que tardé días en recuperarme. Cuando empecé a investigar quiénes eran esos misioneros, descubrí que la mayoría de ellos llevaban allí entre seis y doce meses, por lo que probablemente estaban en plena fase de crisis del choque cultural. Su reacción fue rechazar la cultura y el pueblo melanesios y volver a pensar que cualquier cosa estadounidense era mejor que lo que tenían que soportar viviendo en Papúa Nueva Guinea.

Los desafíos que contribuyen al choque cultural

Centraremos ahora nuestra atención en algunos factores y eventos específicos que hacen que una persona experimente un choque cultural. Según el antropólogo Michael Winkelman, que dirigió la Escuela de Campo Etnográfico de la Universidad Estatal de Arizona en Ensenada, Baja California, México, "el choque cultural es causado en parte por la sobrecarga cognitiva y las inadecuaciones conductuales, y dado que la efectividad intercultural se basa en la comprensión y la adaptación conductual, el choque cultural se resuelve mejor mediante un enfoque de aprendizaje social en el que las nuevas actitudes y la información cognitiva se integran en estrategias conductuales para superar el choque cultural" (1994, 121).

Utilizaré la idea de Oberg del choque cultural como una enfermedad, ya que realmente es una indisposición, como marco para diagnosticar el choque cultural. Como en toda enfermedad, hay causas, síntomas y etapas, y hay cosas que podemos hacer para reducir su gravedad. En este capítulo analizaremos siete desafíos que contribuyen al choque cultural:

1. El desafío de desarrollar nuestra identidad personal y social y encontrar sentido a nuestro trabajo
2. El desafío de comunicarnos con efectividad
3. El desafío de enfrentarse a valores y creencias diferentes
4. El desafío de superar los malentendidos
5. El desafío de adaptarse a nuevas rutinas y patrones cotidianos de vida

6. El desafío de enfrentarse a la "ineficiencia"

7. El desafío de vivir en un entorno y un clima extraños

Si el choque cultural es una enfermedad ocupacional, como sugiere Oberg, entonces tiene su propia etiología, o causa, al igual que otras enfermedades. Al igual que otras enfermedades, el choque cultural también presenta ciertos síntomas. ¿Cómo sabemos que lo padecemos? A veces pasa desapercibido, incluso cuando nos sentimos frustrados, solos y deprimidos. En el capítulo 10, analizaremos varios síntomas del choque cultural que son signos reveladores de que lo estamos experimentando. También analizaremos las cuatro etapas típicas del choque cultural que identifica Oberg y por las que pasa la mayoría de las personas cuando experimentan un choque cultural. En el capítulo 11, analizaremos algunas curas para el choque cultural o algunas formas de reducir el trauma de la experiencia.

En primer lugar, hablemos de los desafíos que contribuyen al choque cultural.

1. *El reto de desarrollar nuestra identidad personal y social y encontrar sentido a nuestro trabajo.* Uno de los principales desafíos a los que nos enfrentamos cuando entramos en otra cultura es descubrir quiénes somos en ese contexto diferente. Nuestro sentido de quiénes somos y en quiénes nos estamos convirtiendo ha sido moldeado por las personas y la cultura de nuestra sociedad de origen. Pero cuando nos trasladamos a otra cultura, el contexto cambia rápidamente y podemos encontrarnos de repente sin saber quiénes somos. Desarrollamos un sentido social de quiénes somos a través de nuestras relaciones con los demás y de las posiciones que ocupamos en la sociedad. El comportamiento que acompaña a esas posiciones sociales afecta significativamente a nuestra capacidad para establecer relaciones significativas con los demás. En entornos transculturales, la situación es aún más compleja y difícil, ya que a menudo no tenemos control sobre la posición social en la que nos sitúan las personas de nuestra sociedad de acogida. Además y peor aún, a menudo no somos conscientes de la manera en que nos percibe la sociedad de acogida. Es posible que nos veamos a nosotros mismos en el papel de misioneros, un papel que nuestra sociedad de origen entiende y afirma. Pero el papel de misionero puede percibirse de forma muy negativa en nuestra sociedad de acogida, o tal vez ni siquiera exista allí. En consecuencia, la posición que ocupamos en una sociedad ofrece oportunidades y establece limitaciones en cuanto a con quién podemos desarrollar relaciones personales y de qué manera. Dado que gran parte de nuestra autoestima procede de nuestra identidad social en nuestra sociedad de origen, podemos caer en una espiral emocional cuando entramos en otra cultura y tenemos que empezar de nuevo a establecer nuestra identidad

y a convertirnos en alguien, no sólo a nuestros propios ojos, sino a los ojos de aquellos con quienes vivimos y a quienes servimos.

Recuerdo haber entrevistado a un misionero en Japón al que su misión había asignado la tarea de plantar iglesias. El aspecto más difícil de su adaptación a la sociedad japonesa fue lidiar con su identidad personal. La razón por la que tuvo tantas dificultades fue porque el papel de plantador de iglesias no existía en la sociedad japonesa y cuando se identificaba ante los japoneses como plantador de iglesias, sólo recibía miradas vacías como respuesta. Como no tenía un trabajo que se pudiera reconocer, luchaba contra una crisis de identidad. Debido al horario de trabajo de los japoneses, le resultaba casi imposible entablar relaciones con hombres japoneses, lo que contribuía a su choque cultural y socavaba su sentido de propósito. Me contó que finalmente se unió a algunos clubes deportivos para encontrar una base con la cual entablar relaciones y desarrollar una identidad en esa sociedad con la que otros hombres japoneses pudieran relacionarse.

El desafío de desarrollar la identidad es especialmente grande para los estadounidenses porque basan gran parte de su identidad y valía en lo que hacen. Con demasiada frecuencia asumen que estar ocupados es mejor, que ser ricos es merecedor. Si están ocupados haciendo muchas cosas, esto comunica a las personas de su cultura de origen que deben ser importantes. Sin embargo, un valor más propio del Reino es centrarse en ser quienes somos en Cristo, no en hacer lo que hacemos. Desafortunadamente, en nuestra cultura estadounidense nos centramos mucho en hacer y muy poco en ser. Pero Dios nos llama a conformarnos a su imagen mediante la renovación de nuestra cosmovisión (Rom. 12:2), que tiene más que ver con el ser que con el hacer. Una de las paradojas del ministerio transcultural es que las agencias misioneras nos contratan por lo que hacemos, no por lo que somos. Pero si nos preocupamos menos por hacer y nos centramos más en ser, entonces nos resultará más natural hacer la voluntad de Dios y tendremos más que suficiente para mantenernos ocupados y realizados. Pero si nuestra identidad está demasiado ligada a lo que hacemos, entonces el choque cultural se convertirá en una enfermedad muy grave para nosotros.

2. El desafío de comunicarnos con efectividad. Otro factor importante que contribuye al choque cultural es nuestra incapacidad para comunicarnos de forma efectiva, tanto verbal como no verbalmente. Algunas personas están más dotadas que otras para aprender distintos idiomas y algunos idiomas son mucho más difíciles de aprender como lengua extranjera que otros. También sabemos que cuanto más joven es una persona, más fácil le resulta aprender una segunda, tercera e incluso cuarta lengua, pero cuando, como adultos, nos encontramos con otro idioma que suena como una cacofonía de sonidos mezclados, nos preguntamos si alguna vez seremos capaces de descifrar palabras y frases reales entre tanto ruido. Puede ser realmente aterrador y podemos empezar a dudar de si alguna vez seremos capaces de dar sentido a esta lengua, y mucho menos de hablarla con fluidez y comprenderla en profundidad. Somos seres sociales y el lenguaje es una de las principales formas de relacionarnos con las demás personas. Hiebert dice: "Desde nuestra más tierna infancia, hablamos, gesticulamos, escribimos y seguimos hablando, hasta que dejamos de ser conscientes de los procesos de comunicación en sí. Se han vuelto casi automáticos. De repente, como extraños en un mundo nuevo, nos vemos despojados de nuestro principal medio de interactuar con otras personas. Como los niños, nos cuesta decir incluso las cosas más sencillas y cometemos errores constantemente" (1985, 66).

El problema es que no somos niños, por lo que esto puede resultar muy inquietante para los adultos, sobre todo para los adultos altamente capacitados y especializados. Esto me ocurrió especialmente entre los misioneros estadounidenses que trabajaban en Corea. Muchos de ellos se quebrantaban y lloraban en sus clases de idiomas porque aprender el idioma era muy frustrante y pensaban que eran muy tontos. Volvían a sentirse niños, lo cual era muy desconcertante. Decían: "Me están despojando de lo que soy como hombre y me siento como un niño pequeño, un niño pequeño y tonto". El desafío es que somos como niños pequeños y vamos a tener que aceptar sentirnos como niños pequeños y no permitir que nos avergoncemos de parecer y actuar como tales. Aunque seamos adultos sofisticados y altamente capacitados, cuanto más adoptemos la actitud de asombro infantil, mejor podremos afrontar el choque que supone aprender una nueva lengua.

3. *El desafío de enfrentarse a valores y creencias diferentes.* Cuando entramos a servir en otra cultura y observamos la forma en que las personas viven e interactúan entre sí, no tardamos en darnos cuenta de que nos enfrentamos a valores y creencias muy diferentes de los nuestros. A veces son más bien menores y simplemente molestos, como una forma diferente de entender y utilizar el tiempo, por ejemplo que "las reuniones nunca empiezan a la hora" desde el punto de vista de un estadounidense. Otras veces, los valores y creencias son diametralmente opuestos a los nuestros y atentan contra nuestros valores y creencias más preciados. Como testigos transculturales que hemos venido a unirnos a la misión de Dios en esta sociedad, a menudo tenemos valores profundamente arraigados y fuertes creencias sin las que no podemos imaginarnos la vida. Cuando nos enfrentamos a valores y creencias tan diferentes, se crea una confusión evaluativa, que es una fuente importante de choque cultural. Hiebert señala: "En el plano de los valores, nos indigna lo que parece una falta de moralidad: la falta de vestimenta adecuada, la insensibilidad hacia los pobres y lo que para nosotros es obviamente robar, engañar y sobornar. Nos escandaliza aún más saber que las personas consideran *nuestro* comportamiento igual de inmoral"

(1985, 70). ¿Cómo es posible que a nosotros, testigos transculturales del evangelio, se nos acuse de inmorales? ¡Vaya confusión evaluativa! Vemos a las personas actuando "inmoralmente" y ellas a su vez nos ven actuando "inmoralmente".

Por ejemplo, cuando vivíamos en las Islas Salomón, descubrimos que nos consideraban menos morales porque no compartíamos nuestra comida. Los melanesios comparten su comida; hacerlo es un signo de equivalencia entre las personas. Cuando nos dimos cuenta y empezamos a compartir lo que teníamos, recibimos a cambio mucha más comida de la que podíamos comer. En muchas culturas, el intercambio de alimentos es uno de los símbolos más importantes para desarrollar y mantener las relaciones entre las personas. Comunica que somos seres humanos que caminamos juntos en esta peregrinación llamada vida.

Es fundamental que estemos al tanto de la manera en que nuestro comportamiento es percibido por los demás, porque si se percibe como inmoral, entonces vamos a tener problemas. En Filipinas, por ejemplo, sé de un misionero que fue percibido como inmoral porque hablaba con su perro. Lo acusaron de incesto. En la cosmovisión de los filipinos, hablar con tu perro es un acto antinatural, un acto no humano, porque los perros no hablan. El incesto también se percibe como un acto antinatural, una abominación de lo que significa ser humano. En las categorías cognitivas de estos filipinos, hablar con tu perro y el incesto son similares, por no decir iguales. Así que, aunque este misionero pensaba que sólo estaba teniendo una conversación con Fido, ¡adivinen qué tipo de efecto tuvo en su ministerio!

El desafío de interactuar con personas que tienen valores y creencias a veces radicalmente diferentes puede afectar nuestra vida cotidiana y crearnos un enorme estrés y ansiedad. Esto contribuye inicialmente al choque cultural y, con el tiempo, al estrés cultural hasta que aprendemos a "sentirnos como en casa" en esta cultura diferente.

4. El desafío de superar los malentendidos. El cuarto desafío al que nos enfrentamos y que contribuye al choque cultural son los frecuentes malentendidos entre nosotros y quienes son culturalmente diferentes a nosotros. Toda la información que aprendimos de niños y todos los conocimientos que traemos de nuestra cultura de origen no siempre funcionan en nuestro nuevo entorno, lo que a menudo provoca vergüenza y confusión. Del mismo modo, cuando entramos por primera vez en una cultura, no sabemos las cosas que necesitamos saber para actuar de manera aceptable. Por ejemplo, William Smalley escribe sobre su experiencia aprendiendo francés en Francia como parte de su preparación para ser misionero en lo que entonces se llamaba la Indochina francesa. Dice:

> Cuando fui por primera vez a París a estudiar francés, a mí y a muchos otros estadounidenses como yo nos resultaba difícil saber cuándo y dónde dar la mano.

Los franceses nos parecían estar dando la mano todo el tiempo y muy innecesariamente desde nuestro punto de vista. Nos sentíamos ridículos dándonos tanto la mano y nos pasábamos entre nosotros las historias que escuchábamos, como una sobre los niños franceses que daban la mano a sus padres antes de irse a la cama cada noche. Estas historias enfatizaban la "rareza" de dichas costumbres francesas. Esta pequeña e intrascendente diferencia de hábitos en el apretón de manos era suficiente para provocar malestar y, combinada con cientos de otras incertidumbres, supuso un choque cultural para muchos. (1963, 49)

Cuando entramos en otra cultura, a menudo "lo vemos todo" y no suponemos nada. Con el tiempo, a medida que nos adaptamos a la sociedad, ocurre lo contrario: "no vemos nada" porque todo nos resulta tan familiar que no nos llama la atención, pero también lo suponemos todo. Una suposición es la forma más baja de conocimiento. Uno de los factores que contribuyen a muchos malentendidos, incluso dentro de nuestra propia cultura, es hacer suposiciones que creemos ciertas y correctas, pero que en realidad son falsas e incorrectas.

5. El desafío de adaptarse a nuevas rutinas y patrones cotidianos de vida. En nuestra cultura de origen, las rutinas diarias no requieren mucho esfuerzo y no causan ansiedad. En la nueva cultura, parece que nuestra rutina diaria se ve interrumpida continuamente. Hiebert señala: "En nuestra cultura de origen llevamos a cabo con eficiencia tareas como hacer la compra, cocinar, realizar operaciones bancarias, lavar la ropa, enviar por correo, ir al dentista y comprar el árbol de Navidad, dejándonos tiempo para el trabajo y el ocio. En un nuevo entorno, incluso las tareas más sencillas requieren una gran cantidad de energía psíquica y más tiempo, mucho más tiempo" (1985, 67).

Cuando mi esposa, Laurie, y yo fuimos por primera vez a las Islas Salomón, no teníamos electricidad, pero sí agua corriente, ¡disponible tan pronto como pudiera acarrearla en dos recipientes desde el río! Recuerdo que después de unas tres o cuatro semanas de esta nueva rutina, empecé a quejarme: "Es que se necesita tanto tiempo para hacer todas estas cosas para sobrevivir". Por ejemplo, incluso la "simple" tarea de lavar la ropa en el río nos llevaba horas. La preparación de la comida era una tarea tan pesada que sólo hacíamos una comida al día, como los demás en el pueblo. Laurie respondió a mis quejas diciendo: "Cariño, a todos los demás del pueblo también les lleva este tiempo. Al fin y al cabo, ¿para qué estamos aquí?" Estábamos allí para vivir entre la gente y aprender de ellos, y la única forma de hacerlo era vivir como ellos, incluso tardando horas en lavar la ropa en el río. Tuve que bajar el ritmo y sincronizarme con las rutinas de la vida en la aldea, pero parecía que pasábamos muchísimo tiempo haciendo lo que normalmente se habría hecho rápida y fácilmente. Sin duda, tener que adaptarnos a una rutina diferente contribuyó a nuestro choque cultural.

Durante los primeros meses, si no el primer año, de ministerio transcultural, podemos sentirnos frustrados porque nuestras rutinas diarias han cambiado, a veces de forma incómoda. Cuando eso sucede, puede parecer que no nos queda tiempo para hacer el "verdadero trabajo" que vinimos a hacer. Todo es supervivencia y queda poco tiempo para el ministerio. A veces aumentamos la frustración de un cambio en nuestra rutina diaria porque intentamos reproducir en nuestro nuevo entorno el estilo de vida que teníamos en casa. Sé de una misionera norteamericana que se sintió muy frustrada porque no podía encontrar la misma salsa para espaguetis a la que estaba acostumbrada en su país. Ella prefería Ragú, pero en las tiendas sólo encontraba Prego. Me contó que se pasó prácticamente un día entero yendo de una tienda a otra en su nueva ciudad en busca de la salsa para espaguetis "adecuada".

6. *El desafío de enfrentarse a la "ineficiencia".* Los estadounidenses valoramos mucho la eficiencia. Fabricamos aparatos que ahorran trabajo y tiempo para ser más eficientes en nuestro trabajo y quehaceres diarios. A menudo evaluamos el éxito o el fracaso de una actividad en función del ROI (retorno de la inversión, por sus siglas en inglés). Calculamos, a veces inconscientemente, cuánto tiempo, dinero, recursos y energía se gastaron para lograr un objetivo. Esta preocupación por la eficiencia puede llevarnos a estar más orientados hacia las tareas que hacia las personas (Lingenfelter and Mayers 2016, 67–79). Esta inclinación por la eficiencia nos hace sentir frustrados cuando vivimos en otro país porque no podemos funcionar con la misma eficiencia con la que lo hacíamos "en casa", y muchas actividades nos llevan más tiempo y son emocionalmente agotadoras. Por otra parte, es fácil que nos volvamos muy críticos con la forma "ineficiente" en que algunas personas de nuestra sociedad de acogida realizan su trabajo y llevan su vida personal.

7. *El desafío de vivir en un entorno y un clima extraños.* Para los testigos transculturales que crecen en zonas más rurales, vivir en grandes ciudades extranjeras puede ser todo un desafío. Sin embargo, hoy en día el ministerio transcultural se desarrolla cada vez más en las megalópolis, a diferencia de lo que ocurría hace un par de generaciones, cuando la mayor parte del ministerio transcultural se centraba en complejos misioneros rurales. Recuerdo a una pareja mayor que acababa de mudarse a la zona metropolitana de Manila y que, durante su primer año, tuvieron que lidiar con el clima cálido y húmedo y el tráfico congestionado. En mi entrevista con ellos, comenté sobre la colorida bandera roja, azul y amarilla de Filipinas. La mujer respondió con una gran dosis de frustración en su voz: "El único color que veo en Manila es el gris hormigón". Estaba entrando en la segunda fase del choque cultural, expresando su hostilidad y desencanto con el entorno.

En mis investigaciones en muchas megaciudades asiáticas, como la metrópoli de Manila o Bangkok, una de las principales fuentes de frustración de los estadounidenses es el tráfico congestionado. Su rutina diaria está determinada principalmente por el tiempo que tardan en llegar de una parte a otra de la ciudad para realizar una tarea. Fue en Taiwán donde oí a un misionero estadounidense, frustrado por el tráfico congestionado, decir que "un semáforo es sólo una sugerencia".

RESUMEN DEL CAPÍTULO

Volvamos a la historia que abrió este capítulo. Durante casi veinte años, la misionera se había preguntado qué le había pasado en su primer año de universidad. No encajaba en la cultura estadounidense y el culto de la iglesia a la que asistía parecía muerto en comparación con el animado culto que había experimentado en el país donde creció como niña misionera. Sentía algo más que nostalgia. A medida que se deprimía más y más, a veces sentía que se estaba volviendo loca. Pero, por la gracia de Dios, sobrevivió a ese primer año y acabó aclimatándose a la vida universitaria estadounidense, aunque no del todo. No fue hasta ese día, cuando le expliqué la enfermedad ocupacional temporal llamada choque cultural, que comprendió lo que le había sucedido. ¿Cuántas personas más experimentan un choque cultural después de que se desvanece la emoción inicial de estar en un nuevo país? Después de considerar los factores que contribuyen al choque cultural, ahora estamos preparados para descubrir en el siguiente capítulo los síntomas y las etapas del choque cultural para que podamos identificarlos en nosotros mismos y en los demás.

10

Los síntomas y etapas del choque cultural

La suela del extranjero es estrecha. (El extranjero tiene una libertad de movimiento limitada y siempre es inestable. Además, su presencia deja una huella muy limitada).

Proverbio Lugbara, Uganda y Congo

"Tengo que admitirlo," me dijo un joven médico misionero, "que en los dos últimos años, desde que llegamos, no he experimentado ningún choque cultural. Parece que he estado en una luna de miel perpetua y me encanta estar aquí".

Me senté pacientemente mientras escuchaba con cierto escepticismo su historia sobre la manera en que había previsto enfrentarse al choque cultural, pero para su sorpresa no había experimentado ningún síntoma. Señaló que su vida nunca había sido mejor. Desde que llegó al Sudeste Asiático, se sentía más realizado y más cerca de Dios que nunca. Su esposa confirmó su historia, que hasta ahora, a diferencia del resto de la familia, parecía estar pasando por un momento excelente y evitando las minas terrestres del choque cultural. Lo felicité por su logro, le dije lo raro que era no tener ningún síntoma de choque cultural en los dos primeros años y que esperaba que pudiera mantener la fase de luna de miel durante mucho tiempo. Entonces ocurrió. Suspendió los exámenes de medicina que tenía que hacer en el idioma local. La "luna de miel" había terminado y se sumergió de lleno en el ciclo del choque cultural.

Los síntomas del choque cultural

¿Cómo saber si está sufriendo un choque cultural? ¿Cuáles son los síntomas de esta enfermedad ocupacional? A ese tema nos dedicamos ahora.

He aquí una lista de trece síntomas que se pueden experimentar:

1. Sentimientos de frustración, soledad, confusión, melancolía, irritabilidad, inseguridad e impotencia
2. Episodios inexplicables de llanto
3. Preocupación excesiva por el agua potable, la comida, los platos y la ropa de cama
4. Temor al contacto físico con la población local
5. Hipersensibilidad y reacción exagerada ante dificultades menores
6. Cambios en los hábitos alimentarios o pérdida de apetito
7. Cambios en los hábitos de sueño, insomnio o somnolencia intensa
8. Pérdida de humor
9. Fatiga y letargo
10. Depresión, que se manifiesta en forma de soledad, sensación de pérdida o impotencia, sensación de especial vulnerabilidad, falta de motivación para hacer cosas que antes disfrutaba, sensación de haber perdido el sentido de su identidad e incapacidad para completar tareas
11. Ansiedad expresada como preocupación por su salud; una sensación de temor; un miedo excesivo a ser engañado, estafado o robado; una preocupación desmesurada por la seguridad de la comida que le sirvan; una preocupación por la limpieza general; y dudas sobre su capacidad para desenvolverse en esta nueva experiencia
12. Sentirse enfermo, tener dolores y molestias, trastornos del sueño, reaparición de problemas de salud crónicos y sentirse "raro" sin explicación aparente
13. Dudas sobre uno mismo y cuestionamiento de su llamado

Paul Hiebert señala: "El verdadero problema del choque cultural es la distorsión psicológica que pasa desapercibida mientras pensamos que funcionamos con normalidad. Esto distorsiona nuestra percepción de la realidad y causa estragos en nuestro organismo" (1985, 71). De esta extensa lista de síntomas del choque cultural, nos enfocaremos en tres síntomas principales: el estrés creado por vivir en un contexto cultural diferente, la enfermedad física y la depresión psicológica y espiritual.

Inventario de estrés de Holmes-Rahel

Evento de vida	Puntos
1. Fallecimiento del cónyuge	100
2. Divorcio	73
3. Separación conyugal	65
4. Detención en la cárcel u otra institución	63
5. Fallecimiento de un familiar cercano	63
6. Lesiones o enfermedades graves	53
7. Matrimonio	50
8. Ser despedido del trabajo	47
9. Reconciliación matrimonial con la pareja	45
10. Jubilación laboral	45
11. Cambio importante en la salud o el comportamiento de un miembro de la familia	44
12. Embarazo	40
13. Dificultades sexuales	39
14. Incorporación de un nuevo miembro a la familia	39
15. Reajuste importante de asuntos personales	39
16. Cambio importante del estado financiero	38
17. Muerte de un amigo íntimo	37
18. Cambio de actividad laboral	36
19. Cambio importante en el número de discusiones con el cónyuge	35
20. Adquisición de una hipoteca	31
21. Ejecución de una hipoteca o préstamo	30
22. Cambio importante de responsabilidades en el trabajo	29
23. Hijo o hija que se va de casa	29
24. Problemas con los suegros	29
25. Logros personales destacados	28
26. Cónyuge que empieza o deja de trabajar fuera de casa	26
27. Comienzo o cese de la escolarización formal	26
28. Cambio importante en las condiciones de vida	25
29. Revisión de los hábitos personales	24
30. Problemas con el jefe	23
31. Modificación importante del horario o de las condiciones de trabajo	20
32. Cambio de residencia	20
33. Cambio a una nueva escuela	20
34. Cambio importante en el tipo y/o cantidad habitual de recreación	19
35. Cambio importante en la actividad eclesiástica	19
36. Cambio importante en las actividades sociales	18
37. Solicitud de un préstamo	17
38. Cambio importante en los hábitos de sueños	16
39. Cambio importante en el número de reuniones familiares	15
40. Cambio importante en los hábitos alimentarios	15
41. Vacaciones	13
42. Días festivos importantes	12
43. Infracciones leves a la ley	11

Fuente: Holmes y Masuda 1974, 52.

Estrés por vivir en un contexto cultural diferente

¿Cuánto estrés es demasiado estrés? Una cierta cantidad es saludable y necesaria. Todos los días hacemos cosas que nos generan estrés y seguimos haciéndolas porque la recompensa positiva es mayor que el estrés negativo que experimentamos. Abandonar nuestra cultura de origen y mudarnos a una cultura diferente crea estrés debido a todos los cambios que experimentamos: cambios en el idioma que utilizamos cada día, cambios en nuestras rutinas diarias y cambios en nuestra identidad y lugar en la sociedad. Cuánto estrés es demasiado estrés es diferente para cada uno de nosotros. Los psicólogos han centrado su atención en esta problemática del estrés creado por los cambios que experimentamos en la vida. Por ejemplo, el Instituto Americano del Estrés ha publicado en su página web el Inventario de Estrés de Holmes-Rahe, creado en 1967 por los psiquiatras Thomas Holmes y Richard Rahe. Holmes y Rahe examinaron los historiales médicos de más de cinco mil pacientes como una forma de determinar si los eventos estresantes podrían causar enfermedades. La escala se ha probado con otros grupos, así como transculturalmente. Su teoría afirma que varias experiencias en la vida crean estrés que puede permanecer con nosotros hasta un año o más después de que haya ocurrido la experiencia. Revisa los puntos de este inventario y presta atención a cualquiera de estos cambios de vida que se hayan producido en tu situación transcultural en el último año. A continuación, suma el total de puntos de estrés que hayas identificado.

¿Cuántos puntos de estrés tienes según el inventario? La relación entre el número total de puntos que tienes y tu salud es probablemente diferente en las distintas fases de tu vida. Aunque el estrés es difícil de medir, en un artículo titulado "Life Changes and Illness Susceptibility" (Cambios de vida y susceptibilidad a la enfermedad), Thomas Holmes y Minoru Masuda desarrollaron una escala aproximada para estimar el estrés creado por diversas experiencias que cambian la vida (1974). Holmes y Masuda descubrieron que el 33% de los que tenían 150 puntos o menos no eran propensos a enfermar gravemente en los dos años siguientes. El 50% de los que tenían 150 puntos o más tenían *probabilidades* de enfermar gravemente en los dos años siguientes, y el 80% de los que tenían 300 puntos o más tenían *probabilidades* de enfermar gravemente en los dos años siguientes (1974, 52). Ahora bien, según estas medidas, la mayoría de los misioneros deberían estar preocupados por su salud. No es raro que tengan más de 300 puntos.

Este estudio de Holmes y Masuda no tuvo en cuenta las diferencias transculturales, y creo que los que ejercemos el ministerio transcultural tenemos aún más probabilidades de experimentar un estrés debilitante en el primer o segundo año de servicio. Ya debería estar claro que el ministerio transcultural es una vocación muy estresante. En un artículo de James Spradley y Mark

Phillips titulado "Culture and Stress: A Quantitative Analysis" (Cultura y estrés: un análisis cuantitativo) (1972), los autores señalan que el aprendizaje de una segunda lengua es muy estresante y contribuye al choque cultural. Además, enumeran treinta y tres elementos de reajuste cultural que son relevantes para la propia experiencia en el ministerio transcultural y pueden contribuir al estrés:

1. El tipo de alimentos ingeridos
2. El tipo de ropa que se usa
3. La puntualidad de la mayoría de las personas
4. Las ideas sobre lo que ofende a las personas
5. El idioma que se habla (supóngase que tienes una habilidad limitada en ese idioma)
6. La ambición de las personas
7. La higiene personal de la mayoría de las personas
8. El ritmo de vida general
9. La cantidad de privacidad que tiene
10. Su estado financiero
11. El tipo de actividades recreativas y de tiempo libre
12. La manera en que los padres tratan a los hijos
13. El sentido de cercanía y obligación que se siente entre los miembros de la familia
14. La cantidad de contacto corporal, como tocarse o estar cerca
15. Los temas que no deben tratarse en una conversación normal
16. La cantidad de personas de tu misma raza
17. El grado de amistad e intimidad entre hombres y mujeres solteros
18. Lo libres e independientes que parecen ser las mujeres
19. Las prácticas de sueño (cantidad de tiempo, hora del día y arreglos para dormir)
20. Nivel de vida general
21. Ideas sobre la amistad: la forma en que las personas se sienten y actúan con los amigos
22. La cantidad de personas de tu fe religiosa
23. Cuán formales o informales son las personas
24. Tus propias oportunidades de contactos sociales
25. El grado en que los demás malinterpretan tus buenas intenciones
26. El número de personas que viven en la comunidad

27. Ideas sobre lo que es divertido
28. Ideas sobre lo que es triste
29. Cuánta amabilidad y hospitalidad expresan las personas
30. La cantidad de reserva que muestran las personas en sus relaciones con los demás
31. Prácticas alimentarias (cantidad de comida, hora de comer y formas de comer)
32. Tipos de transporte utilizados
33. La forma en que las personas cuidan las posesiones materiales (1972, 522)

Durante uno de mis años sabáticos, entrevisté a cientos de misioneros de primer y segundo período en Asia Oriental y les pregunté si habían experimentado algún comportamiento inusual o poco común durante el tiempo que atravesaron por el choque cultural. Muchos de ellos admitieron que habían tenido ataques de ira inexplicables. Muchas parejas hablaron de que había sido una época de estrés y conflicto en su matrimonio. Un misionero dijo que, durante el choque cultural, comenzó a hornear pan como una forma de aliviar el estrés. Amasar la masa era mejor que descargar sus frustraciones en su familia o en la gente local con la que vivía.

La enfermedad física

Otro síntoma del choque cultural es la enfermedad física. Recuerdo cuando mi esposa y yo, junto con nuestro hijo pequeño, fuimos por primera vez a las tierras altas de Papúa Nueva Guinea para servir como testigos transculturales en un instituto ecuménico de investigación. Parecía que al menos uno de nosotros en la familia se enfermaba casi todos los días durante los primeros seis meses o más. Nunca fueron enfermedades graves, pero sí molestas. Nos daban todo tipo de explicaciones locales para explicar por qué enfermábamos tan a menudo, pero creo que estábamos experimentando uno de los síntomas del choque cultural. Hiebert señala que una consecuencia habitual del estrés elevado son las enfermedades físicas, especialmente los dolores de cabeza crónicos, las úlceras, el dolor lumbar, la hipertensión, el infarto de miocardio y la fatiga crónica (1985, 72). Enfermarse en un entorno extranjero a menudo puede aumentar nuestra ansiedad y la ansiedad es un verdadero síntoma del choque cultural. Lo menciono aquí porque si no nos ocupamos de la ansiedad, ésta suele desembocar en enfermedades físicas. Kalervo Oberg, autor del estudio pionero sobre el choque cultural, ofrece la siguiente lista de síntomas de ansiedad:

1. Lavarse las manos en exceso
2. Preocupación excesiva por el agua potable, la comida, los platos y la ropa de cama
3. Temor al contacto físico con la población local
4. Esa mirada distraída y lejana en la que te pierdes en tu mente hacia el país del nunca jamás
5. Sentimientos de impotencia
6. Deseo de depender de personas de tu cultura de origen que llevan allí un tiempo
7. Ataques de ira por retrasos y otras frustraciones menores
8. Retrasos y negativa rotunda a aprender el idioma local
9. Gran preocupación por dolores menores y problemas de la piel
10. Temor excesivo a ser engañado, robado o herido
11. Nostalgia por lo familiar (1960, 178)

La depresión psicológica y espiritual

Cuando los misioneros experimentan una depresión psicológica y espiritual, suele ser el punto más bajo de su adaptación transcultural. La consecuencia más grave del estrés es la depresión que suele seguir a la sensación de fracaso. Las tensiones y presiones derivadas de la confusión y los problemas de vivir en una nueva cultura hacen que los misioneros sean buenos candidatos para la depresión. Es un problema grave que muchos testigos transculturales deben afrontar en los primeros años de su estancia en un lugar nuevo. A menudo agravamos el problema porque tenemos temor de compartir nuestros sentimientos de fracaso con otros misioneros o cristianos nacionales.

En mi papel de antropólogo e investigador de la adaptación transcultural, a menudo he actuado como pastor de misioneros. Esto se debe a que me he convertido en una persona ajena de confianza, alguien con quien se sienten libres para compartir sus problemas porque no formo parte de su organización misionera y no tienen que rendirme cuentas. Me han sorprendido las "cosas" que me han contado, pero necesitaban a alguien con quien hablar, alguien que fuera empático y pudiera entender sus luchas en su situación transcultural. Cuando experimentes un choque cultural en forma de depresión psicológica y espiritual, no dudes en buscar consejería y apoyo pastoral, preferiblemente de las personas entre las que vives y sirves.

Ahora bien, por si no fuera suficientemente malo que a menudo tengamos temor de compartir nuestros sentimientos de fracaso y parezca que no hay nadie que pueda ser nuestro pastor o consejero, muchos de nosotros nos vemos impulsados por expectativas poco realistas formadas a partir de la imagen pública de lo que es un misionero. Puede que la imagen pública esté cambiando un poco hoy en día porque los misioneros tienden a servir durante periodos mucho más cortos, pero cuando yo crecía, los misioneros eran percibidos como si estuvieran encaramados en el pináculo de la pirámide espiritual. Los pastores y laicos eran considerados menos espirituales que los verdaderos misioneros. También los hemos visto a menudo como "pioneros valientes que sufren grandes privaciones, santos santificados que nunca pecan, destacados predicadores, ganadores de almas, médicos u obreros personales que superan todos los obstáculos" (Hiebert 1985, 73). Este es el material de las biografías de misioneros. Ahora bien, aquí está el problema. Muchos de nosotros tenemos la idea de que cuando dejamos nuestro país de origen y volamos al extranjero y aterrizamos en otro lugar, de alguna manera nos convertiremos en esa persona, ese dechado de todas las virtudes misioneras. Pero cuando llegamos al nuevo lugar donde hemos venido para establecer nuestro hogar y comenzar nuestro ministerio, nos damos cuenta de que somos la misma persona que éramos cuando nos fuimos. Nos damos cuenta de que estamos muy lejos de nuestra imagen misionera idealizada, pero poco realista.

Cuando nos damos cuenta de que no somos misioneros sobrehumanos, sino personas corrientes y muy humanas, a menudo nos enfrentamos a la depresión, y a veces es muy grave. Hiebert señala: "Desafortunadamente, si pensamos que estamos fracasando, nos esforzamos más por mantener nuestra autoestima. Pero esto no hace sino multiplicar nuestros problemas, ya que el propio temor al fracaso mina nuestras energías. Derrotados, llegamos a la conclusión de que somos defectuosos e inaceptables para el servicio de Dios" (1985, 74). Y cuando eso empieza a suceder, estamos realmente en problemas.

Este problema de dejarse llevar por expectativas poco realistas en el ministerio transcultural pone de relieve la tensión entre nuestras expectativas y nuestro rendimiento. La figura 10.1 ilustra esta tensión.

Figura 10.1
Tensión entre expectativas y rendimiento

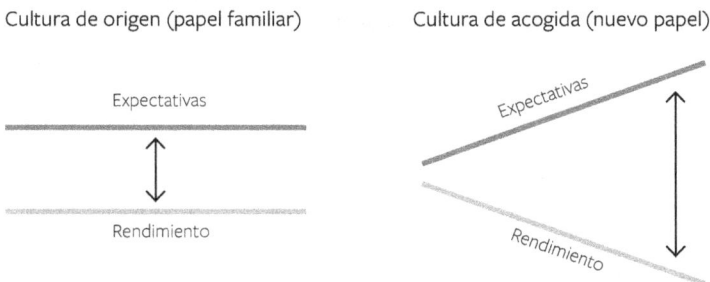

Cultura de origen (papel familiar)   Cultura de acogida (nuevo papel)

Expectativas   Expectativas

Rendimiento   Rendimiento

En nuestra cultura de origen, la mayoría de nosotros vivimos con cierta tensión entre nuestras expectativas de lo que queremos lograr y nuestro desempeño real. Parece que a menudo nos esforzamos por hacer todo a tiempo, o cuando terminamos una tarea, no es tan perfecta como nos gustaría. Me doy cuenta de que con frecuencia me atraso alrededor de un mes en terminar un trabajo escrito o prepararme para una capacitación o un evento de conferencias. La tensión que sentimos entre nuestras expectativas y nuestro desempeño no hace sino aumentar cuando vamos a otro país como testigos transculturales. A menudo, nuestras expectativas de lo que queremos lograr son mayores porque ahora somos "misioneros", esos dechados de virtud que pueden lograr prácticamente cualquier cosa. Pero, con frecuencia, nuestro desempeño disminuye drásticamente porque aún no hablamos el idioma con fluidez y no comprendemos los sutiles matices de la nueva cultura. Todos los problemas de comunicación transcultural no hacen sino exacerbar estas tensiones.

Recuerdo bien una conversación que tuve con un joven misionero en África que lamentaba el hecho de que, mientras había estado en el seminario en Estados Unidos, sentía que siempre estaba demasiado ocupado para dedicar tiempo al evangelismo personal. En su mente, justificaba que se estaba preparando para hacer cosas mayores, por lo que sus esfuerzos evangelísticos podían esperar hasta que fuera misionero en el extranjero. Ahora estaba en el extranjero y se sentía muy frustrado por la lentitud con la que aprendía el idioma y se relacionaba con las personas para poder realizar la labor evangelística que había venido a hacer. Ahora se preguntaba por qué había desperdiciado todos esos años en el seminario, posponiendo sus esfuerzos de evangelismo.

Las expectativas no cumplidas contribuyen a un mayor grado de choque cultural, lo que puede resultar muy desalentador. Al menos no podrás decir: "Nadie me dijo que sería así", porque te lo acabo de decir. Estas son algunas de las experiencias que muchos de ustedes tendrán. Algunos tendrán un caso grave de choque cultural, otros un ataque más leve de la enfermedad. Recuerdo a una mujer a la que entrevisté que dijo que su experiencia de choque cultural fue como caer en un agujero negro y que cada vez se hundía más. En medio de su desesperación, encontró los apuntes sobre choque cultural de la sesión de capacitación que impartí en su orientación como misionera antes de salir de los Estados Unidos. Releer esos apuntes le ayudó a comprender que era perfectamente normal y que no estaba tan loca como empezaba a imaginar.

Identificar los síntomas del choque cultural es un primer paso importante en el camino hacia la recuperación. Esto nos lleva al siguiente tema: las etapas del choque cultural por las que solemos pasar.

Las etapas del choque cultural

Si el choque cultural es una enfermedad ocupacional, como sugiere el antropó-logo Oberg, y si tiene causas definidas y síntomas visibles, entonces, como la mayoría de las enfermedades, pasa por etapas discernibles hasta que la persona recupera la salud y la plenitud.

Oberg identifica cuatro etapas en el proceso de atravesar un choque cultu-ral (1960, 178–79). La primera es una etapa de luna de miel, que puede durar desde unos pocos días o semanas hasta seis meses. La segunda etapa es un periodo de hostilidad y actitud agresiva hacia la sociedad de acogida; es el pe-riodo de crisis de la enfermedad. La tercera etapa es de ajuste, reorientación y recuperación gradual. La etapa final es un periodo de adaptación y aceptación. Basándose en el modelo de Oberg, Hiebert identifica las cuatro etapas del cho-que cultural como turística, desencanto, resolución y adaptación (1985, 74–77). Combinando estos dos modelos, he diseñado la figura 10.2, que enumera las cuatro etapas como turística y luna de miel, hostilidad y desencanto, resolución y determinación, y ajuste y adaptación. A continuación analizo estas etapas y señalo el tiempo que solemos pasar en cada una de ellas. Aunque este modelo no da cuenta del 100% de la experiencia de las personas, parece ajustarse a la mayoría de quienes padecen la enfermedad llamada choque cultural.

La figura 10.2 muestra que empezamos siendo personas monoculturales, que sólo conocemos nuestra propia cultura. Y, por supuesto, es discutible hasta qué punto conocemos nuestra propia cultura en el nivel más profundo de nuestra cosmovisión, porque quienes sólo conocen una cultura no cono-cen cultura alguna. El objetivo a largo plazo de la adaptación y el ministerio

Figura 10.2
Etapas del choque cultural

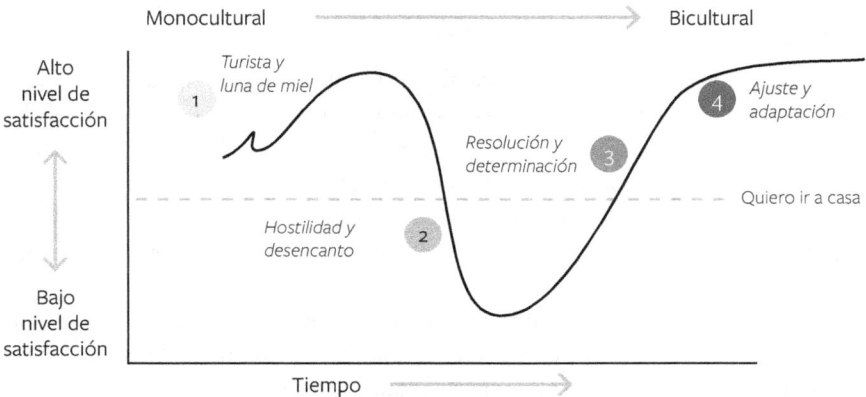

transculturales es convertirse en una persona bicultural, algo que trataré en profundidad en el capítulo 14. Pasar por todas las etapas del choque cultural nos pone en el camino hacia convertirnos en personas biculturales.

La figura muestra que entramos en otra cultura con un alto nivel de satisfacción, pero al poco tiempo la emoción y la fascinación de estar en una cultura diferente empiezan a desaparecer y nuestro nivel de satisfacción disminuye. Obsérvese el breve descenso de nuestro nivel de satisfacción poco después de entrar a la nueva cultura. Un candidato a misionero me sugirió que modificara el diagrama. Para él y su familia, ese breve bajón se produjo cuando pasaron por inmigración y aduanas después de un largo vuelo. Se sintieron momentáneamente temerosos y ansiosos, preguntándose si tendrían algún problema al pasar por inmigración y aduanas.

Nótese la línea de puntos que atraviesa la figura a medio camino entre un nivel alto de satisfacción y un nivel bajo. Llamo a esta línea "quiero volver a casa", porque cuando nuestro nivel de satisfacción disminuye y caemos por debajo de esa línea, preferimos estar en casa que intentando sobrevivir en nuestra nueva cultura.

Cuando pasamos por un choque cultural y nos sentimos destrozados y deprimidos, nos reconforta saber que somos seres humanos normales y que, con el tiempo, el trauma terminará. Lo que estamos experimentando es normal, no anormal. Sería una buena idea llevar un diario personal durante este tiempo para que luego puedas leer y entender lo que pasaste. Al reconocer que el choque cultural es normal, podemos convertirlo en una experiencia positiva que nos prepare para el ministerio futuro. Estoy convencido de que la forma en que nos adaptamos a la cultura en los dos primeros años influye en el resto de nuestro ministerio en ese lugar, y la forma en que respondemos al choque cultural moldeará a su vez esos dos primeros años.

Veamos ahora las cuatro etapas del choque cultural.

Etapa 1: Turística y luna de miel

A esta primera etapa la llamamos el periodo turístico y de luna de miel de la adaptación transcultural porque es una época maravillosa y emocionante. Es una etapa de fascinación por todo lo nuevo y extraño. Estamos emocionados de estar en un lugar nuevo y nuestros mensajes en las redes sociales y correos electrónicos a amigos y familiares así lo reflejan. A menudo hablamos de lo mucho que nos "encanta la gente" en esta etapa y solo vemos los aspectos positivos de esta nueva cultura.

Esta etapa turística puede durar desde unas pocas semanas hasta unos seis meses. Por supuesto, hay excepciones dramáticas a esta regla. Una misionera en Japón me contó que su etapa turística duró unos cuarenta y cinco minutos, desde el aeropuerto Narita hasta el centro de Tokio, y que a partir de ahí todo fue cuesta abajo. Una familia de Filipinas estaba ligeramente enfadada conmigo porque, según se quejaban, "nunca tuvimos una etapa turística y, Whiteman, tú nos prometiste una". La historia del misionero médico en el sudeste asiático que pasó dos años disfrutando de la etapa turística y de luna de miel demuestra claramente una excepción al patrón de adaptación.

Uno de los muchos problemas de los viajes misioneros de corto plazo, que duran entre una semana y diez días, es que los participantes rara vez abandonan la etapa de turistas. He conocido a personas que han realizado cinco o seis viajes misioneros de corto plazo y ahora se sienten expertos en la dinámica del ministerio transcultural. Desafortunadamente, nunca han salido de la etapa turística, siguen siendo monoculturales y aún no están en modo aprendizaje.

Para la mayoría de las personas, la etapa turística termina en unos dos o tres meses, y luego entran a la segunda etapa.

Etapa 2: Hostilidad y desencanto

La segunda etapa, que llamamos hostilidad y desencanto, es lo que la mayoría de la gente identifica como choque cultural. Durante este período, la fascinación por lo nuevo disminuye o desaparece por completo. Hiebert señala que esta etapa comienza "cuando establecemos nuestros propios hogares, nos responsabilizamos de nosotros mismos y empezamos a contribuir a la comunidad local. Es aquí donde surgen las frustraciones y las angustias. Tenemos problemas con el idioma, con las compras, con el transporte y con la ropa sucia. Nos preocupa la limpieza del agua potable, la comida y la ropa de cama, y tememos que nos engañen o nos roben. También nos sentimos solos. Los que nos acogieron tan calurosamente han vuelto a su trabajo y ahora parecen indiferentes a nuestros problemas. El resultado es el desencanto" (1985, 75).

La cultura extraña ya no resulta emocionante ni interesante, sino que se convierte en una molestia y una molestia en muchos sentidos. Parece que estamos perdiendo el control y podemos sentirnos inseguros y volvernos hostiles con facilidad. A menudo son las personas y el entorno locales los causantes de esta sensación de inquietud. Empezamos a quejarnos de las mismas personas a las que hemos venido a servir y deseamos poder escapar, aunque sea por un breve período de respiro. Desarrollamos estereotipos que caricaturizan negativamente la cultura anfitriona. Si somos de Estados Unidos, nos unimos a otros norteamericanos. Si somos de Corea del Sur, buscamos a otros coreanos y nos quejamos con ellos de la gente local. Puede que inconscientemente nos enfrasquemos en los aspectos negativos del choque cultural, pero quizá no nos demos cuenta de que eso es lo que nos está ocurriendo. A medida que nuestra satisfacción personal disminuye y caemos con frecuencia bajo la línea de "quiero volver a casa",

podemos empezar a cuestionarnos si tomamos la decisión correcta de trasladarnos aquí o si realmente escuchamos bien el llamado de Dios. De vez en cuando,
podemos tener algunos días buenos durante este período de crisis en el que nos
sentimos más en casa y menos como extranjeros en la nueva cultura, pero la
tendencia general es de creciente frustración, alienación, tensión y vergüenza.
Queremos volver a casa, pero por supuesto no podemos. Hemos invertido demasiado tiempo, dinero y oraciones como para darnos por vencidos. A menudo
se piensa que las únicas formas de volver a casa con honor como misionero son
a través de la jubilación, la muerte o la enfermedad, y algunas personas de hecho
se enferman durante esta etapa crítica del choque cultural y regresan a casa.

Esta etapa de la enfermedad suele durar de seis a doce meses para la mayoría
de las personas en casi todo el mundo. Sin embargo, en mi investigación en
Asia Oriental, descubrí que muchos misioneros tardaban mucho más en pasar
por todo el ciclo del choque cultural y, para muchos, la etapa de hostilidad y
desencanto duraba más de doce meses. Quizá la dificultad de los idiomas y el
carácter inescrutable de las culturas asiáticas dificulten más la adaptación de
algunos en comparación con un testigo transcultural que trabaje en América
Latina, por ejemplo.

Si se supera esta etapa de choque cultural, uno se queda y lo más probable
es que tenga un ministerio satisfactorio y fructífero. Si no, nos marcharemos
antes de tiempo y volveremos a casa antes de sufrir una crisis nerviosa.

Etapa 3: Resolución y determinación

Cuando empezamos a reír de nuevo, es una buena señal de que hemos
superado la transición y ahora estamos en camino a la recuperación. Incluso
mientras nos sentíamos mal, aprendíamos algunas palabras más del idioma.
Comenzamos a salir y a desplazarnos por nuestra cuenta, encontrando formas
de entender esta nueva cultura y este nuevo idioma. Los problemas continúan,
de eso no hay duda. Pero adoptamos una actitud de "sufrir sin quejarse". Decidimos perseverar, mantener el rumbo, en lugar de huir. Este es el momento
en el que los misioneros vuelven a sus vidas y a lo más profundo de su llamado
y recuerdan: "Dios me llamó aquí. El Espíritu Santo será mi consuelo y me
permitirá sobrevivir. Jesús prometió estar con nosotros. Dios no me trajo hasta
aquí sólo para abandonarme ahora". En esta tercera etapa, necesitamos algo que
nos permita decidir quedarnos, aprender y crecer en esta nueva cultura. Las
personas que no tienen un sentido de llamado o propósito generalmente no
resisten la tormenta transcultural, y empacan y regresan a casa prematuramente.

La anterior "etapa de crisis" del choque cultural es la que más atención recibe,
pero la forma en que respondemos en esta etapa de resolución y determinación

es igualmente importante. Hiebert señala: "La forma en que nos relacionamos con la gente y la cultura en esta etapa es especialmente crucial, porque las pautas de adaptación que formamos aquí tienden a quedarse con nosotros. Si desarrollamos actitudes positivas de aprecio y aceptación del pueblo anfitrión, habremos sentado las bases para aprender su cultura y volvernos uno con ellos" (1985, 76).

Volviendo a la figura 10.2, podemos ver que muchas personas tienen una experiencia en la parte inferior de la etapa 2 (hostilidad y desencanto) que les permite dejar de descender en espiral a medida que disminuye su nivel de satisfacción. Cuando esto sucede, pueden empezar a salir del pozo de la desesperación. La experiencia de punto de inflexión puede provenir de muchos acontecimientos diferentes. Puede que rompamos las barreras sociales, culturales y lingüísticas para descubrir a un buen amigo local al otro lado. Puede que un día nos sorprendamos al descubrir que somos capaces de predicar nuestro primer sermón en el idioma local. Puede que nos pidan que hagamos algo para lo que no nos sentimos preparados o mal equipados y descubramos que entendemos mejor de lo que pensábamos lo que ocurre en esa nueva cultura. Creo que Dios a menudo envía esas experiencias a nuestras vidas justo cuando estamos al final de nuestra cuerda psicológica y espiritual.

En esta tercera etapa de resolución y determinación, las críticas negativas a las personas empiezan a dar paso a las bromas sobre ellas y, antes de que nos demos cuenta, estamos haciendo bromas sobre nosotros mismos y nuestras propias dificultades (cf. Oberg 1960, 179). Siempre he creído que el humor es un buen índice de salud mental en la vida transcultural. Cuando vivíamos en Melanesia, mi esposa y yo acordamos que cuando dejáramos de reírnos, sería hora de volver a casa. Eso sería un indicio de que ya no hay gozo en nuestro trabajo y ministerio transcultural en el lugar donde estamos sirviendo. Desafortunadamente, he conocido a misioneros en todo el mundo que dejaron de reír hace años. Y lo cierto es que no son personas muy felices ni realizadas, y propagan su desdicha dondequiera que van, causando problemas con la población local, con otros misioneros, con su propia organización de envío y con sus cada vez menos numerosos patrocinadores. Así pues, utilicemos esta idea de la risa como guía o indicador de nuestra adaptación transcultural. ¿Todavía te ríes?

Durante esta tercera etapa de resolución y determinación, tendemos a sentirnos todavía superiores a las personas y a su cultura y probablemente nos aceche un toque de etnocentrismo. Nuestra identificación encarnacional con la población local aún no se ha producido ni ha dado muchos frutos, pero poco a poco vamos progresando. Estamos en camino de ser uno con la gente. Aún no lo hemos conseguido, porque todavía tenemos la sensación de que somos mejores que la población local entre la que vivimos y a la que servimos. Aún no hemos llegado al punto en el que descubrimos lo mucho que tenemos que aprender de ellos.

Además, lo que ocurre durante esta tercera etapa es que a menudo nos encontramos con recién llegados más nuevos que nosotros y descubrimos que ya no somos los "nuevos del barrio". Es genial enseñar a otra persona la manera de desenvolverse en la sociedad porque, de repente, descubrimos lo mucho que hemos aprendido desde que llegamos al lugar. La mejor manera de aprender algo es enseñárselo a los demás y esa máxima funciona en situaciones transculturales. Enseñar a un recién llegado a desenvolverse en la sociedad puede reforzar nuestra propia confianza y aumentar nuestra sensación de empezar a identificarnos con la gente y su cultura.

Esta etapa suele durar entre seis y doce meses. Lo bueno de esta etapa es que, a medida que pasa el tiempo, vivir en este lugar es cada vez mejor, no peor. Finalmente, progresamos y pasamos a la cuarta y última etapa de ajuste y adaptación.

Etapa 4: Ajuste y adaptación

Finalmente, si avanzamos por todo el ciclo del choque cultural, llegaremos a la cuarta y última etapa, la de ajuste y adaptación. ¿Cómo sabremos cuándo hemos llegado? Entramos en esta etapa cuando nos sentimos cómodos en la nueva cultura, cuando empezamos a sentirnos como en casa y sabemos que formamos parte de ella. Sentirnos cómodos y como en casa significa que por fin hemos superado el ciclo del choque cultural y estamos empezando a ajustar y adaptar nuestro estilo de vida a la nueva cultura. Sin embargo, que hayamos superado el ciclo del choque cultural no significa que ya no haya desafíos o dificultades por delante. La crisis del choque cultural evolucionará a menudo hacia la experiencia de estrés cultural, que es poco probable que desaparezca rápidamente. En consecuencia, el ajuste y la adaptación completos a una nueva cultura llevan mucho más tiempo que el ciclo promedio de dos años del choque cultural. Lamentablemente, algunas personas viven con estrés cultural todo el tiempo que dura su ministerio transcultural.

Ahora, en esta etapa de ajuste y adaptación, empezamos a aceptar las diferencias culturales como una forma más de vivir y percibir el mundo, algo así como una mentalidad de "para gustos hay colores". Adoptamos una actitud mucho más tolerante hacia los demás y sus diferencias culturales. La ansiedad de vivir en ese lugar desaparece, aunque sigue habiendo momentos de tensión. De hecho, la tensión sólo desaparecerá cuando hayamos comprendido todas las señales culturales, y eso rara vez ocurrirá en el primer o segundo año de ministerio transcultural. En muchas partes del mundo, puede que no ocurra en los primeros tres o cuatro años de servicio.

La etapa 4, de ajuste y adaptación, es la plataforma de lanzamiento para la identificación encarnacional completa y probablemente conducirá a muchos años de ministerio transcultural efectivo y gratificante. Ahora bien, con el ajuste y la adaptación completos, no sólo aceptamos la comida y la bebida y los hábitos y costumbres de las personas, sino que realmente empezamos a disfrutarlos, y los echamos de menos cuando volvemos a casa y dejamos esa cultura.

Young Yun Kim analiza la manera en que estamos diseñados y equipados como seres humanos para ajustarnos y adaptarnos a contextos culturales nuevos y diferentes. "Toda experiencia nueva, sobre todo la que es drástica y desorientadora que encuentran los extraños en un nuevo entorno, conduce a un nuevo aprendizaje y crecimiento. El carácter único de la mente humana, después de todo, es su plasticidad: la capacidad de afrontar desafíos y, al hacerlo, adquirir nuevos conocimientos y percepciones. Las situaciones de adaptación transcultural plantean desafíos profundos y globales a los extranjeros, ya que pronto se dan cuenta de que muchos de los supuestos y herramientas vitales que antes daban por sentados, como el idioma y las normas sociales, han dejado de ser relevantes o apropiados" (2001, 45–46). Puede darnos esperanza saber que, a pesar de la forma en que nos sintamos durante la etapa de hostilidad y desencanto, tenemos la capacidad de ajustarnos y adaptarnos. Algunos atraviesan esta etapa más fácilmente que otros, pero todos podemos aprender las técnicas de ajuste y adaptación transcultural.

Con esto concluimos nuestro análisis de las cuatro etapas del choque cultural, pero permítanme hacer algunos comentarios antes de que examinemos las curas para el choque cultural en el próximo capítulo. A menudo me preguntan si los niños pasan por las mismas etapas de choque cultural que los adultos. Sí, las pasan, pero como los niños suelen aprender más rápido el idioma local, comprender la cultura y quizás hacer amigos, suelen pasar por las etapas más rápidamente que los adultos, y con frecuencia no caen tan bajo en su nivel de satisfacción como sus padres. Es importante que seamos conscientes de que nuestros hijos experimentarán un choque cultural y debemos explicarles el proceso y las etapas por las que pasarán.

Puede que nos preguntemos si pasaremos por el choque cultural sólo una vez. Ojalá fuera así, pero no lo es. Si vuelves a casa para una asignación de un año y luego regresas a la sociedad de acogida para otro período, sin duda volverás a sufrir choque cultural. En ocasiones, los misioneros me han dicho que a veces la adaptación cultural en un segundo período es aún más difícil que en el primero. Cuando esto sucede, creo que es porque no estamos tan preparados emocional y espiritualmente para afrontar las diferencias transculturales porque ya hemos pasado por eso una vez. Desafortunadamente, esto nos da una falsa confianza y nuestra falta de preparación puede desencadenar el ciclo del choque cultural. Tendemos a pasar de nuevo por el choque cultural, pero normalmente superamos el ciclo más rápidamente y con menos depresión y desánimo.

Choque cultural inverso

Hay otro tipo de choque cultural del que las personas se olvidan de hablarnos. Se trata del choque cultural que se produce al volver a casa. Nos golpea de repente y nos sorprende sin aviso o desprevenidos. ¿Qué ha cambiado durante los años que hemos estado fuera de casa? ¡Todo! Ciertamente, nuestra cultura de origen ha cambiado. Los estilos de vestir han cambiado, nuestras relaciones han cambiado, las iglesias con las que nos hemos relacionado han cambiado y así sucesivamente. Pero quizá lo más importante es que nosotros hemos cambiado. Tenemos otro idioma en el que pensar, una cosmovisión más amplia, nuevas relaciones y, probablemente, un cambio en nuestros valores, ojalá hacia valores más propios del reino. Así que volvemos a casa como personas cambiadas a una cultura diferente de la que conocíamos antes y eso es una receta para el choque cultural.

Con frecuencia, cuando volvemos a casa, nos entusiasma compartir nuestra experiencia con amigos y familiares, pero a los cinco minutos de conversación están ansiosos por enseñarnos el nuevo sofá que compraron en rebajas el mes anterior o hablar de cualquier otro tema trivial. De hecho, no parece que les interese conocer nuestras experiencias ni las del resto del mundo. ¡Parecen tan provincianos, tan localistas y eso nos vuelve locos!

R. W. Brislin y H. VanBuren, en un interesante artículo titulado "Can They Go Home Again?" (¿Pueden volver a casa?) (1974), sugieren que las personas que han absorbido fácilmente el sistema de significados de la cultura de acogida tendrán mayores dificultades para reincorporarse a su cultura de origen. Además, sugieren que la preparación para volver a casa también afecta la experiencia de reincorporación, siendo los más preparados los que tienen menos dificultades. Así pues, nuestra recompensa por encarnarnos y adaptarnos bien a nuestra cultura de acogida es que, cuando volvamos a casa, nos sentiremos abatidos, al menos durante un tiempo. Si no nos hemos adaptado muy bien a nuestra cultura de acogida, probablemente volveremos a casa y nos integraremos en nuestra cultura de origen con bastante facilidad y sin demasiado trauma.

¿Qué causa este choque cultural inverso y por qué suele ser más grave que el que experimentamos cuando vamos a una nueva cultura por primera vez? Cuando volvemos a casa, comenzamos el mismo proceso de pasar por las cuatro etapas, empezando por una etapa inicial turística de emoción cuando bajamos del avión. Estamos contentos de estar en "casa" y nos sentimos ansiosos por contarles a nuestros amigos, familiares y patrocinadores sobre nuestra experiencia en el ministerio transcultural. Para algunos, la etapa turística de estar en casa puede durar bastante tiempo, pero para otros termina abruptamente cuando se encuentran con algún aspecto de su cultura de origen que ahora les parece repugnante. Para los norteamericanos, puede tratarse de nuestras tiendas de comestibles con su sobreabundancia de opciones. Pueden ser los cultos que, en comparación, parecen aburridos y muertos. Podría ocurrir al leer el periódico o ver las noticias de la noche en la televisión y ver tan poca cobertura internacional.

A la luz de este problema casi inevitable de choque cultural inverso, puede ser prudente reconsiderar la práctica misionera estándar de cuatro años en el ministerio transcultural y luego un año de asignación en el país de origen, o lo que solíamos llamar licencia. Si se va a volver a casa durante un año entero, será casi imposible permanecer en la etapa de turista todo el tiempo. Para muchas personas hoy en día, la asignación en el país de origen es un período muy corto, con frecuencia de tres meses o menos. La licencia de un año es producto del siglo XIX, cuando los misioneros viajaban en barco y el viaje podía durar varios meses. La ventaja de este patrón (visitas más frecuentes y breves a nuestra cultura de origen) sobre el antiguo (licencias de un año de duración) es que resulta menos perturbador para el trabajo si se abandona durante periodos más breves, y también reduce el riesgo de caer en la segunda fase del choque cultural durante el tiempo de regreso al país de origen. En otras palabras, es posible pasar toda la estancia en el país de origen en la fase de turista. Cuando vivía en África, una vez oí a un joven misionero decir: "¡Cuando sea mayor, quiero ser misionero de licencia!"

Por lo general, tardamos uno o dos años en superar el choque cultural inverso. Normalmente pasamos por todas las etapas hasta llegar a la adaptación, pero entonces solemos hacer un descubrimiento interesante y a veces inquietante. No somos capaces de adaptarnos completamente a nuestra cultura de origen. Hay aspectos que parecen no estar en sintonía con nuestros valores después de nuestra experiencia transcultural. Recuerdo cuando dejamos Papúa Nueva Guinea para regresar a los Estados Unidos, donde empecé a enseñar en la Escuela de Misión Mundial E. Stanley Jones del Seminario Teológico Asbury, en la pequeña ciudad universitaria de Wilmore, Kentucky. Pasé por todas las fases del choque cultural inverso en unos dos años, pero al final de ese periodo me di cuenta de que no pertenecía del todo a ningún lugar. Ya no era cien por ciento norteamericano, y no me había convertido en melanesio, africano o asiático, aunque viviéramos experiencias maravillosas en esos países. Esta experiencia transcultural en Melanesia me había dado un nuevo sentido de la identidad y ahora me veía más como ciudadano del mundo e hijo del reino de Dios que como metodista libre estadounidense. En otras palabras, mi patriotismo estadounidense y mi lealtad denominacional habían pasado a un segundo plano en favor de una comprensión más amplia y profunda de quién era yo como hijo de Dios en el mundo.

La buena noticia cuando experimentamos la dolorosa agonía del choque cultural es que, con el tiempo, esto también pasará y que somos seres humanos normales, no bichos raros incompetentes, como podríamos haber supuesto al principio. También existen algunas "curas" y estrategias que pueden acortar la duración del choque cultural y atenuar su gravedad. En el próximo capítulo hablaremos de cuatro cosas que podemos hacer para reducir el impacto negativo que el choque cultural puede tener en nosotros.

RESUMEN DEL CAPÍTULO

Los testigos transculturales experimentan el choque cultural cuando viven en un lugar distinto al de su país de origen. El problema es que a menudo les toma por sorpresa; se preguntan qué les está pasando y por qué se sienten tan deprimidos, irritables e incluso hostiles hacia las mismas personas a las que han venido a servir. Cuando reconocemos los síntomas del choque cultural y somos conscientes de las etapas que atravesamos para superarlo, estamos mejor preparados para afrontarlo y tomar medidas para superarlo.

En este capítulo he destacado tres síntomas principales del choque cultural: aumento del estrés, enfermedad física y depresión psicológica y espiritual. Estos síntomas están interrelacionados en nuestros cuerpos, pero me he enfocado considerablemente en el aumento del estrés cuando vivimos transculturalmente porque el estrés contribuye a la enfermedad física y a la depresión. En este capítulo se han incluido una serie de listas para que el lector pueda identificar cualquier síntoma que pueda estar experimentando como evidencia del choque cultural que haya podido sufrir en el pasado o que esté experimentando en el presente.

También mencioné las cuatro etapas por las que suele pasar una persona que sufre choque cultural a lo largo de un periodo de dos años. Cuando entramos por primera vez en una cultura distinta de la nuestra, es una fase emocionante y maravillosa, y al principio podemos sentirnos como turistas, asimilándolo todo y disfrutando de las nuevas vistas y sonidos, probando nuevas comidas y viviendo otras aventuras. Es una etapa maravillosa, pero suele durar sólo unas semanas o incluso unos meses. Y luego viene la segunda etapa, que es lo contrario de la primera. Ahora podemos desencantarnos de todo lo nuevo y caer en la depresión. Esta es la etapa que solemos identificar como "choque cultural" porque es un choque para nuestras mentes, espíritus y cuerpos. Esta etapa puede durar de seis a doce meses antes de que entremos en la tercera etapa de resolución y determinación. En la tercera etapa nuestra satisfacción con la vida en nuestra nueva cultura crece con el tiempo y se nos recuerda que vamos a ser capaces de sobrevivir porque Jesús prometió que estaría con nosotros. Empezamos a aprender más del idioma, a entender mejor los matices de la cultura, a desarrollar amistades locales y a adquirir cierta competencia cultural. A los testigos transculturales se nos recuerda que Dios nos ha llamado a este ministerio y que no nos abandonará. Esto nos ayuda a ser resilientes. Al cabo de un año más o menos, la mayoría de las personas pasan a la cuarta etapa de ajuste y adaptación. Empezamos a sentirnos como en casa y sabemos que formamos parte de este lugar. Adaptamos nuestro estilo de vida a uno que sea apropiado para nuestro nuevo contexto y, con el tiempo, nos volvemos biculturales y bilingües. Sabremos que hemos llegado a la cuarta fase cuando nos sintamos cómodos en la nueva cultura.

Finalmente, en este capítulo se ha tratado la importancia de conocer y aprender a responder al choque cultural inverso, que comienza cuando dejamos nuestra sociedad de acogida y volvemos a nuestra cultura de origen. Los que mejor se identifican y relacionan con su cultura de acogida suelen ser "recompensados" por tener más dificultades para readaptarse a su cultura de origen. Sin embargo, con el tiempo también podemos superar el choque cultural inverso, ya que a menudo tenemos síntomas similares y pasamos por etapas que experimentamos en nuestro episodio inicial de choque cultural en nuestra sociedad de acogida. La buena noticia sobre el choque cultural es que podemos superarlo. En el próximo capítulo analizaremos cómo hacer frente a la enfermedad ocupacional del choque cultural que experimentan los testigos transculturales.

11

Curas para el choque cultural

Permanecer sentado durante mucho tiempo dará oportunidad
de matar a la vaca salvaje. (La paciencia será recompensada).
Proverbio Builsa, Ghana

S i el choque cultural es una enfermedad ocupacional, como he argumentado, y si normalmente progresa a través de un ciclo de cuatro etapas bien
definidas pero a veces superpuestas, y si hay síntomas identificables que
uno puede tener, entonces seguramente debe haber algunas curas y formas de
gestionar el choque cultural que uno experimenta en situaciones transculturales. Kalervo Oberg, en la conclusión de su innovador artículo sobre el choque
cultural, dice: "Ahora se plantea la pregunta: '¿Qué se puede hacer para superar
el choque cultural lo antes posible?' La respuesta es conocer a las personas del
país de acogida" (1960, 182). A lo largo de este libro, me he guiado por el concepto de identificación encarnacional como forma de establecer conexión con
personas que son diferentes de nosotros. La identificación encarnacional no es
sólo un modelo bíblico sólido para el ministerio transcultural, sino también un
enfoque antropológico sólido para comprender y convivir con personas que
son diferentes a nosotros.

El antropólogo Michael Winkelman señala que "dado que el choque cultural
se deriva de la angustia de las experiencias de contacto intercultural, aquellas
capacidades que hacen que un individuo sea eficaz en la comunicación y adaptación intercultural también deberían reducir el choque cultural, especialmente
aquellos aspectos que reducen los aspectos primarios del choque cultural:
reacciones de estrés, problemas de comunicación, relaciones interpersonales

y sociales trastornadas" (1994, 125). La efectividad intercultural es necesaria para superar las dificultades del choque cultural. Esto incluye "la capacidad de afrontar el estrés psicológico, la capacidad de comunicarse efectivamente, la capacidad de establecer relaciones interpersonales, la capacidad de comprender y adaptarse a otra cultura, y la capacidad de tratar con sistemas sociales diferentes" (125).

Aunque no existe una fórmula matemática para determinar quién es más apto para tener efectividad intercultural, hay investigaciones que ayudan a hacernos una idea de la probabilidad de que una persona tenga éxito transculturalmente. Sonja Manz, en "Culture Shock—Causes, Consequences and Solutions: The International Experience" (Choque cultural—Causas, consecuencias y soluciones: La experiencia internacional), ofrece ocho dimensiones que sirven de base para evaluar la aptitud de una persona para la efectividad intercultural (2003, 6; Apfelthaler 1999, 111).

1. *Etnocentrismo* el ajuste se ve amenazado por la actitud hacia la cultura de origen y el rechazo de la cultura de acogida.

2. *Experiencia intercultural:* el proceso de ajuste parece ser más fácil para las personas que han pasado antes por el choque cultural y la adaptación.

3. *Flexibilidad cognitiva:* la apertura mental hacia actitudes, ideas y entornos extranjeros disminuye los efectos del choque cultural.

4. *Flexibilidad conductual:* la capacidad de cambiar el comportamiento propio es un factor positivo para la aculturación.

5. *Conocimientos interculturales generales:* una conciencia general de las diferencias culturales facilita el ajuste.

6. *Conocimientos interculturales específicos:* los conocimientos específicos sobre las características de una determinada cultura disminuyen el choque cultural.

7. *Comportamiento adecuado:* la capacidad de ajustar el comportamiento a la cultura de acogida facilita la adaptación.

8. *Habilidades interpersonales:* las habilidades de comunicación verbal y no verbal y la capacidad de reaccionar en consecuencia favorecen una adaptación eficiente.

Paul Hiebert sugiere cuatro formas principales de gestionar la experiencia del choque cultural y superar esta difícil enfermedad ocupacional (1985, 80–85). Son las siguientes:

1. Reconocer nuestras ansiedades
2. Aprender la nueva cultura
3. Crear confianza
4. Lidiar con el estrés

Analizaremos cada uno de estos puntos por separado.

Reconocer nuestras ansiedades

Necesitamos reconocer nuestras ansiedades, identificarlas y ponerles nombre. Es perfectamente normal que tengamos temor de las situaciones nuevas por la incertidumbre que conllevan. A la larga, sin embargo, el temor puede convertirse en ansiedad, y ahí es donde empiezan los problemas. Hiebert afirma que la ansiedad es un sentimiento de inquietud y temor ante algún peligro desconocido y vago (1985, 81). Es la ansiedad, y no el temor concreto, la parte más perjudicial del choque cultural, porque la ansiedad puede acabar provocando depresión. Si podemos identificar nuestras ansiedades, si podemos reconocerlas, entonces podremos afrontarlas. Descubriremos que hay tres cosas que suelen ser ciertas con respecto a estas ansiedades.

En primer lugar, muchas de nuestras ansiedades son infundadas. No hay ninguna base real para sentir ansiedad. Por ejemplo, los padres que se preparan para vivir en otro país pueden tener algunas preocupaciones legítimas sobre la salud, la educación y la seguridad de sus hijos, pero a veces sus preocupaciones evolucionan hacia una ansiedad infundada. Recuerdo que un misionero me contó que se sintieron angustiados después de que les dijeran que no había papel higiénico en Tanzania, así que llenaron su valija de papel higiénico. Imagínense su sorpresa cuando llegaron a Dar es Salaam y encontraron papel higiénico a la venta por todas partes. Tal vez no era su marca favorita, ¡pero había papel higiénico disponible!

En segundo lugar, cuando aprendemos a vivir en la nueva cultura y nos identificamos con la población local, muchas de nuestras ansiedades simplemente desaparecen. Por supuesto, esto lleva tiempo. Muchas de nuestras inquietudes se deben a la falta de conocimiento, por lo que hacemos suposiciones infundadas sobre el lugar en el que vamos a vivir. Recordemos que una suposición es la forma más baja de conocimiento. Cuando empecemos a aprender el idioma y a averiguar cómo sobrevivir en esta nueva cultura, muchas de las cosas que nos preocupaban desaparecerán y nuestra ansiedad se disipará.

En tercer lugar, cuando adaptemos nuestro estilo de vida a uno más adecuado al contexto, desaparecerán aún más ansiedades. Es asombroso la manera en que creamos tantas ansiedades innecesarias debido a la forma en que vivimos, las cosas que creemos que debemos tener, la casa en la que pensamos que tenemos que vivir, las escuelas a las que creemos que debemos enviar a nuestros hijos, y así sucesivamente. Conozco a un misionero que fue a uno de los países más pobres del hemisferio occidental. Se llevó consigo todas sus cosas: el reproductor de DVD, el televisor, el equipo de música, la computadora portátil, el microondas, el abrelatas eléctrico y otros aparatos electrónicos. Cuando llegó y descubrió la pobreza extrema que lo rodeaba, tuvo temor de que le robaran. Así que mantuvo su casa cerrada y no dejó entrar a los lugareños por miedo a que vieran todas sus cosas, se corriera la voz sobre lo que tenía y, antes de que se diera cuenta, le robaran. Al no vivir a un nivel apropiado para ese contexto cultural, creó una situación que aumentó su ansiedad. Estaba tan preocupado por proteger sus cosas que no estaba emocionalmente disponible para realizar un ministerio efectivo. Este es uno de los mayores problemas de llevar demasiadas posesiones al ministerio transcultural: acaban poseyéndonos. Nos preocupamos por proteger nuestras cosas, dedicamos mucho tiempo y energía a esa actividad y creamos mucha ansiedad innecesaria.

El simple hecho de saber qué es el choque cultural y las distintas etapas por las que pasaremos nos ayudará a saber que somos normales y nos permitirá afrontar nuestras ansiedades en lugar de ocultarlas. En última instancia, no podemos ocultar nuestras ansiedades porque se volverán contra nosotros en forma de enfermedad. Tenemos que elevarlas a un nivel de conciencia, hablar de ellas y afrontarlas. La consejería transcultural puede ser muy útil para ello.

Aprender la nueva cultura

Desde el principio de este libro, he enfatizado la importancia de aprender la nueva cultura para ser efectivos en el ministerio transcultural. Pero resulta que aprender la nueva cultura es también una cura muy útil para el choque cultural. Es importante distinguir entre aprender el idioma local y aprender la cultura. Muchas organizaciones misioneras se preocupan más por aprender el idioma que por aprender la cultura. La mayoría ni siquiera se toma en serio el aprendizaje de la cultura.

Creo que una de las razones por las que esto sucede es que, como testigos transculturales, creemos que tenemos un mensaje vital que comunicar, y por eso nuestro objetivo es aprender el idioma local con el fin de hacer llegar nuestro mensaje a las mentes y los corazones de nuestros oyentes. Desafortunadamente, pocas veces reconocemos la importancia de comprender también su cultura. Hasta que no comprendamos realmente su cultura, podremos dominar su idioma, pero seguiremos comunicándonos mal. Además de hablar su idioma con fluidez, debemos comprender a fondo su cultura si queremos ser lo más efectivos posible a la hora de comunicarnos. Aprender idiomas es vital, pero es sólo el primer paso.

Uno de los objetivos de este libro es fomentar una actitud positiva en quienes se preparan para el ministerio transcultural, de modo que, cuando lleguen a un lugar nuevo, sientan entusiasmo y anticipación por todo lo nuevo que aprenderán en lugar de temor a lo desconocido. Si nuestro temor es mayor que nuestro entusiasmo por aprender cosas nuevas en la cultura, entonces tenderemos a juntarnos con personas que son como nosotros. Se convertirán en nuestros amigos en lugar de las personas locales. No es raro tener mucho temor cuando entramos por primera vez en una nueva cultura porque tenemos poco conocimiento de lo que está sucediendo. Sin embargo, a medida que poco a poco vamos aprendiendo más y más, nuestros temores van disminuyendo y, en poco tiempo, estaremos familiarizados con la cultura. Cuando esto sucede, ganamos confianza, lo que libera más energía para involucrarnos más en la cultura. Con más participación, surge más confianza y se inicia un ciclo de refuerzo positivo.

Ahora bien, ¿cuál es la mejor manera de aprender el nuevo idioma y la nueva cultura? Antes de abandonar nuestra cultura de origen y llegar a la sociedad de acogida, es útil aprender lo que podamos a través de clases formales, leyendo libros y artículos sobre la cultura y la gente, y viendo vídeos. Sin embargo, la mejor manera de aprender es sumergirse y relacionarse con la población local de inmediato. Aprendimos nuestro primer idioma y cultura relacionándonos con las personas, y así es como aprenderemos un segundo idioma y cultura. Puede que esto no sea tan fácil de hacer como parece a primera vista, porque también es el momento en el que sufriremos el choque cultural y querremos alejarnos de la cultura en lugar de involucrarnos en ella.

Recuerdo a una misionera que estudiaba francés en Francia como preparación para servir en un país francófono. Después de tres meses estudiando francés, hablé con ella para ver cómo le iba. Tenía dificultades, sentía que no aprendía nada y estaba al borde del pánico. Le pedí que me explicara un período típico de veinticuatro horas y, a los pocos minutos de conversación, quedó claro cuál era el principal problema. Después de la escuela de idiomas, se retiraba a la seguridad y comodidad de su apartamento. No salía ni se relacionaba con franceses porque "era muy difícil". Le dije que tendría que romper ese patrón si quería aprender a hablar francés hasta el punto de pensar y soñar en francés, pero desafortunadamente no lo hizo.

Nunca olvidaré nuestros primeros días en el pueblo de Gnulahage en Santa Isabel, en las Islas Salomón. Como soy tan introvertido, me resultaba muy difícil entablar una conversación trivial. De hecho, es casi imposible. Además, cuando intentas entablar una conversación trivial en otra cultura y en un idioma que no entiendes bien, puede ser realmente estresante y un trabajo muy duro. Rápidamente tendía a regresar a mi zona de confort y a mi modo predecible de leer libros sobre los isleños de Salomón y los métodos de trabajo de campo en lugar de hacer realmente el trabajo de campo. Afortunadamente, mi esposa intervino. Me ayudó a ver lo que estaba haciendo y me animó (¿me obligó?) a salir de nuestra choza de paja y a empezar a hablar e interactuar con los aldeanos. Hacerlo fue realmente doloroso, pero poco a poco empecé a encontrarle sentido a la cultura y a aprender más de la lengua. A pesar de los años de formación y preparación para hacer trabajo de campo antropológico, seguía siendo una experiencia muy aterradora para mí. Pero, para mi alegría, mi involucramiento aumentó mi confianza, lo que liberó más energía para interactuar con los aldeanos. Con el tiempo, dejé de lado los libros y empecé a aprender directamente de las personas, lo que resultó ser una cura muy útil para superar mi choque cultural.

Crear confianza

Crear confianza es una tercera cura para el choque cultural. Hiebert señala que aprender la nueva cultura no es suficiente, por muy importante que sea. Podemos aprender la nueva cultura, pero las personas pueden seguir mirándonos con recelo (1985, 83). Marvin K. Mayers, en su libro *Christianity Confronts Culture*, escribe sobre la importancia de generar confianza en el ministerio transcultural. Habla de lo que llama la "PQT", la cuestión previa de confianza (*prior question of trust*, por sus siglas en inglés), que es absolutamente crucial para superar el choque cultural y desarrollar un ministerio transcultural efectivo (1974, 31–35). Creamos confianza siendo vulnerables, siendo coherentes, cumpliendo lo que prometemos. Una de las formas de generar confianza es confiar a otros nuestras cosas, nuestro dinero, nuestros hijos, nuestras vidas. Creo que casi todos los días se nos presentan oportunidades de generar confianza con la población local. A veces se nos presentan inesperadamente.

Una de esas oportunidades inesperadas se nos presentó un día, cuando vivíamos en el pueblo de Gnulahage, en las Islas Salomón. Nuestro vecino, que también era el catequista de la Iglesia Anglicana del pueblo, vino a vernos y nos dijo que a él y a su familia les gustaría llevar a nuestro hijo de casi tres años a una celebración de un día en la iglesia de un pueblo que estaba a dos horas a pie de distancia. Le preguntamos a nuestro hijo si quería ir y se mostró encantado. Así que nuestro vecino se lo cargó a la espalda y desapareció en la selva. Nuestro hijo se lo pasó como nunca aquel día, pero lo que no sabíamos es que la experiencia le ayudó a generar una confianza increíble. Al confiarles nuestro hijo a su cuidado, creamos una relación de confianza con ellos. Tres semanas después, tuvimos otra oportunidad de crear confianza. Nuestro hijo contrajo una candidiasis bucal grave, una infección por hongos que había contraído jugando con otros niños del pueblo. A medida que empeoraba, no podía comer ni beber nada y los aldeanos empezaron a preocuparse. Al cabo de unos días, unos hombres vinieron y nos dijeron: "Tenemos un remedio para esto. Es una medicina tradicional que hacemos combinando las hojas de tres plantas diferentes en una poción que cura siempre este problema. Nos gustaría prepararla y dársela a su hijo". Les respondí: "Gracias por preocuparse, pero creo que se pondrá bien". Al día siguiente empeoraba, pero yo seguía reacio a confiar en su "medicina". Me lo ofrecieron por segunda vez, pero me negué cortésmente. Cuando me ofrecieron ayuda por tercera vez, me di cuenta de que el Señor estaba tratando de enseñarnos algo acerca de confiar en estos aldeanos, así que acepté su medicina. Se adentraron en la selva en busca de plantas medicinales para preparar la medicina. Volvieron varias horas después con el brebaje envuelto en un paño. Exprimieron el líquido del paño en una cuchara y le dieron a nuestro hijo una cucharada, luego otra y finalmente una tercera. Pregunté: "¿Por qué le dan tres cucharadas?" Me respondieron: "Ah, ¿no lo sabes? Una para el Padre, otra para el Hijo y otra para el Espíritu Santo".

Al final, nuestro hijo estaba tan enfermo y débil que ni siquiera tres cucharadas de su medicina tradicional en nombre de la Trinidad bastaron para combatir la candidiasis, y fue necesario recurrir a la medicina moderna de una clínica situada a dos horas a pie. Pero ¿saben lo que esa experiencia supuso para mi esposa y para mí en relación con la comunidad de aquel pueblo? Creó confianza como ninguna otra cosa podría haberlo hecho. Estoy convencido de que Dios puso eso en nuestro camino para poner a prueba nuestra fe, crear confianza y profundizar nuestra relación con la comunidad.

Lidiar con el estrés

La experiencia del choque cultural nos crea un estrés enorme, por lo que una de las curas y formas de adaptación consiste en reconocer que estamos bajo estrés y proceder a tratarlo adecuadamente. No podemos ignorarlo porque, si lo hacemos, lo más probable es que nos enferme, tanto física como emocionalmente. Wayne Dye (1974) ha escrito un útil artículo en el que descubre los factores que producen estrés en el ministerio transcultural y sugiere una forma de afrontarlo. Su fórmula muestra estos factores y cómo reducir el estrés resultante (véase la fig. 11.1).

Dye analiza cómo los factores que se encuentran por encima de la línea aumentarán el estrés que experimentamos en la vida transcultural. Son: el involucrarse, la diferencia de valores, la frustración y la diferencia de temperamento. Los factores que se encuentran por debajo de la línea reducen

Figura 11.1
Factores que aumentan y disminuyen el estrés

Involucrarse	X	Diferencia de valores	X	Frustración	X	Diferencia de temperamento			
							X Factores desconocidos	=	Cantidad de estrés cultural
Aceptación	X	Comunicación	X	Seguridad emocional	X	Recursos espirituales internos			

Dye 1974, 62. Diseñado por BPG.

la cantidad de estrés que experimentamos. Aunque esta fórmula carece de precisión matemática, no deja de ser una guía útil para que descubramos aquellas cosas que están *aumentando* nuestro estrés y desarrollemos formas de *reducirlo* mediante la aceptación, la comunicación, la seguridad emocional y los recursos espirituales internos. Analizaremos brevemente cada uno de los factores de esta fórmula.

Factores que aumentan el estrés

Involucrarse. A veces, involucrarse con las personas puede ser estresante, pero hacerlo con personas de otra cultura, sobre todo cuando no entendemos bien su lengua y su cultura, es aún más estresante. Como reacción al estrés, es fácil retraerse y evitar interactuar con la población local. Esta puede ser la razón principal de la creación de lo que Charles Taber llama "guetos misioneros" (1971). Queremos estar con personas como nosotros y alejarnos de los que son cultural y religiosamente diferentes. Sin embargo, si vivimos en otra cultura y nuestro objetivo como testigos transculturales es vivir y proclamar el evangelio, no nos queda otra opción que involucrarnos con las *personas.* Tom and Betty Brewster han escrito un artículo muy útil que subraya la importancia de involucrarse con las personas y su cultura y que ofrece sugerencias prácticas sobre la manera de proceder en el aprendizaje de una cultura diferente a la nuestra (1972).

Diferencia de valores. A medida que aumenta la diferencia de valores entre nuestra propia cultura y la nueva cultura en la que estamos, aumenta también el estrés que experimentamos. No me refiero aquí a los valores bíblicos centrales que pueden chocar con valores que no son bíblicos. Las diferencias de valores que nos causan más dificultades son los valores culturales, como la limpieza, el sentido de la responsabilidad, el uso del tiempo y la comprensión de la privacidad.

Una fuente excelente para descubrir los valores propios en relación con los de culturas diferentes es el libro de Sherwood Lingenfelter y Marvin Mayers, *Ministering Cross-Culturally: A Model for Effective Personal Relationships*

(2016). Analizan el contraste de seis pares de valores: orientación hacia el tiempo versus orientación hacia los acontecimientos, orientación hacia las tareas versus orientación hacia las personas, pensamiento dicotómico versus pensamiento holístico, enfoque en el estatus versus enfoque en el logro, orientación hacia la crisis versus orientación hacia lo que no es crisis, y ocultamiento de la vulnerabilidad versus disposición a exponer la vulnerabilidad. En el apéndice, los autores han desarrollado un cuestionario de valores básicos de cuarenta y ocho preguntas que permite a una persona ver gráficamente cuál es su posición en estas seis orientaciones de valores diferentes.

Las diferencias de valores entre culturas pueden ser engañosas y tomarnos por sorpresa. Por ejemplo, culturas similares en apariencia, como las de Estados Unidos y Australia, pueden tener valores subyacentes muy diferentes. Así que nos sumergimos en una cultura exteriormente similar esperando que los valores subyacentes sean los mismos, pero no lo son. Si un valor, como la puntualidad, la limpieza personal o la privacidad, está fuertemente arraigado en nuestra propia cultura, pero no lo está tanto en otra, nuestra adaptación será más difícil y contribuirá al choque cultural.

Frustración. Podemos experimentar frustración cultural porque no conocemos las reglas del juego, frustración personal con los demás y la frustración de adaptarnos y ajustarnos a un estilo de vida diferente al nuestro. Podemos frustrarnos fácilmente cuando llegamos a un nuevo lugar de ministerio con agendas claramente planificadas y objetivos generalmente poco realistas. Las interrupciones en nuestro trabajo son normales y los malentendidos ocurren, pero frustran nuestros intentos de alcanzar nuestros objetivos. Muchas frustraciones las provocamos nosotros mismos porque nuestro estilo de vida no es apropiado para el contexto en el que vivimos y trabajamos. Otras frustraciones son propias del ministerio transcultural. Desafortunadamente, cuanto más frustrados nos sentimos, más probable es que desarrollemos actitudes negativas hacia la cultura de acogida y su gente. Esto hace que nos resistamos a aprender y adaptarnos a la cultura. En consecuencia, podemos caer fácilmente en un círculo vicioso de frustración con la cultura y su gente.

Diferencia de temperamento. Las personas con diferentes temperamentos, como el tipo A o el tipo B, y diferentes perfiles de personalidad, como los dieciséis tipos de Myers-Briggs, responderán de forma diferente a la misma situación transcultural. Cuanto mayor sea la diferencia entre nuestra personalidad y la personalidad básica encontrada en la comunidad de acogida, más difícil será nuestra adaptación transcultural, lo que se suma a nuestro estrés cultural.

Pasemos ahora a cuatro factores que pueden reducir el estrés en el ministerio transcultural.

Factores que disminuyen el estrés

Aceptación. Si podemos aceptar la cultura de nuestros anfitriones como una forma de vida válida, entonces el estrés disminuye. Si, por el contrario, creemos que las personas no pueden convertirse en seguidores de Jesús dentro de su propia cultura, entonces probablemente no nos adaptaremos a ella y nuestro estrés no disminuirá. Como se señaló anteriormente, involucrarse en una cultura aumenta el estrés, pero si aceptamos esa cultura como válida y a las personas en ella como valiosas, entonces el estrés se reducirá. La aceptación tiene una dimensión cognitiva (o intelectual) y otra afectiva (o emocional). La aceptación intelectual implica considerar que otras costumbres y valores son tan válidos en su contexto como lo son en el nuestro. Esto requiere una buena dosis de relativismo cultural. Este tipo de comprensión puede enseñarse y es un área en la que la antropología cultural puede ayudar significativamente. El componente afectivo (o emocional) de la aceptación es mucho más difícil de cambiar. A muchos nos resulta más fácil aceptar a los demás en la mente que en el corazón. Sabemos lo que se siente cuando las personas nos aceptan cognitivamente pero no emocionalmente.

Comunicación. Si una diferencia de valores aumenta el estrés cultural, la comunicación es una buena forma de reducirlo. La comunicación ayuda a enfocar las diferencias de valores de forma consciente, de modo que podamos analizarlas y ajustar nuestra forma de pensar y nuestro comportamiento para hacerles frente. Las personas también citan con frecuencia el aislamiento como causa de estrés, pero al indagar más a menudo se descubre que no están aisladas de todas las personas. Suelen tener contacto diario con muchas de ellas. Sin embargo, pueden estar aisladas de aquellas personas con las que pueden relajarse y ser ellas mismas, con quienes comparten un idioma, valores e intereses que les permiten comunicarse realmente. Dye habla de un expatriado en Papúa Nueva Guinea que le dijo a un visitante: "Sea usted bienvenido, ya que es el primer ser humano con el que hablo desde hace meses" (1974, 67). Esta persona daba clases cada día a docenas de estudiantes nacionales y vivía a menos de un kilómetro y medio de otros diez occidentales con un trasfondo religioso y cultural diferente al suyo, pero emocionalmente ninguno de ellos era un "ser humano" para él. Sin comunicación, la sensación de aislamiento puede llegar a ser casi insoportable. Además de aliviar el aislamiento, la comunicación con nuestros anfitriones reduce el estrés, al fomentar la comprensión mutua entre nosotros, lo que ayuda a la aceptación y minimiza la frustración.

Seguridad emocional. Un atributo personal importante, si no crucial, para adaptarse a las diferencias culturales es un sano concepto de uno mismo. Con él y la seguridad emocional que lo acompaña, somos libres para explorar, asumir riesgos, aventurarnos en la nueva cultura y aprender un nuevo idioma. Cuanto mayor sea nuestra seguridad emocional, más fácilmente manejaremos las inevitables frustraciones de vivir en otra cultura, lo que a su vez reducirá nuestro estrés. La mayoría de nosotros adquirimos la imagen que tenemos de nosotros mismos de nuestra ocupación: lo que hacemos, no el tipo de personas que somos. Pero esta es una base inadecuada sobre la cual construir un sentido de quiénes somos. La buena noticia es que, como seguidores de Jesús, nuestra seguridad emocional descansa en nuestra identidad como hijos de Dios creados a imagen de Dios.

Recursos espirituales internos. El poder de Cristo y de su Espíritu es un factor importante para reducir el estrés. Así nos lo recuerda 2 Pedro 1:3: "Dios, por su poder, nos ha concedido todo lo que necesitamos para la vida y la devoción" (DHH); y Filipenses 4:13 dice: "A todo puedo hacerle frente, gracias a Cristo que me fortalece" (DHH). Los recursos espirituales no cambiarán nuestra personalidad y temperamento, pero nos ayudarán a manejar mejor el estrés que surge de las diferencias de temperamento entre nosotros y aquellos con quienes vivimos y ejercemos nuestro ministerio.

La fórmula de Dye para evaluar la cantidad de estrés cultural que podemos experimentar en el ministerio transcultural es una herramienta muy útil que podemos utilizar para la reflexión personal. Afrontar el estrés es una "cura" clave para el choque cultural.

Reflexiones finales sobre el choque cultural

Cuando hablamos del choque cultural como uno de los factores inevitables del ministerio transcultural, casi siempre lo hacemos en términos negativos; y hay buenas razones para ello, como hemos visto al examinar las etapas y los síntomas del choque cultural. Puede ser doloroso emocional e incluso físicamente, y a veces nos deja perplejos y confusos. Sin embargo, creo que el choque cultural también puede ser una experiencia positiva para los testigos transculturales. ¿Cómo es posible? Por un lado, nos recuerda que dependemos totalmente de Dios. La experiencia también fortalece nuestra resiliencia para afrontar tiempos difíciles y desafiantes en el futuro. Yo he experimentado el choque cultural muchas veces, y cuando estoy pasando por ello, sé que llegaré al final de la experiencia más fuerte y mejor preparado para el ministerio futuro.

La figura 11.2 recoge muchos de los elementos que hemos tratado en esta sección sobre el choque cultural. La he utilizado a menudo en mi enseñanza y capacitación de testigos transculturales.

Como observamos en el capítulo 2, somos producto de la cultura en la que nos hemos criado. Por eso, cuando entramos en otra cultura, llevamos con

Figura 11.2
Cruzando las fronteras culturales

Una persona crece pareciéndose mucho al entorno cultural en el que se ha criado. Si tu entorno cultural es "cuadrado", como el mío, resultas ser cuadrado. Si es "redondo," eres redondo.

Cuando dejas la seguridad de tu propia cultura y entras en otra, no dejas atrás tu bagaje cultural. Te lo llevas contigo. Y puedes sentirte como la proverbial "clavija cuadrada en un agujero redondo".

Enfoque	Los hechos de la vida en el extranjero	Estrategias para salir adelante	Resultados

Apertura
Aceptación
Confianza

Temor
Sospecha
Prejuicio

DIFERENCIAS CULTURALES

Frustración
Confusión
Tensión
Vergüenza

OPCIONES

Observar
Escuchar
Preguntar

Criticar
Justificar
Retirarse

Buena relación y comprensión

Alienación y aislamiento

(*Inevitables*)   (*Respuestas*)

Pero puedes ajustarte; puedes encajar. Puedes adaptarte a esta nueva cultura. Algunos hacen la transición de manera efectiva y poco a poco se identifican cada vez más con las personas. Algunos no consiguen adaptarse (lo que significa que la gente tiene que adaptarse a ellos).

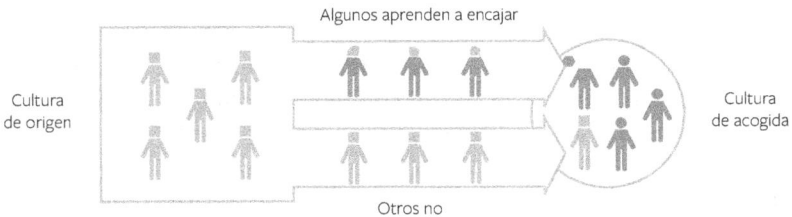

Algunos aprenden a encajar

Cultura de origen

Cultura de acogida

Otros no

Adaptado de D. Elmer 2002, 66, 72. Diseñado por BPG.

nosotros nuestro bagaje cultural. Ese bagaje incluye nuestro estilo de vida, identidad, valores, relaciones y rutinas, entre otros factores que nos dan una idea de quiénes somos y por qué estamos aquí.

La forma en que abordamos las diferencias culturales en la cultura a la que vamos y en la que vivimos es fundamental. Tengamos en cuenta que inevitablemente experimentaremos frustración, confusión, tensión y vergüenza simplemente porque la cultura es diferente de la nuestra. Sin embargo, si adoptamos el enfoque de la identificación encarnacional y nos relacionamos con las personas con una actitud de apertura, aceptación y confianza, entonces es más probable que optemos por observar, escuchar e indagar como estrategia para sobrellevar la situación. Todas ellas son buenas herramientas antropológicas para aprender de las personas que son diferentes a nosotros y relacionarnos con ellas. Y observemos los resultados probables: buenas relaciones y comprensión, exactamente el resultado que queremos para un ministerio transcultural efectivo. Con buenas relaciones y comprensión, nos adaptaremos a la cultura y superaremos el choque cultural mucho más rápidamente.

Desafortunadamente, debido a nuestro etnocentrismo (creer que nuestra cultura y forma de vida son mejores que las de los demás), con demasiada frecuencia abordamos las diferencias culturales con temor, recelo y prejuicios. Por supuesto, experimentamos frustración, confusión, tensión y vergüenza como hechos inevitables de la vida transcultural. Nuestras "estrategias para sobrellevar la situación" incluirán la crítica, la justificación y el retraimiento y, por supuesto, la elección de esas estrategias nos llevará a la alienación y al aislamiento de las mismas personas a las que hemos venido a servir. Qué desafortunado y, sin embargo, he observado y entrevistado a muchos misioneros que no fueron capaces de adaptarse a la cultura y su ministerio se vio afectado.

En mis muchos años de entrevistas e investigación sobre el ajuste transcultural de los misioneros, he descubierto que cuando se ponen en práctica estas curas para el choque cultural, permiten a las personas que lo experimentan atravesar el ciclo con mayor rapidez y facilidad. Esto, a su vez, sienta las bases para un mayor ajuste transcultural y para hacer frente al estrés cultural.

Cruzar culturas de forma efectiva con el evangelio requiere que nos ajustemos y adaptemos a la cultura y a las diferencias culturales dentro de nuestra sociedad de acogida. Basándome en el trabajo de Hiebert, quiero concluir este capítulo analizando la manera en que podemos adaptarnos a la cultura en la que vivimos y a la que servimos como testigos transculturales (1985, 76).

Una forma es vivir físicamente en la sociedad pero permanecer aislados cultural y socialmente. Si somos estadounidenses, una forma de "ajustarnos" es mantener las distancias, construir un gueto estadounidense y pasar la mayor parte del tiempo con otros estadounidenses. Las bases militares de Estados

Unidos en todo el mundo son prueba de ello. Uno puede pasarse veinte años en el ejército, moviéndose de una base a otra por todo el mundo y nunca salir de Estados Unidos cultural y socialmente. Incluso nos transportan de una base a otra en un avión o barco culturalmente "hermético" y nunca tenemos que lidiar con la cultura local, su gente y su idioma. No sólo los norteamericanos utilizan esta forma de adaptación transcultural. Lo he observado en coreanos y otros. Del mismo modo, los testigos transculturales pueden vivir en un complejo misionero y hacer incursiones periódicas en la cultura local para ejercer su ministerio. Aunque los complejos misioneros clásicos del siglo XIX y principios del XX ya no existen como antes, los misioneros todavía pueden crear complejos culturalmente equivalentes a través de las redes sociales, pasando horas "conviviendo" con otros que son como ellos. Eso, por supuesto, rara vez es efectivo. Todavía hay personas que defienden que se debería vivir en complejos misioneros separados de la población local, pero creo que la mayoría de esos argumentos son falaces. Si la organización misionera te ha asignado vivir en un complejo porque no hay otras viviendas baratas disponibles, aprovecha cualquier oportunidad que tengas para salir del complejo y adentrarte en la vida y los hogares de la población local y su cultura. Esta forma de "ajuste", mantenerse aislado de las personas, rara vez funciona bien, si es que funciona.

Una segunda forma de "ajuste" consiste en hacer todo lo contrario, rechazar nuestro pasado y lo que somos y volvernos nativos. A estas alturas, puede que estés pensando que esta es la forma de encarnarse. ¡Tengo que responder con un no rotundo! Raramente encontramos misioneros que intenten ser nativos, pero ocasionalmente algunos piensan que lo han hecho.

Quizá el mejor ejemplo sea el Dr. Charles Fox (1878-1977), un neozelandés que pasó setenta años en las Islas Salomón con la Misión Anglicana Melanesia. Fox era un misionero de misioneros, aprendió con fluidez varias lenguas melanesias, amaba a la gente y se identificaba con ella. Yo había leído todos los libros de Fox (1910, 1924, 1958, 1962) antes de conocerle en persona y entrevistarlo en Napier, Nueva Zelanda, en febrero de 1977, cuando tenía noventa y ocho años. Fox vivió otros seis meses después de nuestra entrevista. Cumplió noventa y nueve años el 1 de octubre de 1977 y murió veintiocho días después, el día de San Simón y San Judas. Fue un día propicio para que Charles Fox muriera, pues se celebraba la fundación de la Hermandad Melanesia, un ala evangelística y misionera de la Misión Melanesia. Fox fue el único europeo que se unió a la Hermandad Melanesia. Su cuerpo fue llevado de regreso a las Islas Salomón, donde mi esposa y yo tuvimos la fortuna de asistir a su funeral y entierro. En nuestra entrevista, Fox había tratado de convencerme de que se había convertido en salomonense, así que cuando llegué a las Islas Salomón, después de mi investigación de archivos en Nueva Zelanda, pregunté por el

Dr. Fox. Pregunté a los salomonenses en todos los lugares a los que fui: "¿Se convirtió el Dr. Fox en salomonense? ¿Se convirtió en uno de ustedes?" La gente a menudo sonreía y decía: "No, no lo hizo. Siempre siguió siendo un neozelandés que amaba las papas y el helado ingleses, pero se identificó más con nosotros que cualquier otro misionero europeo, y lo amamos por eso". Ahora bien, si Fox no pudo hacerse nativo después de setenta años de ministerio transcultural, ¿qué posibilidades hay de que podamos hacerlo después de solo siete años (la duración promedio de servicio de un misionero de carrera en 2022) o incluso después de diecisiete o veintisiete años?

Al final, este tipo de "ajuste" —intentar ser nativo— no funciona. Si intentamos negar quiénes somos, eso nos resta efectividad como personas externas y como puente hacia otra cultura para las personas entre las que vivimos y a las que servimos. Es obvio que intentar ser nativo no es la solución al desafío del ajuste transcultural.

Un tercer tipo de "ajuste" es la "compartimentación". La compartimentación significa que vivimos en mundos diferentes y los mantenemos separados en nuestra mente. El adagio "adonde fueres, haz lo que vieres" recoge esta idea. Pero la compartimentación es sólo una solución temporal y no conduce a la mejor solución, que es la cuarta forma de ajuste.

Una cuarta forma de ajuste es identificarse con la cultura y trabajar para lograr algún tipo de integración con la nuestra. Cuando esto ocurre, nos convertimos en biculturales, no en esquizofrénicos culturales. Trataremos en profundidad el proceso de convertirse en biculturales en el capítulo 14. Mientras tanto, la figura 11.2 nos recuerda que si nuestro objetivo como testigos transculturales es cruzar eficazmente las fronteras culturales con el evangelio, entonces debemos desarrollar una relación y un entendimiento con aquellos entre los que vivimos y servimos. Es más probable que esto ocurra si abordamos las diferencias culturales con apertura, aceptación y confianza. Que Dios nos ayude a hacerlo.

RESUMEN DEL CAPÍTULO

El antropólogo Kalervo Oberg nos recordaba al principio de este capítulo que la mejor manera de superar el choque cultural es llegar a conocer a las personas entre quienes vivimos. Así que he sugerido cuatro curas que nos ayudarán a superar los efectos debilitantes del choque cultural y a conocer a las personas entre las que vivimos: reconocer nuestras ansiedades, aprender la nueva cultura, crear confianza con la población local y afrontar el estrés en lugar de ignorarlo o intentar disimularlo. Sugerí que, aunque la experiencia del choque cultural suele ser desagradable, en última instancia puede convertirse en una experiencia positiva al recordarnos que dependemos totalmente de Dios. La experiencia del choque cultural también puede reforzar nuestra capacidad de resiliencia para afrontar tiempos difíciles o desafiantes en el futuro. Por último, hemos examinado brevemente cuatro maneras en que los testigos transculturales han intentado ajustarse a vivir en una cultura diferente, y hemos llegado a la conclusión de que sólo la identificación encarnacional con la cultura y su integración con la nuestra producirá una "cura" duradera para afrontar el choque cultural.

CONCLUSIÓN A LA PARTE 4

Uno de los principales desafíos a los que se enfrentan los testigos transculturales es el choque cultural, que inevitablemente afecta a todos los que entran en una cultura diferente a la suya. A lo largo de los años, he dedicado mucho tiempo y espacio a este tema en mis cursos de enseñanza y capacitación, porque es muy común y ha contribuido a que muchos testigos transculturales regresen a casa antes de lo que esperaban. Al investigar el ajuste transcultural de los misioneros, he descubierto que muchos no se daban cuenta de que era principalmente el choque cultural lo que causaba sus actitudes negativas hacia la sociedad de acogida y contribuía a su depresión psicológica y espiritual. A lo largo de los años he recibido muchas cartas y correos electrónicos de testigos transculturales que afirman que lo que aprendieron sobre el choque cultural y cómo superarlo les salvó de su primer período de servicio. Por lo tanto, me sentí obligado a dedicar un espacio considerable en este libro para hablar del choque cultural. Ahora estamos listos para pasar a la última parte de este libro y centrarnos en cómo podemos llegar a ser testigos transculturales más efectivos.

PARTE 5

Creciendo como comunicadores efectivos

12

Descubriendo las diferencias culturales

Lo pequeño, pequeño, atrapa la cola del mono. (Aborda algo paso a paso y lo conseguirás).

Proverbio Builsa, Ghana

Recuerdo bien aquel día. Volvíamos caminando de la clínica del centro administrativo de la isla de Santa Isabel. Era una caminata de dos horas por la selva hasta nuestro pueblo de Gnulahage en un día caluroso y húmedo, pero nadie tenía prisa. Teníamos el resto del día para volver a casa. Yo había acompañado a algunos aldeanos a la clínica porque uno de ellos estaba bastante enfermo. Mientras caminábamos, hablábamos.

Al escuchar su conversación, me di cuenta de que tenían tanto una interpretación médica como mágica de la causa de la enfermedad. Esto me sorprendió mucho, porque estos salomonenses habían sido cristianos anglicanos durante un par de generaciones, y yo supuse erróneamente que cualquier creencia o práctica de la magia había desaparecido, junto con la caza de cabezas, un par de generaciones antes. Así que me aventuré a preguntar: "¿practican rituales de magia para sanarse?" Les sorprendió mi pregunta tan directa. Más tarde me enteré de que era algo de lo que las personas nunca hablaban en la iglesia. Respondieron a mi pregunta formulando su propia pregunta: "¿crees en la magia?"

Sabía que mi respuesta a su pregunta era crucial. Si respondía: "Por supuesto que no. Eso no es más que una superstición tonta", entonces cerraría cualquier discusión posterior, y yo estaba allí para descubrir la forma en que el cristianismo funcionaba en la vida de su pueblo. Sabía que tenía que responder a su pregunta con la verdad, pero también tenía que hacerlo de una forma que les permitiera sentirse libres y seguros al revelarme su forma de entender el mundo sobrenatural. Respondí: "Creo que la magia es real, pero no la practico. Me gustaría entender y aprender más sobre la manera en que ustedes perciben y practican la magia". Entonces llegó la sorprendente réplica de uno de los aldeanos al declarar con una risa un poco nerviosa: "Si te gusta nuestra magia, entonces te va a gustar mucho nuestra experiencia de los espíritus ancestrales".

Ese breve intercambio caminando juntos de vuelta a su pueblo me abrió la puerta para aprender mucho más sobre su forma de entender el mundo espiritual y cómo su cristianismo anglicano se relacionaba con él. Tuve que crear un entorno seguro y acogedor y construir un puente de confianza por el que pudieran transitar mientras me revelaban más sobre su vida y su cultura. A menudo he dado gracias a Dios por haberme dado la actitud y las palabras adecuadas en aquel momento propicio. Aquel encuentro fue posible porque en mi formación como antropólogo había aprendido a descubrir las diferencias culturales, el tema de este capítulo.

A lo largo de este libro he sostenido que comprender las diferencias culturales es muy importante para determinar la forma en que nos relacionamos e interactuamos con las personas. A menudo son las diferencias culturales las que nos ponen la zancadilla y hacen que nuestro ministerio resulte inefectivo. Entonces, ¿cómo podemos descubrir estas diferencias culturales significativas y a veces sutiles? Para ello necesitamos aprender a escuchar bien, observar con precisión e indagar con perspicacia; hacer y registrar observaciones precisas; formular buenas preguntas; y extraer conclusiones precisas y confiables de lo que oímos y vemos.

En este capítulo, hablaremos del método de investigación antropológica llamado observación participante como una forma estupenda de conectarse con otras personas de culturas tan diferentes a la nuestra. Presentaremos la idea de hacer investigación etnográfica y convertirnos en buenos etnógrafos como parte del estilo de vida de los testigos transculturales. Esto implica hacer buenas preguntas y escuchar bien, observar y registrar, y escribir notas de campo. Por último, hablaremos de la importancia de adoptar la perspectiva y la postura de relativismo cultural necesarias para combatir nuestro etnocentrismo implícito, que puede impedirnos ver el mundo a través de los ojos de quienes son culturalmente diferentes a nosotros.

Un enfoque antropológico del ministerio transcultural nos proporciona algunas herramientas útiles para descubrir y analizar nuestra propia cultura y la cultura de los demás. Tenemos que entender nuestra propia cultura y cosmovisión y su impacto en la forma en que vemos a los demás, leemos e interpretamos las Escrituras y nos convertimos en seguidores de Jesús. Pero también necesitamos comprender la naturaleza de la cultura de los demás y la forma en que su ubicación social, su género, su situación económica y su historia les han llevado a ser quienes son.

Dado que los testigos transculturales en esta era de globalización y urbanización van de todas partes a todas partes, las culturas con las que se encuentran cambian siempre y a veces rápidamente. La misión ya no es sólo de Occidente hacia el resto del mundo. Kima Pachuau subraya esta realidad cuando observa: "Es intrigante observar que, más o menos en la misma época en que las misiones pasaron conceptualmente de ser una empresa 'extranjera' de las iglesias occidentales a la 'misión mundial' de la iglesia global en la década de 1960, los cristianos de África, Asia y América Latina comenzaron a participar activamente en nuevos esfuerzos misioneros" (2018, 150).

Espero fervientemente que este libro sea útil para preparar y animar a testigos transculturales de culturas de todo el mundo. Dado que la actividad misionera se desarrolla de un lugar a otro y que el contexto de la misión es a menudo cambiante, la preparación para el ministerio transcultural requiere algo más que la simple acumulación de conocimientos específicos sobre un pueblo y un lugar, que pueden no ser relevantes durante mucho tiempo. Por lo tanto, en lugar de adquirir una amplia gama de conocimientos, estaremos más adelantados si enseñamos a los testigos transculturales a descubrir y comprender las culturas locales, a sondear las profundidades de la religión local, a analizar la sociedad local y la interacción de las partes que la componen—ideología, economía y tecnología—y las relaciones sociales (tratadas anteriormente en el capítulo 3), y a descubrir su lugar dentro de ella como testigos transculturales.

El antropólogo Michael Rynkiewich sostiene que enseñar y capacitar a testigos transculturales en contenidos misionológicos es una preparación necesaria pero no suficiente (2020). Ninguna cantidad de contenido cultural e histórico aprendido a través de la capacitación formal puede preparar a los futuros misioneros para todos los desafíos inevitables que enfrentarán o el contexto cultural en constante cambio en el que servirán. Señala: "Si no puedo preparar a mis estudiantes para todas las eventualidades de la cultura en la que van a estar en misión, entonces puedo reducir el contenido y capacitar a la gente en habilidades analíticas críticas, tanto en etnografía como en análisis histórico. Es decir, enseñarles a investigar para que puedan resolverlo por sí mismos" (343).

El campo de la antropología nos proporciona una perspectiva única y holística de la humanidad y ha desarrollado métodos de investigación para explorar a los seres humanos en sus diversos contextos culturales. Comenzamos con el principal método utilizado en antropología para descubrir las diferencias culturales: la observación participante.

Observación participante

En los primeros días del desarrollo del campo de la antropología, entre mediados y finales del siglo XIX, los antropólogos recopilaban información principalmente de viajeros por todo el mundo, como exploradores, misioneros, administradores coloniales y otros que traían informes de pueblos y lugares exóticos. Estos teóricos sociales de "salón" no se dignaron a ir a vivir entre la gente que estudiaban. Sin embargo, esa actitud distante ante la investigación comenzó a cambiar cuando el antropólogo Bronislaw Malinowski fue a Nueva Guinea justo cuando estallaba la Primera Guerra Mundial en 1914. Dado que era polaco y no ciudadano británico, no podía regresar a Gran Bretaña, donde estaba obteniendo su doctorado (PhD) en antropología. Así que el gobierno australiano le permitió vivir varios años entre los isleños de Trobriand, en Melanesia, participando en su vida mientras observaba y recogía datos que darían lugar a una influyente etnografía titulada *Argonauts of the Western Pacific* (Argonautas del Pacífico Occidental), publicada en 1922. Inadvertidamente, Malinowski introdujo el concepto de observación participante como importante método de investigación, que implica una inmersión prolongada en una cultura y la participación en sus actividades cotidianas. En los Estados Unidos, Franz Boas, considerado el padre de la antropología académica en ese país, envió a sus estudiantes, como Margaret Mead y Alfred Kroeber, a vivir entre las personas que estudiaban.

El antropólogo Kenneth Guest señala: "La práctica de la observación participante a lo largo del tiempo conlleva la construcción de relaciones profundas con personas de otra cultura e involucra directamente al etnógrafo en la vida de la comunidad" (2018, 79). La observación participante nos permite empezar a ver y comprender el mundo desde el punto de vista de otra persona. Se trata de una metodología de investigación antropológica consolidada que resulta especialmente adecuada para los testigos transculturales, ya que les permite adentrarse en la vida de los demás y descubrir importantes diferencias transculturales. Howell y Paris subrayan la razón por la que se trata de un método tan importante para comprender las diferencias culturales: "La observación participante y sus métodos afines ponen de relieve hasta qué punto la antropología cultural se enfoca en casos a pequeña escala: villas, clubes, vecindarios, congregaciones, familias. El antropólogo recurre a muchos aspectos de la vida para crear una comprensión holística de la situación. Una comprensión holística asume que todas las partes de la vida humana—desde las prácticas de parto hasta la economía, la guerra o el arte—están interconectadas" (2019, 13).

El antropólogo Harry Wolcott, en su importante libro sobre la investigación etnográfica, señala que "la observación participante se basa en la experiencia de primera mano en acontecimientos que ocurren de forma natural. Hoy en día, ya no tenemos que pretender un nivel de objetividad que en su día estuvo de moda; basta con reconocer y revelar nuestra subjetividad lo mejor que podamos, para así maximizar el potencial del trabajo de campo como experiencia personal en lugar de negarlo" (2008, 49). La antropóloga Kathleen DeWalt y el antropólogo Billie DeWalt subrayan la naturalidad de la observación participante cuando señalan que "buena parte de lo que aprendemos sobre el terreno es tácito. El investigador absorbe gradualmente el panorama general y algunos de los detalles que conducen a una comprensión de la vida cotidiana de las personas, la estructura de los acontecimientos, la estructura social y las expectativas y valores" (2011, 80). La observación participante parece una forma ideal y natural de que los testigos transculturales descubran las diferencias culturales. Los antropólogos han identificado varios niveles de participación en una cultura, junto con las limitaciones correspondientes, para comprender las diferencias culturales. El rango va desde la no participación hasta la participación completa, como demuestra la tabla siguiente.

Observación participante

Tipo	Nivel de involucramiento	Limitaciones
No participación	El investigador no tiene contacto con la población o el campo de estudio.	El investigador es incapaz de establecer una buena relación o de hacer preguntas a medida que surge nueva información.
Participación pasiva	El investigador sólo desempeña el papel de espectador.	Esto limita la capacidad de establecer relaciones y sumergirse en el terreno.
Participación moderada	El investigador mantiene un equilibrio entre los papeles de "desde adentro" y "desde afuera".	Esto permite combinar la implicación con el distanciamiento necesario para mantener la objetividad.
Participación activa	El investigador se convierte en miembro del grupo al adoptar plenamente las habilidades y costumbres en aras de una comprensión completa.	Este método permite al investigador involucrarse más con la población. Existe el riesgo de volverse nativo, ya que el investigador se esfuerza por comprender en profundidad a la población estudiada.
Participación completa	El investigador está completamente integrado de antemano en la población objeto de estudio (es decir, ya es miembro de la población particular estudiada).	Existe el riesgo de perder todos los niveles de objetividad, con el consiguiente riesgo para lo que se analiza y se presenta al público.

¿Cuáles de estos niveles son los más apropiados para los testigos transculturales cuando intentan descubrir las diferencias transculturales entre las personas con las que viven y a las que sirven? Otra forma de plantear la pregunta es: ¿cuáles de estos niveles de participación son los más encarnacionales?

Howell y Paris captan bien lo que Laurie y yo experimentamos:

> Para los antropólogos cristianos, la observación participante puede ser una práctica espiritual. La investigación antropológica nunca es distante ni desapegada. Al igual que el ministerio de Jesús, la investigación antropológica implica estar cerca de la gente, hablar su lengua, comer su comida, participar en sus bodas y funerales, y preocuparse por sus inquietudes. En cierto sentido, Jesús podría describirse como Dios haciendo observación participante. En Jesús, Dios vino a vivir entre nosotros y a experimentar nuestras vidas como lo hacemos nosotros. Por supuesto, al igual que el antropólogo conserva elementos de su propia identidad distintiva, Jesús seguía siendo el Otro (divino), aunque compartiera plenamente nuestra humanidad. Aunque un antropólogo nunca se "encarna" de un contexto a otro, como Jesús, cualquiera puede acercarse en comprensión y amor al participar lo más plenamente posible en el mundo de otro. La vida y el ministerio de Jesús constituyen una maravillosa inspiración para los antropólogos que realizan trabajo de campo (2019, 24).

Convirtiéndonos en buenos etnógrafos

La observación participante es el principal método utilizado en el arte antropológico de escribir una etnografía, y la investigación etnográfica es indispensable para el ministerio transcultural. Algunas personas parecen estar naturalmente dotadas para la investigación etnográfica, pero es una habilidad que todos podemos aprender. Para ser testigos transculturales efectivos y descubrir las diferencias culturales, tenemos que convertirnos en buenos etnógrafos. Cuando funcionamos como etnógrafos, buscamos lo ordinario, lo habitual, lo normal y las rutinas cotidianas de las personas. Este enfoque contrasta significativamente con el entorno inusual, artificioso o antinatural de realizar encuestas, responder a cuestionarios y hacer experimentos. Los seres humanos se comportan de forma diferente cuando se manipula su entorno, así que, como etnógrafos, participamos en la vida ordinaria y cotidiana de las personas con las que vivimos y a las que servimos.

En su premiado libro *A Public Missiology: How Local Churches Witness to a Complex World,* el misionólogo Gregg Okesson dedica un capítulo entero a "Cómo estudiar las congregaciones" (2020, 147–77). Señala que un enfoque etnográfico para estudiar las congregaciones es especialmente adecuado para comprender la teología implícita de los feligreses utilizada en la vida cotidiana.

La teología explícita es la teología sistemática, que trata de las doctrinas de la creación, el pecado, la elección, la redención y la escatología, y está codificada en credos y declaraciones de fe. Es lo que aprendemos en el seminario y en el instituto bíblico. Los testigos transculturales también necesitan comprender la manera en que las personas de su sociedad anfitriona viven su teología. La mejor manera de descubrirlo es a través de la investigación etnográfica—viviendo con la gente—y no a partir de libros y conferencias. Okesson afirma: "El objetivo fundamental de la etnografía es comprender un contexto a partir de una observación sostenida e inmersa, permitiendo al mismo tiempo que las personas presentes aporten significados a cualquiera de los datos que surjan" (163–64). A continuación sugiere áreas específicas de investigación y formas prácticas de recopilar información.

Una etnografía es una descripción escrita de la cultura de un pueblo específico en un lugar específico que se enfoca en tantos elementos de la cultura como sea posible, dadas las limitaciones de tiempo y recursos. Los antropólogos suelen pasar uno o dos años intentando descubrir y dar sentido a la mayor parte posible de la cultura. Como he señalado anteriormente, cuando mi esposa y yo vivíamos en las Islas Salomón durante mi trabajo de campo inicial, estaba investigando la cuestión del impacto del cristianismo y de los misioneros cristianos en los habitantes de las Islas Salomón. Vivíamos en una pequeña aldea de 150 habitantes. La aldea estaba enclavada en la selva, al pie de una montaña, a unos dos kilómetros de la costa, en la isla de Santa Isabel. Aunque mi investigación se enfocaba en el impacto del cristianismo anglicano en los habitantes de las Islas Salomón, nos interesaba observar todo lo que pudiéramos y participar en la vida de la aldea tanto como fuera posible. Al final del día, pasaba a máquina mis notas de lo que había observado y aprendido ese día en una máquina de escribir portátil Hermes bajo la luz de una linterna de queroseno. Fue una gran experiencia y nos encantó vivir allí, pero no aprendimos lo suficiente como para escribir una etnografía completa del pueblo de Gnulahage. Sin embargo, al adoptar un enfoque holístico para observar y registrar la mayor parte posible de la vida, pudimos descubrir por qué se seguía practicando la magia; cómo la participación en la Santa Cena se entendía e interpretaba como una forma de obtener maná o poder espiritual; cómo y por qué los padres disciplinaban a sus hijos; por qué los espíritus ancestrales se consideraban reales e importantes en la vida de la aldea; y muchos otros aspectos de la vida entre estos habitantes de las Islas Salomón.

Una de esas noches, mientras pasaba a máquina mis notas sobre las observaciones del día, el catequista del pueblo, que dirigía las oraciones anglicanas matutinas y vespertinas en la capilla del pueblo, entró en nuestra casa y se puso a charlar. Al cabo de una hora, se levantó y dijo: "Creo que ya es seguro para irme a casa". Le pregunté qué quería decir. Me respondió: "La hermana de mi esposa nos está visitando con su hijo recién nacido. Acabo de llegar del bosque, así que tengo espíritus pegados a mí. Les gusta atacar a los recién nacidos, así que decidí pasar primero por tu casa y sacudirme los espíritus antes de volver a casa, porque a ti no te molestarán". Aprendí mucho de ese episodio porque estábamos practicando la observación participante como una forma de descubrir las diferencias culturales en esa aldea.

Si creemos que el evangelio es relevante para todos los aspectos de la vida y no solo para lo que hacemos una vez por semana en un servicio de adoración, entonces tenemos que comprender todo lo que podamos de la sociedad y descubrir dónde el evangelio se conecta con la vida y dónde no logra atraer a las personas por completo. Realizar una investigación etnográfica como parte de nuestro ministerio transcultural nos ayudará a descubrir dónde el evangelio establece conexiones y dónde no.

Participar en un estudio etnográfico es tanto una forma de arte como una técnica científica. El destacado antropólogo Harry Wolcott, en su innovador libro *The Art of Fieldwork* (El arte del trabajo de campo), señala que "el trabajo de campo se caracteriza por involucrarse personalmente para alcanzar un nivel de comprensión que se compartirá con otras personas". Continúa diciendo que a veces ese involucramiento personal puede ser muy desafiante y difícil. "Puede haber muchas molestias y dificultades relacionadas con la experiencia, desde distracciones como la diarrea o la pérdida de equipaje hasta la desesperación por el fracaso personal o la pérdida de esperanza, pero el grado de sufrimiento y sacrificio no se tiene en cuenta a la hora de juzgar el valor del trabajo de campo como tal" (2005, 58).

Convertirse en buenos etnógrafos es un arte que podemos perfeccionar con la práctica y unas buenas directrices. Los testigos transculturales aumentarán su efectividad a medida que se conviertan en mejores etnógrafos, porque al hacerlo podrán profundizar en la cultura y comprender mejor la cosmovisión de las personas entre las que viven y a las que sirven. Las guías de viaje y los perfiles de países, como la serie *Culture Shock* de cincuenta y cuatro libros que se centran en las costumbres, la etiqueta, cómo vestirse adecuadamente y las formas de saludar a los demás, son interesantes y útiles, pero al final resultan bastante superficiales. Como testigos transculturales, queremos ante todo ir más allá del comportamiento superficial y descubrir lo que hay dentro de la cabeza y el corazón de las personas. A veces es difícil conseguirlo y lleva tiempo. Kenneth Guest nos da un sabio consejo cuando dice: "Un buen etnógrafo debe ser paciente, flexible y abierto a lo inesperado. A veces, quedarse quieto en un lugar es la mejor estrategia de investigación porque ofrece oportunidades para observar y experimentar acontecimientos imprevistos y personas inesperadas" (2018, 78).

En una situación desconocida en la que aún no conocemos ni entendemos las normas culturales, tenemos que priorizar y determinar qué es importante y qué no. Cuando nos encontramos en una situación nueva, tendemos a verlo todo y no suponer nada. Sin embargo, a medida que comprendemos la situación y nos familiarizamos con ella, tendemos a suponer más y a ver mucho menos porque nos resulta muy familiar. Esta observación describe un contraste entre turistas y etnógrafos. Los turistas no suelen tener idea de lo que piensan y asumen los lugareños, ni les interesa averiguarlo, y a menudo no lo necesitan. Como turistas, a menudo se proponen tomar muchas fotografías y tener diferentes experiencias "culturales" sin dedicar necesariamente tiempo a aprender el significado de lo que observan. Su objetivo como turistas es ver y registrar todo lo que puedan.

Por el contrario, uno de nuestros objetivos como testigos transculturales es aprender la cultura lo suficiente como para comprender los supuestos locales. Al mismo tiempo, queremos mantener una clara conciencia de lo que estamos viendo. Por lo tanto, debemos evitar que la situación nos resulte tan familiar que adormezca nuestra capacidad de verlo todo. Un buen etnógrafo llega a comprender lo que la población local está asumiendo sin perder la capacidad de ver las cosas de maneras nuevas que pueden haberse vuelto familiares para los lugareños. Cuando los misioneros se comportan más como turistas que como testigos transculturales, revelan una importante deficiencia en su preparación y en la práctica de su ministerio.

Como testigos transculturales, entramos en una cultura como forasteros que saben muy poco, pero nuestro objetivo es ir más allá de lo que vemos y comprender los supuestos que hay detrás o debajo de las cosas que observamos. Sin embargo, aunque lleguemos a comprender la cultura a un nivel cada vez más profundo, tenemos que guardarnos de hacer juicios prematuros y falsas suposiciones. Recordemos que las suposiciones son la forma más baja de conocimiento, incluso en nuestra propia cultura, y más aún en otra.

Por último, la curiosidad insaciable es el atributo más importante para convertirse en un buen etnógrafo. Tenemos que cultivar la curiosidad y un sentido infantil de asombro y admiración cuando nos adentramos en una comunidad. La curiosidad puede matar al gato, pero es indispensable para un buen etnógrafo.

Recuerdo que una vez hice un viaje de tres horas por carretera en Indonesia, subiendo desde Yakarta, en la costa, hasta Bandung, en Java Occidental, situada a seiscientos metros de altitud en las exuberantes y hermosas montañas Parahyangan. Iba en compañía de misioneros estadounidenses y, mientras viajábamos, sentía una gran curiosidad por el paisaje, los patrones de cultivo, las aldeas y muchas otras cosas que veía por primera vez. Hice docenas de preguntas a mis compañeros de viaje y establecí conexiones intuitivas basadas en lo que observaba.

Al día siguiente entrevisté a la pareja de misioneros sobre su experiencia misionera y su ajuste intercultural. Me comentaron lo asombrados que estaban de que yo hubiera hecho tantas preguntas, reunido observaciones y establecido conexiones el día anterior. Me comentaron: "¿Cómo has podido averiguar tantas cosas en tan poco tiempo? Nos ha llevado años descubrir lo que tú has aprendido en varias horas". Recuerdo haber respondido que quizá se debía a que me habían formado como antropóloga para observar y a que sentía curiosidad por todo.

Haciendo buenas preguntas y escuchando bien

En nuestro esfuerzo por comprender y descubrir las diferencias culturales, tenemos que aprender a hacer buenas preguntas de manera que se cree un entorno seguro para las personas a las que interpelamos. Establecer una buena relación es fundamental y eso es tanto un arte como una técnica. Las preguntas típicas de un periodista son quién, qué, cuándo, dónde, por qué y, a veces, cómo. Tengamos en cuenta que se trata de preguntas abiertas, para las que una respuesta de sí o no es inadecuada. Como testigos transculturales, nos interesa conocer y comprender las diferencias culturales de los demás. Estas seis preguntas pueden ser un buen punto de partida.

Harry Wolcott, en su libro *Ethnography: A Way of Seeing*, explica diferentes formas de entrevista que puede realizarse en el proceso de investigación etnográfica. Incluye la conversación casual, preguntas sobre la historia de vida, entrevistas a informantes clave, entrevistas semiestructuradas y estructuradas, y cuestionarios (2008, 54–62). Considera que la conversación casual es la forma más importante de recopilar información. Desarrolló esta tipología porque, como él mismo señala, "quería que los estudiantes reconocieran una variedad de enfoques y fueran capaces de evaluar las ventajas y desventajas no sólo para obtener cierto tipo de información, sino para la vigilancia constante que uno debe ejercer para mantener una buena relación. Las preguntas directas siempre implican un cierto riesgo y tienden a enfatizar un elemento extractivo en el trabajo de campo... Además, incluso si se obtiene exactamente la información que se necesita, se pueden perjudicar las posibilidades de obtener más información" (54–55). Dado que las preguntas directas pueden poner al informador en una postura defensiva, son preferibles las preguntas abiertas.

Hacer preguntas abiertas y acertadas es un buen comienzo para descubrir las diferencias culturales, pero quizá aún más importante sea la capacidad de escuchar bien. Para descubrir las diferencias culturales, escuchar es más importante que hablar. El antropólogo Kenneth Guest ha observado que:

> un etnógrafo exitoso también debe saber escuchar. Pasamos mucho tiempo conversando, pero gran parte de ese tiempo consiste en escuchar, no en hablar. Es esencial

saber hacer buenas preguntas y escuchar atentamente las respuestas. Un buen oyente escucha tanto lo que se dice como lo que no se dice, a esto llamamos ceros o silencios. Los ceros son elementos de una historia o una imagen que no se cuentan o no se ven: detalles clave omitidos en la conversación o personas clave ausentes del lugar. Los ceros aportan información sobre cuestiones y temas que pueden ser demasiado delicados para discutirlos o exponerlos públicamente (2018, 78).

La investigación antropológica que conduce a descripciones etnográficas de un pequeño grupo, un pueblo, una iglesia, una empresa, una organización u otra forma de actividad social implica buenas conversaciones. Algunas personas son conversadoras naturales y, si no lo somos, debemos aprender a mantener buenas conversaciones, algo que resulta esencial para comprender las diferencias culturales de los demás. Celeste Headlee, en una fascinante charla TED, sugiere diez reglas básicas para mantener una mejor conversación. Creo que estas reglas son excelentes para una buena investigación etnográfica y para descubrir diferencias culturales.

1. No hagas varias cosas a la vez. Mantente presente. Vive el momento. No estés pensando en otras cosas.
2. No hables pomposamente. Entra en cada conversación asumiendo que tienes algo que aprender. Todas las personas son expertas en algo.
3. Utiliza preguntas abiertas. Empieza tus preguntas con quién, qué, cuándo, dónde, por qué o cómo. Pregunta: ¿Qué te pareció? ¿Cómo se sintió?
4. Déjate llevar. Las historias y las ideas vendrán a ti, pero tienes que dejar que vengan y luego dejarlas ir. No te distraigas con otros pensamientos cuando estés en una conversación.
5. Si no lo sabes, di que no lo sabes. Peca de prudente.
6. No equipares tu experiencia con la de ellos. Por ejemplo, si perdieron a un familiar, no les cuentes tu experiencia, porque no es lo mismo. No es lo mismo. Nunca es lo mismo.
7. Intenta no repetir lo que dices. Es desdeñoso y realmente aburrido para el oyente.
8. No te metas en detalles. Los detalles, como las fechas, no le importan a la mayoría de las personas. Les importas tú, no todos los detalles de tu historia.
9. Escucha. Esto es lo más importante de la lista. Escuchar es la habilidad más importante que puedes desarrollar.
10. Sé breve. Interésate por los demás. Ten curiosidad. Mantén la mente abierta y la boca cerrada, y prepárate para asombrarte. (Headlee 2015)

Cuando hacemos preguntas y escuchamos a las personas con el fin de comprender las diferencias culturales y religiosas que existen entre nosotros, es importante suspender el juicio. Una de nuestras tareas es buscar dónde está actuando Dios en la cultura en la que vivimos y a la que servimos. Otra de nuestras tareas es capacitar a las personas para que rediman sus propias estructuras religiosas y culturales para los propósitos de Dios. Tendremos que desarrollar una hermenéutica de la caridad hacia las personas inmersas en su propia cultura y religión. Por eso es importante el relativismo cultural, tema que trataremos al final de este capítulo.

Observando y registrando las diferencias culturales

Mientras realizaba mi investigación en las Islas Salomón, siempre llevaba un lápiz y un cuaderno en el bolsillo trasero. Anotaba las cosas que veía o los comentarios que escuchaba. A veces sólo anotaba una o dos palabras, pero me bastaban para refrescar la memoria por la tarde, cuando escribía mis observaciones del día. A los aldeanos a veces les intrigaban mis notas, pero llegaron a darse cuenta de que si yo apuntaba algo en mi cuaderno, debía de ser importante. En más de una ocasión, mientras participaba con los aldeanos en una actividad, me decían: "Whiteman, saca el lápiz y el papel y anota esto. Esto es importante". Algo tan sencillo como anotar observaciones tuvo el efecto acumulativo de crear una buena relación y confianza, y me permitió aprender muchas cosas que "nunca discutiríamos en la iglesia".

Eugene Nida, el mundialmente conocido traductor de la Biblia, que participó en más de doscientos proyectos de traducción en todo el mundo, me contó una vez cómo había escrito su influyente libro *Customs and Cultures: Anthropology for Christian Mission* (Costumbres y culturas: Antropología para la misión cristiana) (1954). Decía que siempre llevaba consigo un paquete de tarjetas de 3×5 en las que anotaba las cosas que observaba sobre la cultura, la lengua y la religión locales. Tenía previsto impartir dos talleres de traducción para traductores de la Biblia en Brasil, pero al llegar le comunicaron que el primero se había cancelado. Así que sacó su pila de tarjetas y aprovechó las seis semanas para escribir uno de los primeros y más importantes libros sobre el valor de la antropología para la misión transcultural.

A continuación se muestra una fórmula sencilla para observar y registrar lo que se experimenta:

1. ¿Qué veo?
2. ¿Qué oigo?
3. ¿Qué está pasando?

4. ¿Qué pienso?

5. ¿Qué siento?

El concepto de reflexividad se ha incorporado a la investigación antropológica en las últimas décadas. En lugar de intentar escondernos tras una farsa de "completa objetividad", lo que rara vez es posible, debemos registrar nuestra propia experiencia subjetiva junto con lo que observamos. Al hacerlo, dejamos que afloren nuestros prejuicios inconscientes y nuestro etnocentrismo, de modo que podamos afrontarlos más fácilmente en lugar de encubrirlos o ignorarlos.

Escribiendo notas de campo

Escribir notas de campo es otra parte de la etnografía y puede ser útil para los testigos transculturales. Las notas de campo son el resultado aproximado del proceso de convertir conversaciones, observaciones y experiencias en un texto escrito que se enfoca tanto en lo dramático como en lo habitual de un entorno social. No son prosa pulida. Emerson y sus colegas señalan: "Escribir [notas de campo] requiere un periodo de tiempo concentrado. A veces, los incidentes que abarcan unos pocos minutos pueden tomar el etnógrafo varias horas para escribir; intenta recordar quién hizo y dijo qué, en qué orden, y poner todo eso en palabras y párrafos coherentes" (2011, 48). Una regla general es que por cada hora de observación se necesita una hora más para redactarla. Cuanto antes se redacten las notas de campo tras las observaciones y la participación, mejor. Emerson y sus colegas afirman: "Con el tiempo, las personas olvidan y simplifican la experiencia; las notas redactadas varios días después de la observación tienden a ser resumidas y desprovistas de detalles ricos y matizados... Escribir notas de campo *inmediatamente* después de abandonar el lugar produce recuerdos más frescos y detallados que aprovechan la participación y el entusiasmo del etnógrafo por los acontecimientos del día" (49).

Es importante prestar atención a los detalles concretos en lugar de escribir generalizaciones abstractas en las notas de campo. Emerson y sus colegas afirman: "El propósito central del etnógrafo es describir un mundo social y su gente. Pero a menudo los investigadores principiantes producen notas de campo que carecen de detalles suficientes y vívidos" (2011, 57).

Muchos de los primeros misioneros eran excelentes observadores y, en contra del estereotipo popular, no se propusieron destruir la cultura de su sociedad de acogida. Puesto que querían contar a las personas la historia de Jesús, dedicaron tiempo y atención a descubrir y documentar la cultura. Algunos misioneros lo hicieron extraordinariamente bien en el pasado y, de paso, hicieron importantes aportaciones a la etnografía y la antropología, además de permitir que su ministerio fuera más efectivo y duradero. El ya fallecido antropólogo misionólogo australiano Alan Tippett compiló un volumen de setecientas páginas de escritos etnográficos de sesenta y dos misioneros titulado *The Ways of the People: A Reader in Missionary Anthropology* (2013). Algunos de estos primeros escritos contribuyeron al desarrollo de la antropología misma y estos artículos demuestran el valor de la investigación etnográfica para el ministerio transcultural.

La importancia del relativismo cultural

Cuando tratamos de descubrir las diferencias culturales, es importante adoptar cierta perspectiva: el relativismo cultural. El relativismo cultural puede ayudarnos a relacionarnos con los demás con honestidad e integridad y a descubrir las diferencias culturales sin sesgos ni prejuicios. El relativismo cultural es una de las perspectivas por excelencia surgidas del campo de la antropología. Los pioneros del relativismo cultural trabajaban contra siglos de ideas y prejuicios racistas que postulaban que la humanidad estaba dividida en un conjunto de grupos raciales distintos que representaban etapas diferentes en la evolución de la civilización. Franz Boas es uno de los pioneros que, junto con sus estudiantes, desarrolló el concepto de relativismo cultural en las primeras décadas del siglo XX. El relativismo cultural afirma que los valores, creencias y comportamientos de un pueblo determinado deben entenderse en función de su contexto cultural. Es una protección contra la percepción y el juicio de otra cultura sobre la base de la propia. Por supuesto, todos lo hacemos de forma natural y lo hacemos aún más si no hemos tenido contacto con personas de otras culturas y religiones. El relativismo cultural fomenta la humildad y la autorreflexión en lugar de la arrogancia, y es un antídoto útil contra el etnocentrismo y los prejuicios inconscientes e implícitos.

El concepto de relativismo cultural es muy útil para los testigos transculturales, aunque algunos cristianos pueden tener una reacción negativa inmediata ante él, por creer que conduce a la relatividad moral y ética y erosiona la confianza en los absolutos morales. La perspectiva del relativismo cultural no es relatividad ética. Guest subraya la importancia de adoptar la perspectiva del relativismo cultural al realizar un estudio etnográfico: "Los etnógrafos deben empezar con una mentalidad abierta sobre las personas y los lugares que estudian. Tenemos que cuidarnos de los prejuicios que nos hayamos podido formar antes de llegar y ser reacios a juzgar una vez que estemos en el campo... ¿Podemos ver el mundo a través de los ojos de quienes estudiamos? ¿Podemos entender sus sistemas de significado y su lógica interna? La tradición de la antropología sugiere que el relativismo cultural debe ser el punto de partida si queremos escuchar y volver a contar con precisión las historias de los demás. La tradición de la antropología sugiere que el relativismo cultural debe ser el punto de partida si queremos escuchar y volver a contar con precisión las historias de los demás" (2018, 78). Si el relativismo cultural es una perspectiva importante para los antropólogos que hacen un estudio etnográfico, entonces ¿cuánto más importante es para los testigos transculturales llegar a comprender a las personas entre las que viven y sirven mientras comunican y viven el evangelio?

En mi investigación sobre los misioneros del siglo XIX en Melanesia, descubrí a algunos que, desafortunadamente, no se acercaron a los melanesios con apertura y con una actitud de relativismo cultural y la capacidad de dejar de lado el juicio al observar a los demás. Por ejemplo, los misioneros presbiterianos que trabajaban en el sur de las Nuevas Hébridas describían a sus potenciales conversos melanesios en términos muy negativos. En su informe anual de 1875, señalaban: "Trabajamos entre razas muy, muy bajas y terriblemente degradadas" (New Hebrides Mission 1875, 19). Un retrato aún más gráfico de los "nativos" es el que ofrece la misionera Agnus Watt, quien al describir a sus pupilos de las Nuevas Hébridas señala: "Oh, si estuvieran aquí y vieran el paganismo, con el salvaje aspecto de las miserables y sucias criaturas, en todos los casos perfectamente desnudas. Sin embargo, son inmortales, tienen almas que salvar; están degradados, es cierto, pero Jesús puede salvarlos por completo" (Watt 1896, 90–91).

Al principio de este capítulo, conté cómo fui puesto a prueba al principio de nuestra estancia en las Islas Salomón. Esa prueba reveló lo bien que había integrado la perspectiva del relativismo cultural en mi formación como antropólogo y en mi experiencia como testigo transcultural. Cuando los aldeanos me preguntaron: "¿Crees en la magia?" supe que mi respuesta a su pregunta era crucial. Tenía que responder con la verdad, pero también tenía que hacerlo de tal manera que fomentara la conversación, no que la cerrara. Se me pondría a prueba a menudo durante nuestro tiempo de convivencia con la gente de esta aldea, pero emplear mi perspectiva del relativismo cultural me ayudó a afirmar que estos habitantes anglicanos de las Islas Salomón tenían una perspectiva muy diferente a la de mi formación cristiana conservadora estadounidense. Su perspectiva era diferente, pero no estaba equivocada sólo porque no coincidiera con la mía. No obstante, mi esposa tuvo que recordarme amablemente más de una vez: "Estamos aquí para observar y comprender a estas personas, no para hacerlas más parecidas a nosotros".

En un brillante artículo sobre el uso del relativismo cultural en la antropología y la misión, Lindy Backues señala: "Dado que la lógica interna del cristianismo es la traducción (no la difusión), el evangelio adopta la vestimenta de su entorno próximo, honrando y estimando los contextos locales en el proceso. Como la

Palabra hecha carne, el evangelio 'se traslada al vecindario' y se comunica y participa en el lenguaje local (cf. Juan 1:14). Así, en virtud de su propia lógica interna, el cristianismo de la variedad aquí examinada ofrece un espacio significativo para el pluralismo, así como para la relatividad cultural" (2017, 123).

RESUMEN DEL CAPÍTULO

En este capítulo, he intentado argumentar que descubrir las diferencias culturales es de vital importancia para nuestro desarrollo como comunicadores transculturales del evangelio. He señalado que los instrumentos de investigación de la antropología cultural son muy adecuados para que los testigos transculturales descubran y comprendan las diferencias culturales de su comunidad de acogida. El método de la observación participante es un método natural en el que vivimos entre la gente, e implica hacer observaciones intencionadas y enfocadas. Cuando tratamos de convertirnos en buenos etnógrafos, aprendemos a hacer buenas preguntas y a escuchar bien, a observar y registrar, y a escribir notas de campo. En todo esto, argumenté que el relativismo cultural es una perspectiva importante que nos ayuda a dejar de juzgar, evitar suposiciones prematuras y combatir nuestro etnocentrismo como testigos transculturales.

13

Tomando conciencia del bagaje cultural

Puesto que el babuino no puede ver su trasero calvo, se ríe de los defectos de los demás. (Las personas pueden pasar por alto fácilmente sus propias deficiencias evidentes y criticar a los demás con aires de superioridad moral).

Proverbio oromo, Etiopía

Nunca olvidaré el día en que descubrí el apodo que me pusieron los ruandeses. Estaba en los últimos meses de mi misión de dos años como misionero voluntario en África Central. Los apodos suelen crearse para captar la personalidad, el carácter y la esencia de una persona. Los africanos me llamaban "Bwana Itsitungu," que significa "el hombre que puede valerse por sí mismo". ¿Era un cumplido que me hacían los ruandeses o una queja? Como hombre blanco de clase media estadounidense, así me educaron, para ser independiente y autosuficiente, y como había perdido a mi padre a los doce años, esos valores eran aún más importantes para mí. Para los ruandeses, sin embargo, como me consideraban independiente y autosuficiente, les resultaba difícil relacionarse conmigo a un nivel más profundo y personal. El mensaje que les enviaba era "no necesito su ayuda".

Me quebranté y lloré. Sentí que toda mi estancia en África Central había sido un fracaso. Mi bagaje cultural me había hecho tropezar. Tenía sólo veinticuatro años en ese momento, pero recuerdo que oré y le pedí a Dios que me diera otros sesenta años de ministerio transcultural, pero nunca más quise que me llamaran Bwana Itsitungu, el hombre que puede valerse por sí mismo. Desde aquel día hasta hoy, he intentado, aunque no siempre con éxito, cultivar una vida de dependencia e interdependencia con los demás. El hecho de escribir este libro es un buen ejemplo. No podría haberlo hecho yo solo.

A menudo, el bagaje cultural que llevamos con nosotros es inconsciente. Una forma de descubrir las suposiciones de cosmovisión y ayudar a una persona a tomar conciencia de su bagaje cultural, es a través de los proverbios. Los proverbios de una cultura diferente a la nuestra pueden ofrecernos una ventana a la cultura de las otras personas, y los proverbios de nuestra propia cultura pueden funcionar como un espejo, permitiéndonos hacer explícitas nuestras suposiciones implícitas de cosmovisión en nuestro comportamiento consciente.

Stan Nussbaum ha escrito un libro que puede ayudar a los estadounidenses a tomar conciencia del bagaje cultural que llevan consigo cuando entran en otra cultura. En su libro *American Cultural Baggage: How to Recognize and Deal with It* (2005), Nussbaum señala que, mientras vivimos en Estados Unidos, nos desenvolvemos bien sin ser conscientes de nuestra cosmovisión y cultura. Automáticamente hacemos las cosas a la manera estadounidense y todo va bien. Sin embargo, "cuando vamos a otro entorno cultural, no funciona tan bien. De repente descubrimos que inconscientemente hemos traído un montón de bagaje cultural con nosotros y eso siempre causa problemas. Nos enfadamos con las personas porque no están a la altura de unas expectativas que ni siquiera sabíamos que teníamos. Se ríen de uno o lo evitan, por hacer las cosas a la manera estadounidense sin ni siquiera pensar" (9).

El libro de Nussbaum proporciona 235 proverbios que forman parte de la vida estadounidense, al menos para mi generación, y luego identifica lo que él llama los "Diez mandamientos" de la cultura estadounidense. Vale la pena repetirlos para los lectores que son estadounidenses, y repasarlos es valioso para los que no lo son porque les dará una ventana a través de la cual podrán entender mejor a los estadounidenses que conocen y con los que se relacionan.

1. *No se puede discutir con el éxito.* El éxito es un valor muy alto y todos los niños estadounidenses aprenden pronto en la vida la importancia de tener éxito en algo. Incluso si se llega al éxito de forma incorrecta o equivocada, no pasa nada, porque alcanzar el éxito es más importante que la forma en que una persona lo obtiene.

2. *Vive y deja vivir.* La libertad y la privacidad son valores importantes para los estadounidenses, por lo que adoptamos la actitud de que el modo de vida de una persona es asunto suyo y no debemos interferir ni criticar. Por lo tanto, la tolerancia hacia los demás es muy importante.

3. *El tiempo vuela cuando uno se divierte.* Divertirse mucho es un ideal importante para los estadounidenses, sobre todo para los jóvenes y los jubilados. Pueden dedicar más tiempo a hacer cosas y a ir a sitios divertidos. Mientras se diviertan, llevar la cuenta del tiempo no es tan importante.

4. *Comprar hasta caer rendido.* Ir de compras para algunos estadounidenses es una forma de entretenimiento y muchos van de compras aunque no haya nada en particular que necesiten adquirir. Esta frase recoge la idea de que Estados Unidos es quizá la sociedad de consumo por excelencia.

5. *Sólo hazlo.* Se trata de una frase tan emblemática que un fabricante de zapatos la utiliza como logotipo. Se enfoca en la acción y superación de obstáculos, como las normativas, la obtención de permisos y una laboriosa planificación.

6. *Sólo se es joven una vez.* Los estadounidenses dan mucha importancia a la juventud y enfatizan el hecho de divertirse y hacer cosas antes de que las responsabilidades adultas se asienten y coarten la libertad de cada uno.

7. *Ya es suficiente.* El interés de los estadounidenses por los derechos humanos y la lucha contra la injusticia los lleva a defender sus derechos. Esta frase se pronuncia a menudo en protestas raciales, protestas contra la violencia armada y protestas contra comportamientos que pisotean sus derechos.

8. *Las reglas están hechas para romperse.* Esta frase retoma temas como el individualismo y el pensamiento propio. Si una persona tiene una idea o un plan mejor, debe llevarlo a cabo y no verse limitada por "reglas" que parecen obsoletas.

9. *El tiempo es dinero.* El tiempo, al igual que el dinero, es un bien que no debe malgastarse. Los estadounidenses compran tiempo, ahorran tiempo y venden tiempo, y nunca quieren que se les acuse de tener tiempo ocioso.

10. *Dios ayuda a quienes se ayudan.* Este mantra, arraigado en lo más profundo de la cosmovisión de la mayoría de los estadounidenses, hace que vean a una persona de forma negativa si esa persona no está intentando mejorar económica, educativa y socialmente. Se supone que si no intenta mejorar su suerte en la vida, ni Dios ni nadie debería ayudarle.

Conócete a ti mismo... antes de ministrar a los demás

A lo largo de este libro, he subrayado la importancia de adoptar un estilo de vida encarnacional como la mejor manera de llegar a conocer y comprender el modo de vida de otras personas, incluidos sus valores, cosmovisión y creencias. Sin embargo, nuestros propios valores, cosmovisión y creencias "ocultos" son a menudo una barrera que nos impide relacionarnos plenamente con personas de otras culturas. Ya seamos norteamericanos, kenianos, indios, franceses, coreanos o chinos, tenemos que descubrir nuestros propios valores, cosmovisión y creencias si queremos cruzar culturas con el evangelio. Hay cinco razones por las que necesitamos hacerlo.

1. Influyen en nuestro comportamiento en otras culturas y afectan al tipo y la calidad de las relaciones que entablamos con otras personas de culturas diferentes a la nuestra.

2. Influyen en la manera en que percibimos la cultura, la lengua y las personas locales.

3. Influyen en nuestra capacidad para aceptar a las personas.

4. No son necesariamente bíblicos o cristianos, pero rara vez los cuestionamos. Nos sentimos seguros en el mito de que vivimos en una "nación cristiana" o en una "cultura cristiana".

5. Ser conscientes de ellos nos ayudará a compartir un evangelio cristiano que no está atado a nuestro modo de vida nacional. En otras palabras, ¡el reino de Dios y el sueño americano no son siempre lo mismo!

¿Qué es el bagaje cultural?

El bagaje cultural son los comportamientos, las cosas materiales, las actitudes, los valores y las creencias que llevamos con nosotros, sin saberlo, a otra cultura. Pueden ser apropiados en nuestra sociedad de origen, pero cuando entramos en la sociedad de acogida como testigos transculturales, pueden convertirse en una pesada carga que frustre nuestra vida y nuestro ministerio. El problema es que gran parte del bagaje que llevamos es inconsciente, por lo que necesitamos ser conscientes de él para poder aceptarlo, modificarlo o cambiarlo. A menudo recomiendo a las personas que van a realizar un viaje misionero de corta duración que lleven dos maletas: una llena de todo lo que creen que van a necesitar y otra completamente vacía. ¿Por qué hacer semejante locura? Les digo que se lleven una maleta vacía para recordarles todas las cosas nuevas que van a aprender y experimentar en su cultura de acogida y que la traigan llena, no de recuerdos y baratijas, sino de nuevos descubrimientos de dónde han visto a Dios actuar, de relaciones interculturales en ciernes y de una perspectiva nueva y crítica de todas las cosas que se llevaron al principio. Sólo de vez en cuando me han aceptado el reto, pero la perspectiva de la "maleta vacía" es importante porque empezará a hacernos conscientes de todo el bagaje cultural que llevamos con nosotros.

¿Por qué no sabía que llevaba el bagaje cultural de la independencia y la autosuficiencia? ¿Y cómo este bagaje, sin que yo me diera cuenta, había mantenido a los africanos a distancia? Una de las razones es que a menudo no somos conscientes de nuestro bagaje cultural hasta que empezamos a interactuar y vivir entre personas diferentes a nosotros. Esta historia ilustra la forma en que nuestros valores, cosmovisión y creencias pueden convertirse en barreras a la hora de comunicar y vivir el evangelio con personas diferentes a nosotros. El individualismo a ultranza y la autosuficiencia son dos valores estadounidenses dominantes, pero una fortaleza no examinada puede convertirse en una doble debilidad en el ministerio transcultural. Esto es claramente lo que me ocurrió a mí. Llevaba una pesada carga de bagaje cultural y ni siquiera me di cuenta de ello hasta que me lo señalaron cuando me enteré de mi apodo africano.

La mayoría de los ejemplos e historias de bagaje cultural que vamos a comentar reflejan necesariamente mi propia cosmovisión norteamericana y occidental. Pero todos los testigos transculturales se enfrentan a este problema. Las personas de todas las culturas luchan por comprender los valores, la cosmovisión y las creencias que influyen en su comportamiento en contextos transculturales. De hecho, cuanto menos comprendamos y conozcamos nuestra propia cosmovisión, más etnocéntricos seremos. Y cuanto más homogénea es una sociedad, más etnocéntrica tiende a ser su gente. Así pues, nos lanzamos a la aventura con la gran intención de ser testigos transculturales efectivos, pero cargamos con nuestro propio bagaje cultural. Puede que tengamos mucha información sobre nuestra cultura, pero en gran medida no somos conscientes de las suposiciones que hacemos sobre la naturaleza de la realidad. No somos conscientes de ello porque nuestra cosmovisión inconsciente no ha llegado a nuestra conciencia y no tenemos otras cosmovisiones con las que podamos compararla y contrastarla. Por lo tanto, comprendernos a nosotros mismos completa y profundamente es un requisito previo importante para descubrir los malentendidos que conlleva vivir en otra cultura.

Comprenderse a uno mismo es uno de los valores principales de la antropología. Sin duda, es interesante conocer otras culturas y la forma de vivir y pensar de las personas en otras partes del mundo, pero el beneficio más duradero de la antropología es comprender cómo nuestra propia cultura ha dado forma a lo que somos hoy en día. Los antropólogos señalan que una persona que sólo

conoce una cultura en realidad no conoce ninguna. Es sobre todo viviendo en
una cultura distinta de la nuestra y estableciendo relaciones de confianza y comprensión, como podemos empezar a mirarnos a nosotros mismos y descubrir
nuestros valores, cosmovisión y creencias más profundas.

    ¿Podría el bagaje cultural de independencia y autosuficiencia, que es común
entre los estadounidenses, afectar nuestra teología y la comprensión de nuestra
relación con Dios? Creo que sí. Ralph Satter, pastor y antiguo estudiante, se preguntaba por qué a su congregación estadounidense le costaba entender la gracia
de Dios y aceptarla en sus vidas, incluida la suya. Su investigación doctoral le
llevó a concluir que los tres valores dominantes del individualismo, el activismo
y la autosuficiencia obstaculizaban su capacidad para entender la gracia de Dios
como un don gratuito (Satter 1991). No es algo que podamos ganar, esforzarnos por conseguir o intentar lograr. De hecho, la cosmovisión de su congregación
les impedía aceptar y comprender plenamente el don de la gracia de Dios.

El estilo de vida como bagaje cultural

Cuando sentimos la necesidad de perpetuar nuestro estilo de vida en un nuevo
entorno cultural, nos llevamos a la nueva cultura un montón de bagaje cultural.
Recuerdo una entrevista que tuve con Jackie Pullinger en Hong Kong en 1992.
Su historia de cómo llegó a Hong Kong siendo una joven de diecinueve años y
empezó a trabajar con drogadictos en la tristemente célebre Ciudad Amurallada
de Kowloon en 1966, es legendaria (la historia de Jackie se cuenta en Pullinger
2007). Jackie fundó la St. Stephens Society y personas de todo el mundo se
ofrecen voluntarias para ayudar en su ministerio. Me dijo en nuestra entrevista
que no me gustaría oír esto, pero según su experiencia, los estadounidenses
son los que tienen más dificultades para adaptarse a vivir en Hong Kong y
trabajar con su ministerio de St. Stephens. Las personas que mejor se adaptan
al contexto de su ministerio en Hong Kong son las que fueron a internados en
Gran Bretaña y se adaptaron mejor a vivir en comunidad. Parecen haber traído
menos bagaje cultural a Hong Kong.

    Pero esta lucha no sólo afecta a los estadounidenses. Por ejemplo, la comida
es un factor importante en el estilo de vida de todos y cuando entramos en otra
cultura y los alimentos que teníamos "en casa" ya no están allí, se convierte en
bagaje cultural y puede interponerse en el camino de nuestra adaptación a la
cultura de acogida y cruzar eficazmente las fronteras culturales con el evangelio. Por ejemplo, los misioneros coreanos podrían preguntarse cómo van a
sobrevivir sin su ingesta diaria de kimchi. Recuerdo cómo en el Seminario Teológico Asbury los estudiantes internacionales del primer semestre cocinaban su
propia comida en los dormitorios. No soportaban la comida estadounidense

de la cafetería y me decían que se ponían enfermos cuando la comían. Quizá su malestar era tanto cultural como fisiológico y culinario. Con el tiempo, a medida que se iban aclimatando al contexto cultural estadounidense de la vida en el seminario, pudieron digerir la comida de la cafetería.

La propiedad como bagaje cultural

En muchas culturas no occidentales, las personas tienen un enfoque más colectivista en cuanto a la posesión de cosas como la tierra y los productos. David Maranz, en su libro *African Friends and Money Matters* (2015), identifica gran parte del bagaje cultural que arrastran los occidentales y que provoca malentendidos con los africanos respecto al uso de la propiedad y el dinero. Señala: "A muchos [africanos] les gusta pensar que si algo no está actual o activamente en uso, es entonces un 'excedente'. Si no lo tienen o tienen menos, entonces el propietario debe dárselo o parte de él, al que no tiene o tiene menos. Esto puede aplicarse a cualquier cosa, desde posesiones personales, dinero, suministros, edificios, terrenos y equipamiento" (80). Maranz cita a continuación a un amigo africano que dice: "Todo lo que no se utiliza se considera 'disponible'. En consecuencia, si los parientes o amigos consideran que tienen necesidad inmediata de una cosa, se creen con derecho a apoderarse de ella. Así, los verdaderos africanos, los que no tienen una 'doble cultura' es decir, que no han sido excesivamente influidos por las ideas occidentales y que no se han alejado de los ideales africanos, están sujetos a esta costumbre" (81).

Cuando los estadounidenses viven en estas culturas y no están dispuestos a compartir su propiedad privada, dan la impresión de ser personas extremadamente tacañas. El misionólogo Jay Moon observó que cuando él y su familia vivían en un pueblo de Builsa, en Ghana, a la gente le parecía bien que tuvieran propiedad privada, siempre que estuvieran dispuestos a compartirla. Por ejemplo, si una persona compraba una radio inalámbrica, era estupendo, siempre y cuando la pusiera lo suficientemente alta para que todos en la aldea pudieran disfrutar de la música.

Nos enfrentamos a este problema de la propiedad privada cuando vivíamos en Papúa Nueva Guinea con nuestro hijo de tres años. Un día tuvimos un pequeño conflicto con nuestros vecinos melanesios por los carritos Matchbox de Geoffrey. Geoffrey sacó los carritos para jugar con los niños del vecindario, pero al poco tiempo volvió a casa llorando porque los habían roto. Habían arrancado las ruedas y sacado las puertas de sus bisagras. No quedaba mucho de los carritos. Lo discutimos y decidimos que quizá el problema era que no tenían sus *propios* carritos. Así que, pensando como típicos estadounidenses e influenciados por el valor de la propiedad privada, decidimos dar a cada uno de los niños del barrio su *propio* carrito Matchbox. Supusimos que cuidarían mejor de su propio carrito porque era de su propiedad privada. Así que Geoffrey salió de nuevo, esta vez armado con un puñado de carritos, uno para cada uno de sus compañeros de juego. Pero esa "solución" tampoco funcionó. En poco tiempo, todos estaban descompuestos de nuevo.

Recuerdo que tuve una conversación muy adulta con mi hijo de tres años sobre nuestro dilema. Le pregunté: "¿Qué es lo más importante para nosotros viviendo en esta comunidad? ¿Es llevarnos bien y ser amigos de nuestros vecinos o proteger tus carritos Matchbox?" Lo pensó un momento y luego dijo con sabiduría infantil: "Bueno, me gustan mis carritos Matchbox, pero también quiero llevarme bien con mis amigos. Creo que las personas son más importantes que los juguetes". Eso lo resolvió todo y los carritos nunca volvieron a ser un problema. Aquel día, Geoffrey aprendió una lección importante y yo me enfrenté a un tema de cosmovisión muy arraigado en mi mente: la importancia de la propiedad privada para los estadounidenses. El problema con las posesiones personales es que pueden poseernos fácilmente y convertirnos en prisioneros de la situación que hemos creado. La propiedad privada es algo bueno, siempre que sus dueños estén dispuestos a compartirla con quienes la necesiten.

Todos tenemos cosas que queremos conservar. Muchos misioneros estadounidenses, cuando van a otras culturas, quieren llevarse todas las cosas que puedan meter en sus "equipajes misioneros" o cajas. A veces se trata de electrodomésticos o artículos del hogar que creemos que nos harán la vida más fácil y nuestro ministerio más efectivo en el extranjero. Sin embargo, si no tenemos cuidado, estos artículos pueden convertirse en ídolos y no podemos imaginarnos viviendo sin ellos.

Tuve que enfrentarme a esto en mi propia vida cuando nos preparábamos para trasladarnos a Papúa Nueva Guinea. En mi oficina en los Estados Unidos, no tenía papel tapiz. En cambio, mis libros cubrían las paredes, y yo me volví propenso a la idolatría, "adorando" mis libros. Por aquel entonces, tenía tres mil libros y revistas y "sabía" que los necesitaba todos para mi ministerio. Podía bromear fácilmente de los misioneros que necesitaban tener un horno microondas, pero ¿renunciar a mis libros? De ninguna manera. Mi ministerio dependía de ellos, eso creía yo. Acabé dejando la mayoría para que otras personas se beneficiaran de ellos (pero aun así me llevé varios cientos de libros que estaba seguro de que necesitaría).

Con frecuencia, los misioneros me dicen que están dispuestos a renunciar a muchas de sus cosas, pero ¿es correcto pedir a sus hijos que renuncien a sus juguetes, libros y juegos favoritos, etc.? La pregunta que hay que hacer a cada miembro de la familia es: "¿Aumentarán o disminuirán tus cosas tu capacidad de identificarte con la comunidad de acogida?" La identificación encarnacional no es sólo asunto de papá y mamá. Es una forma de vida en la que entramos como familia y, cuando lo hacemos, no pasa mucho tiempo antes de darnos cuenta de que lo que hemos ganado en nuestras relaciones interpersonales satisfactorias con las personas de nuestra sociedad de acogida, supera con creces cualquier cosa a la que hayamos renunciado. El objetivo es evitar que nuestras cosas se interpongan en el camino del establecimiento de relaciones personales profundas con los demás y permitir que nuestras cosas se utilicen para este fin, en lugar de intentar perpetuar nuestro estilo de vida en otra cultura.

La verdad absoluta como bagaje cultural

Nuestra percepción de la verdad absoluta puede interponerse fácilmente en el camino de la comprensión y la relación con personas culturalmente diferentes a nosotros. Para muchos estadounidenses, la palabra "transigencia" es más un atributo negativo que positivo. Para ellos, puede denotar debilidad y no defender la verdad. Además, si calificamos nuestra perspectiva personal como "cristiana", entonces podemos justificar fácilmente nuestra actitud y comportamiento hacia los que son diferentes o tienen una perspectiva distinta, y podemos juzgar fácilmente sin comprender la perspectiva de la otra persona.

Los antropólogos Conrad Arensberg y Arthur Niehoff, en su muy útil libro *Introducing Social Change: A Manual for Americans Overseas* (1964), tienen un esclarecedor capítulo titulado "American Cultural Values" (Valores culturales estadounidenses) que demuestra parte del bagaje cultural que traemos los estadounidenses cuando queremos introducir cambios sociales y culturales en una sociedad. El libro está pensado principalmente para trabajadores de desarrollo comunitario, pero sus ideas son muy útiles para testigos transculturales como agentes de cambio. Aunque no utilizan el término "bagaje cultural", escriben: "La tendencia más peligrosa en la forma de pensar que los estadounidenses llevan consigo a otras situaciones culturales es la de hacer juicios dobles basados en principios. La estructura de las lenguas indoeuropeas parece fomentar este tipo de categorización. [Por lo tanto], en la vida estadounidense y occidental predominan los juicios dobles: moral–inmoral, legal–ilegal, correcto–incorrecto, éxito–fracaso, limpio–sucio, moderno–anticuado, civilizado–primitivo, desarrollado–subdesarrollado, práctico–impráctico, introvertido–extrovertido, secular–religioso, cristiano–pagano" (159–60).

Esta mentalidad de lo uno o lo otro, basada en principios, parece obligar a los estadounidenses a adoptar posiciones de exclusión. Si se acepta una postura, hay que rechazar la otra. Esta mentalidad de lo uno o lo otro también nos lleva a polarizar los valores. Esto está ocurriendo en los Estados Unidos en la arena política mientras escribo este capítulo. Arensberg y Niehoff nos ayudan a entender la razón por la que llevamos este bagaje cultural a diferentes contextos culturales. "El occidental promedio, incluido el estadounidense, dirige su vida personal y el mantenimiento de la ley y el orden en la comunidad basándose en los principios del bien y el mal, y no en las sanciones de la vergüenza, el deshonor, el ridículo o el horror a lo que está mal. [Se ven] obligados a categorizar [su] conducta en términos universales e impersonales. La 'ley es la ley' y 'lo correcto es lo correcto' independientemente de otras consideraciones" (1964, 161).

Esta tendencia a pensar en categorías de "lo uno o lo otro" puede causar a los estadounidenses mucha frustración y angustia mental cuando nos encontramos con personas de otras partes del mundo que pueden mantener dos ideas contradictorias en la cabeza, y no tienen ninguna dificultad en hacerlo. Por ejemplo, en el budismo y el hinduismo existen muchas creencias populares locales y dispares que coexisten con las derivadas de la teología formal principal. Por eso es difícil encontrar ejemplos "puros" de budismo, hinduismo o islam, salvo en los libros de texto, ya que muchas personas de estas culturas practican una forma de religión popular además de la religión formal.

El cristianismo no es inmune a este fenómeno. Por ejemplo, el padre Jaime Bulatao señala el fenómeno llamado cristianismo a dos niveles en Filipinas, que consiste en la coexistencia en una misma persona de dos o más sistemas de pensamiento y conducta que son inconsistentes entre sí (1966). El cristianismo de dos niveles significa que los filipinos recurren al cristianismo en busca de respuestas a sus preguntas sobre cuestiones como la salvación personal y el destino final. Pero la forma de cristianismo que se introdujo no parece abordar efectivamente los problemas cotidianos, como por qué enfermó nuestro hijo, por qué mi esposa tuvo un aborto espontáneo y por qué la sequía destruyó nuestro jardín. Bulatao observó que, como los filipinos no ven que el cristianismo ofrezca respuestas a las preguntas que surgen de esta dimensión cotidiana de su mundo, recurren por ello a respuestas y prácticas tradicionales que parecen haber funcionado en el pasado. Esto ayuda a explicar por qué en tiempos de crisis los cristianos recurren a la magia y a las prácticas tradicionales. No lo hacen porque sean malos cristianos, sino porque nunca han encontrado respuestas a sus problemas cotidianos en el cristianismo formal, al menos en la forma en que se les presenta. De ahí que acaben con una forma de cristianismo a dos niveles. En la figura 13.1 se representa la división entre cuestiones espirituales y rutinarias.

Antes de señalar con el dedo acusador a nuestros hermanos y hermanas filipinos y calificarlos de malos cristianos, debemos examinar si nosotros también tenemos una forma de cristianismo a dos niveles. En lugar de magia y brujería, de las que nos mofamos los estadounidenses, utilizamos la ciencia y la medicina para resolver nuestras preocupaciones cotidianas.

Figura 13.1
Cristianismo a dos niveles

Cuestiones espirituales como el destino final

Cuestiones rutinarias como las preocupaciones cotidianas

Durante un viaje a Japón, un misionero bautista me llevó a un santuario sintoísta y observé algo fascinante. Delante del santuario había un lugar donde escribir tus inquietudes en pequeñas placas de madera y el sacerdote sintoísta oraba por ellas. Las peticiones estaban escritas tanto en japonés como en inglés. Le dije al misionero que me acompañaba: "¿Por qué no haces una lista de estas peticiones y luego oras por estas personas, para que Dios las bendiga? Aquí están sus necesidades sentidas más obvias y están clamando por ayuda sobrenatural de la mejor manera que saben hacerlo". No sé si se tomó en serio mi sugerencia, pero espero que sí. Qué mejor manera de responder a las necesidades sentidas de estas personas que esperan obtener buenos resultados en el examen nacional, cuyos resultados cambiarán la vida de muchos de ellos.

Como ya se ha dicho, la palabra "transigencia" suele ser mal vista por los estadounidenses, porque puede interpretarse como una actitud indecisa, falta de defensa de los derechos y falta de convicciones firmes. Pero para muchos asiáticos, la idea de transigir es muy positiva. En eso consiste la vida, en transigir para lograr el equilibrio y la armonía entre las personas, entre las personas y el mundo natural, y entre los seres humanos y el mundo sobrenatural.

Así pues, existe la Verdad y toda verdad es la Verdad de Dios, pero llegamos a entender y articular la verdad tal y como se entiende y expresa a través de nuestra lengua y cultura. Si no somos conscientes de esto, podemos pensar que estamos comunicando la Verdad de Dios, pero en realidad estamos comunicando nuestra comprensión de la verdad, que no es absoluta, sino que está definida y es comprendida culturalmente.

Como se ha señalado anteriormente en este libro (cap. 1, bajo el encabezado "La estructura de este libro"), a veces nuestra fe cristiana se ve moldeada e influida por nuestras creencias y valores culturales tanto como por los valores bíblicos. Por ejemplo, la discriminación de castas en la India sigue viva entre los cristianos, a pesar de la enseñanza bíblica (Gál. 3:28) de que a los ojos de Dios todos somos iguales y todos somos uno en unión con Cristo. Otro ejemplo es el "evangelio de la salud y la riqueza", que se originó en Estados Unidos pero se ha extendido por todo el mundo. Este "evangelio" se basa en dos valores dominantes en Estados Unidos: el individualismo y la prosperidad, como signos de la bendición de Dios. El valor bíblico del sufrimiento, implícito en el mandato de Jesús de "tomar su cruz y seguirme" (Mat. 16:24 NVI) se ha perdido o sofocado por muchos valores culturales estadounidenses que nos animan a buscar la riqueza y la fama.

RESUMEN DEL CAPÍTULO

En este capítulo hemos argumentado que las personas de todas las culturas llevan consigo un bagaje cultural cuando entran en otra cultura. Yo no era consciente de mi propio bagaje cultural de autosuficiencia cuando viví en Ruanda en 1971, hasta que supe que los africanos me habían puesto un apodo: Bwana Itsitungu, el hombre que puede valerse por sí mismo. Una persona del noreste de la India que actúa como testigo transcultural en Kenia, un misionero alemán que vive en Papúa Nueva Guinea, un chino Han que vive entre los Lisu en la provincia de Yunnan o un misionero estadounidense que vive en Indonesia, pueden llevar consigo bagaje cultural. Las creencias, actitudes y estilos de vida apropiados que los testigos transculturales tienen en su cultura de origen no se convierten en bagaje cultural hasta que esos testigos entran en una cultura diferente. De hecho, una vez que comenzamos a vivir en otra cultura, empezamos a descubrir que llevamos un bagaje cultural poco útil e incluso dañino. Por lo tanto, tomar conciencia del bagaje cultural que llevamos es esencial para cruzar culturas de manera efectiva con el evangelio.

Escribí este libro para personas que sirven en misiones de todo el mundo, de todas partes a todas partes. Dado que es de suponer que los estadounidenses leerán este libro, ofrezco recursos adicionales que ponen de relieve los valores y patrones culturales estadounidenses. Éstos también pueden ser útiles para muchos testigos transculturales no occidentales que han sido influenciados inconscientemente por los valores y creencias estadounidenses, quizás en su educación y formación teológica o a través de colegas e iglesias estadounidenses con los que se relacionan. Los no estadounidenses pueden encontrarlos útiles para comprender el contexto del que proceden los estadounidenses.

Althen, Gary. 2022. *American Ways: A Guide for Foreigners in America.* Boston: Intercultural Press.

Hiebert, Paul G. 1985. "Cultural Assumptions of Western Missionaries." In *Anthropological Insights for Missionaries*, 111–37. Grand Rapids: Baker.

Nussbaum, Stan. 2005. *American Cultural Baggage: How to Recognize and Deal with It.* Maryknoll, NY: Orbis Books.

Stewart, Edward C. 1972. *American Cultural Patterns: A Cross-Cultural Perspective.* Boston: Intercultural Press.

14

Estrategias para cruzar fronteras culturales eficazmente

Si quieres ir rápido, ve solo. Si quieres llegar lejos, ve acompañado.

Proverbio ghanés

Después de todo lo aprendido en los capítulos anteriores, quiero dejarte los consejos prácticos más importantes para cruzar las fronteras culturales. Ya he mencionado las lecciones aprendidas de mis errores a lo largo del camino. A riesgo de repetirme, voy a contarte el resto de la historia para dejarte con las piezas de sabiduría más importantes que he adquirido a lo largo de mis cuarenta y cinco años en el ministerio transcultural. Empecemos con una historia.

Mi esposa y yo habíamos reunido todos nuestros recursos financieros para llegar desde Seattle a las Islas Salomón, donde pasaríamos el año siguiente haciendo trabajo de campo mientras estudiábamos el impacto social y cultural de la Misión Anglicana Melanesia autóctona. La Iglesia Anglicana de Melanesia nos dio la bienvenida, y Dudley Tuti, el obispo de Santa Isabel, había hecho los arreglos necesarios para que viviéramos en la aldea de Gnulahage, en la isla de Santa Isabel. En la capital, Honiara, en la isla de Guadalcanal, donde se produjeron feroces combates entre estadounidenses y japoneses en la Segunda Guerra Mundial, compramos mosquiteras, un hornillo de gas y unos colchones de gomaespuma para instalarnos en la casa que los aldeanos habían construido para nosotros con palos de bambú y hojas de palmera sagú. También recogimos un gatito en Honiara porque habíamos oído que el pueblo estaba plagado de ratas. El DDT que se había rociado en las casas para matar a los mosquitos en un esfuerzo por combatir la malaria también había matado a todos los gatos.

Hicimos el viaje de doce horas en barco de Guadalcanal a Santa Isabel, practicando lo poco que aprendimos de los trabajadores del Cuerpo de Paz sobre la lengua franca melanesia. Dependíamos totalmente de la buena voluntad de las personas porque no hablábamos su idioma, no entendíamos sus costumbres y no sabíamos cómo sobrevivir en este clima tropical caluroso y húmedo. El día que llegamos a la aldea me sentía inseguro y ansioso, preguntándome si realmente sabía cómo hacer una investigación etnográfica y descubrir el impacto que el cristianismo tenía en la vida de estos aldeanos. Recuerdo que me llevaron a las afueras del pueblo, con vistas a un valle donde estaba la escuela local. Mientras Laurie y yo estábamos allí de pie, sintiéndonos ansiosos y preguntándonos cómo se desarrollaría la vida aquí, de repente salieron de la selva dos grandes loros de colores brillantes, que volaron directamente hacia nosotros y luego pasaron justo por encima de nuestras cabezas y desaparecieron. Me volví hacia Laurie y le dije: "Vamos a estar bien". En aquel momento creí que Dios había enviado aquellos loros como señal para darnos la bienvenida y asegurarnos que, aunque teníamos muy pocos conocimientos sobre la vida en aquel lugar, acabaríamos aprendiendo lo que necesitábamos saber para sobrevivir y contar la historia del impacto del cristianismo anglicano en las Islas Salomón.

En pocas semanas, empezamos a sentirnos como en casa, a salir y a aprender cada vez más Cheke Holo, la lengua local. Nos sentimos adoptados por los aldeanos, y a la primera niña que nació en Gnulahage después de nuestra llegada la llamaron Laurie, seguida del primer niño, al que llamaron Darrell.

¿Qué había ocurrido para que esta transición fuera tan fácil y nos sintiéramos como en casa tan rápidamente? Sin darnos cuenta, habíamos estrechado lazos con la población local. El concepto de crear vínculos como estrategia a corto plazo para relacionarnos con la población local de una cultura diferente aún no había sido ideado por Tom y Betty Brewster.

Escribir este libro ha sido toda una experiencia y vivirlo en muchas partes del mundo ha sido la aventura de toda una vida. Como testigo transcultural formado en antropología cultural y profundamente influenciado por el campo de la misionología, he experimentado mucho gozo (y a veces dolor) en esta jornada al unirme a la misión de Dios en el mundo. Los conceptos, ideas, percepciones bíblicas e historias personales de este libro han sido compartidos con miles de personas en todo el mundo. Confío en que la lectura y la interacción con este libro te hayan resultado aleccionadoras y desafiantes, pero también alentadoras y esperanzadoras, al reflexionar sobre tu propio ministerio transcultural.

Cuando nos enfrentamos a la realidad de cruzar tantas fronteras culturales diferentes, podemos sentirnos abrumados. Sin la capacidad de resiliencia y un sentido profundamente arraigado de ser llamados por Dios, muchas personas abandonan su compromiso con el ministerio transcultural y buscan una vocación diferente. Este último capítulo está lleno de información alentadora sobre dos estrategias que nos permitirán prosperar, no sólo sobrevivir, en el ministerio transcultural. La primera es una estrategia a corto plazo que comienza en cuanto llegamos a la sociedad de acogida. Se trata del proceso de vinculación con la población local y su cultura. La segunda estrategia es a largo plazo y puede durar toda la vida. Es el proceso de convertirse en una persona bicultural. He aquí un ejemplo de un testigo transcultural que se convierte en una persona bicultural.

Una vez entrevisté a George Wilson, un misionero bautista del Sur en Hong Kong. Me dijo que iba a dar un discurso en cantonés la semana siguiente y que le había dado el manuscrito a su tutor para que lo revisara y se asegurara de que era correcto. Me quedé estupefacto y le dije: "¿Aún tienes un tutor después de haber vivido veinticinco años en Hong Kong y de dominar el idioma como ningún otro misionero lo ha hecho antes?" Sonrió. "Aprender cantonés y la cultura china ha sido el esfuerzo de toda una vida, y todavía tengo más cosas que aprender". George Wilson se había convertido realmente en una persona bicultural. También me dijo en aquella entrevista que la humildad era la característica más importante para los jóvenes misioneros que venían de Estados Unidos a Hong Kong, porque sin ella no llegarían a ser aprendices. Quizá la humildad sea uno de los componentes clave para llegar a ser bicultural.

Establecimiento de vínculos como forma de pertenencia

El recordado E. Thomas Brewster (Tom) y su esposa, Elizabeth (Betty), han escrito sobre el concepto de establecer vínculos en lo que creo que es uno de los avances misionológicos más significativos en términos de identificación con nuestra sociedad de acogida que ha aparecido en los últimos treinta a cincuenta años. Este concepto de vinculación ha tenido un impacto muy positivo en el movimiento misionero desde que los Brewster lo identificaron en 1982, pero no siempre se ha entendido con claridad ni se ha practicado correctamente. Me he encontrado con muchos misioneros que piensan que la idea de establecer vínculos con la población local es sencillamente imposible e incluso si fuera posible, argumentan, no es algo que un misionero deba intentar hacer. En mis muchos años de capacitación de miles de misioneros que se preparan para cruzar culturas con el evangelio, he descubierto que la mayoría de ellos están deseosos de aprender sobre el proceso de vinculación, pero a menudo tienen miedo de hacerlo con una familia. Con frecuencia, los misioneros que ya trabajan en la región disuadieron a algunos de intentarlo. Sin embargo, mi esposa y yo podemos dar fe del poder del establecimiento de vínculos en nuestro propio ministerio. A veces, entablamos vínculos con la población local, como hicimos en las Islas Salomón, y me entristece confesar que otras veces no fue así. La diferencia en nuestro ministerio fue como el día y la noche. Cuando establecíamos vínculos con la población local, nos sentíamos más realizados y éramos más efectivos. Cuando no nos relacionábamos, no éramos eficaces ni nos sentíamos realizados; además, terminábamos por sentirnos desconectados y alejados de la cultura y las personas.

En lo que sigue, empezaré describiendo el proceso de vinculación tal y como lo desarrollaron los Brewster, y luego abordaré algunas objeciones y reservas sobre la vinculación que han planteado algunas personas.

El proceso de establecimiento de vínculos

El concepto de vinculación aplicado a la tarea misionera procede de lo que ocurre inmediatamente después del nacimiento de un bebé. El bebé se prepara psicológica y fisiológicamente para formar un vínculo con sus padres. Los Brewsters señalan: "El nacimiento es esencialmente una entrada a una nueva cultura que tiene nuevas vistas, nuevos sonidos, nuevos olores, nuevas posiciones, nuevo entorno y nuevas formas de ser sostenido. Sin embargo, en ese momento particular, él o ella está dotado de una capacidad extraordinaria para responder a estas circunstancias inusuales y a los nuevos estímulos" (2009, 465).

Hace una o dos generaciones, y en algunos lugares incluso hoy en día, muchos partos hospitalarios no favorecían el establecimiento de vínculos por dos motivos. En primer lugar, la madre y el bebé solían estar aturdidos por los analgésicos administrados a la madre durante el parto. En segundo lugar, después del nacimiento se solía separar al bebé de su familia y se le aislaba inmediatamente en la sala de neonatos.

¿Qué ocurre cuando no se produce el proceso normal de vinculación? Puede producirse rechazo. De hecho, los estudios demuestran que el maltrato infantil es significativamente mayor en los bebés que nacen prematuramente y son inmediatamente trasladados a una incubadora, donde apenas se les da la oportunidad de establecer un vínculo afectivo con sus padres. El movimiento hacia el parto natural sin fármacos y con salas de parto en las que el padre está presente durante el nacimiento ha ayudado a mejorar estas deficiencias en el proceso de vinculación.

Ahora bien, ¿qué tiene esto que ver con las misiones? Fundamental para cualquier ministerio transcultural efectivo es el establecimiento de estrechas relaciones personales con las personas. La vinculación ayuda a facilitar estas relaciones desde el principio, cuando venimos a vivir y trabajar entre un pueblo culturalmente distante.

Existen paralelismos importantes entre la entrada de un bebé a su nueva cultura y la de un adulto a una cultura nueva y extranjera. La energía psíquica y la disposición espiritual de un testigo transcultural suelen estar en su punto más alto cuando ingresa por primera vez a una nueva cultura. Al igual que un recién nacido, están listos para vincularse con alguien. ¿Se vincularán con la comunidad de acogida? ¿O se los llevarán los otros misioneros y los pondrán en la seguridad de un complejo misionero, donde se relacionarán con personas que son como ellos? Los Brewster afirman que la elección del momento oportuno es crucial (2009, 466). Los testigos transculturales estarán en este estado, dispuestos a vincularse, sólo durante un breve periodo de tiempo: "Si un misionero ha de establecer un sentido de pertenencia con las personas entre las que está llamado a servir, la forma en que pase las primeras semanas puede ser de vital importancia. No es raro que un bebé que permanece en la sala de recién nacidos establezca vínculos con el personal del hospital en lugar de con sus padres. Los nuevos misioneros también pueden satisfacer su necesidad de pertenencia estableciendo vínculos con la comunidad expatriada" (466).

En el caso de los bebés, la ventana de oportunidad para establecer el máximo vínculo se produce en las dos o tres primeras horas. Para los misioneros, esa misma ventana de oportunidad parece ser las dos o tres primeras semanas en su nuevo país. ¿Qué sucede si el nuevo misionero no establece vínculos con la población local? Sin esos vínculos, el misionero no se siente como en casa y no siente que pertenece al nuevo contexto cultural. No se siente cómodo. Se sienten como extraños que miran hacia dentro, porque lo son. En consecuencia, es menos probable que busquen relaciones significativas en la comunidad, y sin estas relaciones, es difícil imaginar tener un ministerio muy efectivo. Además, si no se crea un vínculo entre el misionero y la población local, puede haber rechazo por parte de las personas, incluso abusos. Los Brewster dicen que hay que dar el salto inmediatamente. "El individuo que espera entrar a otra cultura de forma gradual se enfrenta a mayores obstáculos y, de hecho, puede que nunca disfrute de la experiencia de pertenecer al pueblo. Es mejor zambullirse de lleno y experimentar la vida desde la perspectiva de los de dentro" (2009, 466–67).

Recuerdo haber enseñado sobre la importancia de elegir el momento oportuno y el establecimiento de vínculos con un grupo grande de candidatos a misioneros. Pude ver que una de las mujeres estaba visiblemente sobresaltada y preocupada por lo que estaba escuchando. Levantó la mano y preguntó: "¿Puedo esperar y hacer esto de la vinculación después de instalarme en mi casa, colgar las cortinas y establecer nuestras rutinas? Entonces estaremos más preparados para pasar tiempo con la gente africana". Recuerdo que le respondí algo así como: "Si esperas a estar instalada y a que tu vida familiar esté organizada, me temo que será demasiado tarde para vincularte de verdad con la gente local". Al oír esas palabras, rompió a llorar y salió del salón avergonzada. Me sentí muy mal porque intentaba motivarla para que desarrollara una forma significativa de vivir transculturalmente, no asustarla ni avergonzarla. Decidí seguir su progreso y, desafortunadamente, fue como había predicho. Al cabo de un par de años, regresaron a los Estados Unidos.

Recomiendo que se organicen con antelación para que las personas locales, no los misioneros, los reciban en el aeropuerto y vayan a vivir inmediatamente con una familia de acogida nacional. Es mejor que no haya otros misioneros expatriados cerca para ayudarles durante los primeros días. Es importante confiar en la sociedad de acogida desde el principio. Una familia de acogida ideal es aquella que entiende por qué vienes a su país y apoya tus compromisos cristianos y tu ministerio. También es importante que la familia de acogida entienda su papel en tu proceso de vinculación. Si el inglés es tu lengua materna y ellos hablan inglés como segunda lengua, deben utilizarlo lo menos posible contigo, ya que desde el principio es importante que empieces a oír los sonidos de su lengua, no un acento diferente de tu propio idioma. Esta experiencia de vinculación contribuirá significativamente a tu aprendizaje de idiomas, ya que siempre aprendemos idiomas en un contexto social.

¿Qué pasa con las familias misioneras que tienen hijos? ¿Sigue siendo posible vivir esta experiencia de vinculación? Sí, pero puede resultar más difícil, sobre todo si vives con una familia en un espacio reducido. Otra preocupación es que una familia misionera ejerza demasiada presión sobre los limitados recursos de la familia de acogida. Mi sugerencia es que organices la entrega de dinero por adelantado a la familia de acogida para que disponga de recursos suficientes para comprar alimentos adicionales y otras provisiones necesarias.

¿Cuánto tiempo deberías quedarte con una familia de acogida? Mi regla general es: "cuanto más tiempo, mejor". Idealmente, si una familia misionera puede quedarse de tres a cuatro semanas, será tiempo suficiente para empezar a oír más del idioma, empezar a aclimatarse a las nuevas rutinas, comprender una pequeña parte de la cultura y, lo que es más importante, empezar a formar lo que ojalá se convierta en una amistad duradera con la familia de acogida.

¿Siempre resulta bien? Llevo más de treinta y cinco años recomendando la experiencia de la vinculación a los misioneros y en la mayoría de los casos ha sido una buena experiencia cuando la han realizado. Sólo conozco unos pocos ejemplos en los que no ha resultado bien.

¿Qué sucede si las personas no se vinculan al principio? ¿Pueden intentar vincularse más adelante? Los Brewster se preguntan: "¿Puede un misionero que ha vivido en el extranjero durante un tiempo sin llegar a ser parte de la comunidad y sin aprender muy bien el idioma cambiar su rumbo?" (1982a, 14). La respuesta es sí, pero no sucede muy a menudo y no será fácil hacerlo. No obstante, es posible, pero requiere intencionalidad. Recomiendan lo siguiente: "Reconocer el potencial y la conveniencia de una relación de pertenencia con la población local; poner en práctica la decisión de asumir ese compromiso con la población; luego, fijar una fecha e informar a la comunidad misionera, y a cualquier otra persona que pueda verse afectada, del alcance y las implicaciones del posible cambio en sus relaciones" (21).

Lamentablemente, la vinculación tardía no ocurre muy a menudo. Los Brewsters señalan:

> En la última década, nuestro trabajo nos ha llevado a más de setenta países, dándonos oportunidades de observar la actividad misionera en muchos lugares. Sólo un pequeño porcentaje de estos misioneros evidenció el tipo de relaciones con la población local que demostraría que se había producido la vinculación. Nos gustaría dejar en claro que *"vinculación" e "identificación" no son lo mismo.* Puede que más del 90% de los misioneros digan que se identifican con la población local, pero es evidente que muy pocos disfrutan de la sensación de sentirse como en casa con las personas. No es demasiado difícil notar la diferencia: *los misioneros que han establecido vínculos suelen ser los que sienten que incluso sus necesidades sociales se ven satisfechas en sus relaciones con la población local.* (18–19)

La vinculación tiene muchas ventajas para ayudar a las personas a cruzar las fronteras culturales con el evangelio. Como ya se ha señalado, facilita el aprendizaje del idioma, pero también es una gran ayuda para superar el choque cultural. Más importante aún, refuerza la necesidad del misionero de adoptar la postura de un aprendiz. Esto, a su vez, fomenta la humildad, que es un ingrediente indispensable para el éxito del ministerio transcultural.

Oposición al establecimiento de vínculos

No todas las personas que trabajan en misiones están entusiasmadas con la idea de la vinculación y algunas se oponen rotundamente a ella. Siempre que he encontrado oposición, me he topado con excusas como: "No pudimos encontrar una familia de acogida para hacerlo", "era demasiado trabajo", "llevaba demasiado tiempo", y así por el estilo. Cuando he investigado la oposición más a fondo, a menudo he descubierto que los misioneros que se oponen a la vinculación son aquellos que nunca se han vinculado con la población local. De ahí que se sientan amenazados por los que sí lo hacen.

Flint Miller, en su investigación doctoral sobre los misioneros bautistas del sur en Asia Oriental, observó que a menudo los jóvenes misioneros reclutas estaban preparados y dispuestos a vincularse con la población local y adoptar un estilo de vida encarnacional, pero recibían el rechazo de otros misioneros que llevaban tiempo allí pero nunca se habían vinculado, y a veces la oposición venía de los administradores de la misión que no apoyaban esa "identificación radical" (1996). Miller señala algunas de las actitudes que documentó: "Nuestros misioneros viajan medio mundo, aprenden el idioma y trabajan duro... ¡Se identifican! ¿Acaso no podemos contentarnos con hacer las cosas como siempre? ¿Acaso no funcionan nuestros ministerios actuales? ¿Es realmente necesario identificarse más con el pueblo de acogida? Si intentamos identificarnos más plenamente, ¿habrá tanta diferencia? ¿No es demasiado pedir a la mayoría de los misioneros occidentales una mayor identificación, especialmente con los más alejados culturalmente (como las clases bajas)?" (516–17).

Desafortunadamente, si perdemos la oportunidad de poner en práctica la estrategia a corto plazo de establecer vínculos con la población local, será aún más difícil y complicado desarrollar la estrategia a largo plazo de convertirnos en personas biculturales.

La biculturalidad: una estrategia a largo plazo para relacionarse con los demás

Una vez que un testigo transcultural ha establecido vínculos con la población local, ha dado el primer paso para convertirse en una persona bicultural (de dos culturas). Las personas biculturales han integrado más de una cultura en su identidad y, por lo tanto, sienten que pertenecen y se sienten como en casa en más de una cultura. La mayoría de las personas biculturales también son bilingües y hablan con fluidez uno o más idiomas.

Sin embargo, convertirse en una persona bicultural no sucede simplemente por vivir en otra cultura. Podemos vivir en otro país durante veinticinco años o más y simplemente repetir el primer año veinticinco veces. A veces, los inmigrantes de un país evitan convertirse en biculturales. Viven en barrios y se relacionan con personas de su país y cultura de origen, y evitan aprender el idioma local y aventurarse en lo que para ellos es una cultura ajena. Los expatriados por motivos de negocios suelen vivir en otra sociedad como extranjeros, a veces en comunidades cerradas en las "mejores zonas" de la ciudad, sin llegar nunca a ser biculturales. Es más, a menudo no tienen ningún interés en hacerlo. Vivir en otro país sin llegar a ser bicultural puede suceder fácilmente con misioneros que sirven en instituciones misioneras como escuelas bíblicas y seminarios, hospitales y casas de huéspedes misioneras. El personal misionero que desempeña funciones administrativas y de apoyo técnico también puede ser menos propenso a convertirse en bicultural porque cree que su "trabajo" no lo requiere. Sin embargo, para los testigos transculturales, ésta no es una opción viable si quieren tener un ministerio transcultural efectivo.

Cuando nos hacemos biculturales, somos capaces de desvincularnos en cierta medida de nuestra cultura de origen y trasladar creencias y prácticas culturales de una cultura a otra. Cuando esto sucede, nos convertimos en "intermediaries culturales" o comerciantes que se mueven entre culturas, llevando ideas y productos de una cultura a otra. Don Larson señala que, con demasiada frecuencia, los papeles que han ocupado los misioneros pueden haberles dado poder y posición, pero han sido percibidos negativamente por la población local. Por eso, en lugar de los roles de maestro, vendedor o acusador, sugiere que los misioneros ocupen roles que serán percibidos positivamente y aceptados más fácilmente por la población local. Por ejemplo, aprendiz en lugar de maestro, comerciante en lugar de vendedor y narrador en lugar de acusador (Larson 1978).

Como comentamos en el capítulo 11, Paul Hiebert señala que cuando nos convertimos en personas biculturales, vivimos con dos mundos en nuestro interior, por lo que tenemos que reconciliar de algún modo esos dos mundos (1985, 105). Ha observado cuatro formas en que los misioneros han intentado hacerlo.

La primera "solución" es que rechacemos la cultura local no tomándola en serio, calificándola de primitiva, viendo poco valor redentor en la cultura y rodeándonos de personas iguales a nosotros. Hiebert afirma: "Podemos reconstruir nuestra propia cultura dentro de nuestros hogares y recintos, creando islas de seguridad en un mar ajeno" (1985, 105).

En mi investigación sobre el ajuste transcultural de los misioneros en Asia, me encontré con una misionera que utilizaba este enfoque de rechazo al tratar con la cultura coreana. Vivía en un complejo misionero y rara vez salía para adentrarse en la cultura coreana. Por supuesto, no le fue bien aprendiendo el idioma, comprendiendo la cultura o entablando amistad con los coreanos. Desafortunadamente, se había convertido en prisionera de la situación que había creado. En cambio, su esposo sí se aventuró fuera del recinto misionero, se adaptó bien a la cultura coreana y entabló relaciones significativas con los coreanos. Por supuesto, esto supuso un estrés adicional para su matrimonio.

La segunda "solución" es la inversa de la primera. Tratamos de dar la espalda a la cultura en la que nos criamos e intentamos "volvernos nativos". Esto no funciona ni puede funcionar simplemente porque nuestros padres no eran nativos. Hemos desarrollado en lo más profundo de nuestro ser un idioma, una cultura y una cosmovisión, y no podemos deshacernos de ellos aunque lo intentemos. Rara vez he visto testigos transculturales que hayan intentado convertirse en nativos, pero sí sé de algunos antropólogos que lo intentaron... y fracasaron.

El antropólogo misionólogo australiano Alan Tippett, en su clásico libro *Solomon Islands Christianity: A Study in Growth and Obstruction* (1967), compara la labor de la Misión Metodista Australiana con la de la Misión Anglicana Melanesia. Pone una nota muy alta a los anglicanos por la forma en que se relacionaron con los habitantes de las Islas Salomón, más encarnada que la de los metodistas, que eran etnocéntricos y se esforzaban poco por conectar el evangelio con su cultura. Charles Fox (cuya historia conté en el capítulo 11) es un maravilloso ejemplo de testigo transcultural de la Misión Anglicana Melanesia que era verdaderamente bicultural y, sin embargo, incluso después de setenta años en las Islas Salomón, nunca se convirtió en salomonense, sino que siguió siendo neozelandés hasta su muerte a los noventa y nueve años.

Conozco a un testigo transcultural que recibió mis enseñanzas y se fue con su familia a Asia central a trabajar entre musulmanes. Me dijo que había llegado a la conclusión de que, para llegar a los musulmanes con el evangelio, tendría que convertirse él mismo en musulmán. Como pueden imaginar, esa estrategia no funcionó en su intento de identificarse con los musulmanes, ni recibió la bendición o el respaldo de su organización misionera. No tardó mucho en volver a casa. De vez en cuando he visto a estadounidenses intentar convertirse en nativos, y he hablado con la población local sobre lo que piensan de estos estadounidenses. Lo que he descubierto es que a los extranjeros que intentan convertirse en nativos no se les respeta y rara vez se les aprecia. La población local suele compadecerse de ellos porque parecen no saber quiénes son y están confusos sobre su propia identidad. Así que las dos primeras "soluciones", rechazar la cultura local o intentar rechazar nuestra propia cultura y convertirnos en nativos, resultan no ser soluciones adecuadas al reto de vivir en dos mundos. Son especialmente inapropiadas para el testimonio transcultural.

Una tercera "solución" a vivir en dos mundos es la compartimentación (Hiebert 1985, 106–7). El eslogan "adonde fueres haz lo que vieres" capta la esencia de la compartimentación. Pero a largo plazo, este enfoque no es satisfactorio ni eficaz. Hiebert afirma: "El cambio constante de una cultura a otra puede provocar confusión e inseguridad y, en caso extremo, crisis de identidad y esquizofrenia cultural" (107).

El ya fallecido Rick Love (1952-2019) hablaba de los retos de servir en un mundo pluralista, globalizado y posterior a los ataques terroristas del 11/9/2001 en términos de nuestra identidad y el problema de la compartimentación. Señala: "Esta interconexión y globalización significa que cada vez más nos enfrentamos al reto de hacer tres cosas simultáneamente: presentar el evangelio (en nuestro entorno primario, al mundo musulmán), defender el evangelio (ante el mundo secular que nos escucha), reclutar para el evangelio (dentro de la iglesia)" (2008, 32–33). En otras palabras, compartimentamos tres identidades diferentes mientras nos comunicamos con tres audiencias distintas, pero estas audiencias no están aisladas unas de otras. Si intentamos entrar en un país a través de una plataforma empresarial o algún otro papel que camufle nuestra verdadera identidad y misión, a menudo no funciona. Es más, se nos acusará de duplicidad, lo que diluye o niega nuestro mensaje de Jesús como el camino, la verdad y la vida al cruzar culturas con el evangelio.

Está claro que la compartimentación como "solución" a vivir en dos mundos con múltiples identidades no funciona, especialmente en la era actual de la globalización y el uso de la internet, que puede revelar nuestra identidad a cualquiera que nos busque en Google. Entonces, ¿hay una solución mejor? Sí la hay y a ella nos referiremos a continuación.

La cuarta solución es realmente una solución real y duradera de cómo vivir en dos mundos como testigos transculturales. Es el proceso de integración. Hiebert dice: "A largo plazo y en los niveles más profundos, necesitamos trabajar hacia una integración entre las dos culturas que hay en nosotros. Para ello necesitamos un marco metacultural bien desarrollado que nos permita aceptar lo que es verdadero y bueno en todas las culturas y criticar lo que es falso y malo en cada una de ellas" (1985, 107). Y yo añadiría: "incluso en la nuestra." Rick Love afirma:

> Una identidad medular habla de "integridad" e "integración", palabras que proceden de la misma raíz latina: formar un todo. La integridad se refiere a la coherencia entre las convicciones internas y las acciones externas. Estaremos caminando en integridad cuando tengamos "la verdad en lo íntimo" (Salmo 61:6). La honestidad, la sinceridad, la falta de engaño y la candidez son otras formas de describirla. No podemos seguir pensando que somos misioneros en un contexto y cooperantes, profesores u hombres de negocios en otro. Esto no sólo refleja una doble personalidad, sino también una doble espiritualidad, una falsa idea de que los aspectos espirituales de nuestra vida o nuestro trabajo son más importantes que los aspectos prácticos de la vida (2008, 35).

Convertirse en una persona bicultural es una estrategia a largo plazo porque requiere tiempo y un profundo involucramiento en la cultura. Ya he señalado antes que mi esposa y yo establecimos vínculos con los habitantes de las Islas Salomón, pero después de vivir allí inicialmente durante un año, no nos convertimos en biculturales. Eso habría llevado mucho más tiempo y un mayor grado de involucramiento en la vida de las personas entre las que vivíamos.

Límites de la biculturalidad

La pregunta de hasta dónde debemos llegar en nuestra identificación con una cultura de acogida surge con frecuencia en cualquier debate sobre la adaptación a otras culturas. ¿Acaso no hay límites para adaptarnos a culturas tan diferentes de la nuestra? ¿Existen fronteras claramente definidas más allá de las cuales no debemos ir para no poner en peligro nuestro ministerio y a nosotros mismos? Son preguntas importantes que ocupan un lugar destacado en la mente de muchos testigos transculturales.

Como dije en el capítulo 4, sugiero lo siguiente: debemos llegar tan lejos como podamos en la identificación con los demás sin violar nuestra conciencia y manteniendo nuestra cordura. Sin embargo, a veces nuestra conciencia necesita ser educada y expuesta a una comprensión más amplia. T. Wayne Dye, en "Toward a Cross–Cultural Definition of Sin" (1976), y Robert J. Priest, en "Missionary Elenctics: Conscience and Culture" (1994), nos han dado pautas muy útiles para distinguir entre la manera en que nuestra conciencia ha sido moldeada por nuestra cultura en un tiempo y lugar concretos, y los principios universales de conciencia que se aplican a todas las personas en todas las culturas. Priest sostiene que "los misioneros necesitan comprender el papel que la cultura ha desempeñado en la formación de su propia conciencia, y necesitan ayuda para distinguir los escrúpulos basados en la verdad moral bíblica trascendente de los escrúpulos moldeados, al menos en parte, por significados culturales convencionales" (1994, 306).

¿Qué necesitamos para mantener la cordura? Recuerdo a una traductora de la Biblia en las Islas Salomón que vivía en un entorno muy sencillo en una isla bastante aislada. Afirmaba que si necesitaba X, Y y Z para sobrevivir, entonces Dios le proporcionaría X, Y y Z. Uno de los artículos de su lista de cosas que necesitaba para sobrevivir era su champú favorito. (No tengo ningún problema con los misioneros que pueden sentir que necesitan algunas cosas para ayudarles con su transición a vivir en otra cultura y mantener su cordura. Pero sí tengo problemas con los misioneros que necesitan todo de la A a la Z y algunas cosas más para poder sobrevivir). Me dijo que el Señor le había proporcionado milagrosamente su champú favorito porque, al igual que el frasco de aceite de la viuda que nunca se acababa (1 Reyes 17:8-16), su botella de champú nunca se vaciaba.

La amistad como clave para ser bicultural

¿Qué podemos hacer para convertirnos en personas biculturales en otra cultura y entablar relaciones significativas con los demás? Además de sentirnos como en casa en nuestra sociedad de acogida, aprender el idioma y comprender la cultura de la gente, hay una serie de técnicas que podemos utilizar para relacionarnos con los demás. Entre ellas se encuentran la escucha activa, la retroalimentación, escuchar los sentimientos más que las palabras, prestar atención y estar presente al cien por cien y no distraerse cuando se participa en conversaciones con otras personas. Todas estas son cosas útiles que podemos aprender a hacer, pero más importante que aprender técnicas específicas es la disposición a hacerse amigo de una persona local. ¿Cuál es tu capacidad para la amistad? Los testigos transculturales que tienen una gran capacidad para la amistad tienen más probabilidades de entablar amistades transculturales con personas locales y, con el tiempo, convertirse en biculturales en la sociedad de acogida. Pero, ¿pueden todas las personas hacer esto? ¿No hay personas más dotadas que otras para entablar amistades?

Si midiéramos la capacidad de los testigos transculturales para convertirse en personas biculturales, probablemente descubriríamos algo parecido a una curva de distribución en forma de campana. En un extremo estarían los que se ajustan fácil y rápidamente a la cultura, forman amistades profundas y relaciones significativas, y sin esfuerzo (al parecer) se sienten como en casa en su cultura de acogida y sienten que pertenecen a ella. Charles Fox, cuya historia conté en el capítulo 11, es un ejemplo de este raro tipo de personas. En mis viajes, no he encontrado muchos testigos transculturales que encajen en este tipo. En el otro extremo de la curva de campana están los que nunca llegan a ser biculturales, no entablan amistad con la población local, tienen dificultades para encarnarse, rechazan la comida y las diversiones locales y siguen siendo extranjeros. El misionero bautista en Taiwán, que me dijo que la única comida china que le gustaba eran las naranjas, pertenece a esta categoría. Desafortunadamente, he conocido a demasiados de este tipo. Los testigos transculturales que trabajan principalmente en instituciones (escuelas, centros médicos, oficinas misioneras) y que parecen arreglárselas sin aprender el idioma local tienen menos probabilidades de adaptarse a la cultura y convertirse en biculturales. Pero la mayoría de los testigos transculturales nos encontramos en algún punto intermedio de estos dos extremos de la curva de campana. Por eso, tenemos que esforzarnos por entablar amistades. Tenemos que estar convencidos de todo corazón de que Dios nos ha llamado a esta obra y ministerio.

Gracias a los trabajos académicos de la historiadora de misiones Dana Robert, la importancia de crear amistades en la misión está ganando renovada atención. Robert señala: "A través de relaciones profundas con otras personas, la presencia de Dios se hace concreta y tangible. En el mejor de los casos, la amistad comunica el amor inquebrantable de Dios a través de las circunstancias más difíciles de la vida. Las transiciones de la vida y la muerte, la enfermedad, la dislocación social y simplemente las luchas ordinarias de la vida cotidiana pueden transformarse a través de la presencia y las oraciones de los amigos. Además, si estos amigos son de otra cultura o grupo étnico, el significado de 'Dios con nosotros' se profundiza" (2019, 56).

El libro de Robert está lleno de historias y ejemplos de cómo la amistad es una parte tan importante del éxito de la misión de los testigos transculturales y de su conversión en personas biculturales. Por ejemplo, Robert cuenta la historia de la misionera presbiteriana canadiense Caroline Macdonald, cuya capacidad para la amistad la llevó a entablar amistad con prisioneros japoneses y, en última instancia, a conseguir la reforma de las cárceles. Robert cita a la biógrafa de Macdonald, Margaret Prang (2002), para resumir la extraordinaria vida de Caroline Macdonald: "Si bien la inteligencia, la educación y el espíritu aventurero de Macdonald marcaron su vida, el factor definitivo de su inusual carrera fue su gran capacidad para la amistad. Esta capacidad estaba arraigada en su profunda convicción de que las diferencias sociales y culturales debían respetarse, pero en última instancia tenían poca importancia. Para ella, la realidad esencial era que 'la naturaleza humana es una sola'" (Robert 2019, 63). Robert continúa señalando que "la capacidad de amistad de Macdonald se expresaba en su insistencia en que los extranjeros hablaran japonés con fluidez y en que no criticaran la cultura japonesa" (63).

La amistad con los demás puede convertirse en una ventana abierta a su cultura. A medida que desarrollamos una relación de reciprocidad que desafía las diferencias que de otro modo podrían separarnos, llegamos a conocer lo más profundo de la cultura de una persona y revelamos nuestros propios supuestos culturales, incluidos nuestros prejuicios y sesgos. Los antropólogos hablan de desarrollar relaciones con "informantes clave" para aprender el idioma y la cultura. Si bien estos informantes pueden ser un buen comienzo, la verdadera amistad no está motivada por nuestra necesidad de encontrar "informantes clave". Más bien procede de nuestro compromiso con el reino de Dios, los principios de justicia e igualdad, y nuestro deseo de conocer y ser conocidos por otros que son diferentes a nosotros.

La traductora de la Biblia y misionóloga Harriet Hill, en un provocador artículo titulado "Lifting the Fog on Incarnational Ministry" (1993), recomienda que los testigos transculturales desarrollen la empatía encarnacional al relacionarse con los demás. Señala: "¿Cómo desarrollamos entonces la empatía encarnacional? Un modelo prometedor de relación a considerar es la amistad. En muchos sentidos, la amistad es un papel que describe honestamente nuestras relaciones con las personas ... La amistad permite las diferencias, pero en una atmósfera de respeto y aceptación, con vistas al enriquecimiento mutuo. La amistad se da en casi todas las culturas y a veces es más íntima que las relaciones de parentesco. Se presta al ministerio" (266).

Hill continúa con siete características de la amistad transcultural:

1. *La amistad transcultural debe ser intencionada.* En nuestra cultura de origen, tendemos a gravitar hacia las personas que son

como nosotros, por lo que las amistades transculturales requieren intencionalidad.

2. *La amistad transcultural requiere proximidad.* Cuando vivimos cerca de las personas a las que servimos, es mucho más fácil desarrollar relaciones con ellas que cuando vivimos a distancia y hacemos incursiones periódicas en su comunidad.

3. *La amistad transcultural debe apreciar las diferencias y las similitudes.* La antropología nos da herramientas y una perspectiva para descubrir las diferencias, pero también debemos buscar y celebrar nuestra humanidad común.

4. *La amistad transcultural atravesará las clases económicas.* Cruzar barreras económicas es a menudo un reto mayor que cruzar barreras culturales, especialmente para testigos transculturales procedentes de países ricos. Nuestro estatus económico puede crear un cierto estilo de vida que nos divide aún más de aquellos a quienes servimos.

5. *La amistad transcultural también implica vulnerabilidad.* Las amistades genuinas implican que ambas personas compartan profunda y libremente, que estén dispuestas a exponer sus necesidades y debilidades, que compartan alegrías y penas, y que den y reciban mutuamente.

6. *La amistad intercultural tiene que ser selectiva.* Las relaciones significativas en cualquier cultura suelen limitarse a un puñado de personas. Benjamín Franklin escribió que debemos ser corteses con todos, amistosos con muchos e íntimos con muy pocos. No podemos ser los mejores amigos de todas las personas de nuestra sociedad de acogida, así que tendremos que ser selectivos y confiar en el Espíritu Santo para que nos guíe.

7. *La amistad transcultural debe ser flexible.* Los misioneros entablarán amistad de distintas maneras en función de su personalidad, estilo de vida y papel en la sociedad. El objetivo es la amistad. La forma de conseguirlo varía de una persona a otra y de un contexto a otro. (1993, 266–68)

¿Cuál es el objetivo y el propósito de desarrollar amistades transculturales, que pueden ser muy ricas y significativas? ¿Cuál es el objetivo de establecer vínculos con la población local y, con el tiempo, convertirse en una persona bicultural en nuestra sociedad de acogida? En un artículo clásico que tiene tanta vigencia hoy como cuando se publicó por primera vez en *Practical Anthropology* cerca del final del período colonial de la misión, William Reyburn escribe: "La base de la identificación misionera no es hacer que la persona nativa se

sienta más a gusto en torno a un extranjero ni tranquilizar la conciencia mate-
rialista del misionero, sino crear una comunicación y una comunión en la que
juntos busquen lo que San Pablo en 2 Corintios 10:5 llama los 'argumentos y
toda altivez': Destruimos argumentos y toda altivez que se levanta contra el
conocimiento de Dios, y llevamos cautivo todo pensamiento para que se someta
a Cristo" (1978, 760).

RESUMEN DEL CAPÍTULO

Esperemos que este capítulo haya mostrado la sabiduría del proverbio ghanés
"Si quieres ir rápido, ve solo. Si quieres llegar lejos, ve acompañado". Necesitamos relaciones y amistades transculturales para llegar a ser personas biculturales, y necesitamos llegar a ser biculturales con las personas entre las que vivimos
y servimos si queremos experimentar el gozo de un ministerio transcultural
efectivo y duradero.

CONCLUSIÓN A LA PARTE 5

Hemos llegado al final de este libro y espero que hayas obtenido conocimientos
antropológicos valiosos durante el proceso. En esta última parte, "Creciendo
como comunicadores efectivos", me he enfocado en los desafíos y recompensas
de cruzar culturas con el evangelio. La buena noticia es que sí es posible que
los testigos transculturales crezcan en su comprensión y competencia cultural
cuando viven y ejercen su ministerio en una cultura diferente a la suya. Desafortunadamente, hoy en día no son muchos los que permanecen el tiempo
suficiente para adquirir un conocimiento profundo y exhaustivo de la cultura,
el idioma y la cosmovisión de las personas entre las que viven y a las que sirven.

El tema dominante a lo largo de este libro es que para tener un ministerio
efectivo y duradero tenemos que desarrollar relaciones significativas con las personas, y esto requiere tiempo e intencionalidad. Por lo tanto, tenemos que descubrir las diferencias culturales que existen. En el capítulo 12 presentamos una
serie de habilidades prácticas y herramientas antropológicas que nos permiten
descubrir las diferencias culturales entre las personas con las que convivimos.
Son habilidades que todos los testigos transculturales pueden aprender. Sugerí
que el método de investigación antropológica de la observación participante
es ideal para que los testigos transculturales aprendan el idioma y la cultura de
su sociedad de acogida. Los testigos transculturales debemos convertirnos en

buenos etnógrafos para poner por escrito lo que estamos aprendiendo. Esto nos permitirá aprender a formular buenas preguntas, hacer observaciones precisas e interpretarlas correctamente. Cuando practicamos la curiosidad por la nueva cultura en la que estamos, podemos descubrir diferencias culturales, pero tendremos que suspender el juicio y tomar conciencia de nuestros sesgos y prejuicios. Adoptar una postura de relativismo cultural nos permitirá suspender el juicio para entender por qué la gente hace lo que hace en el contexto en el que vive, en lugar de juzgarla rápidamente por tener una cultura diferente a la nuestra.

Además de descubrir las diferencias culturales de nuestra sociedad de acogida, también debemos descubrir nuestro propio bagaje cultural. Este fue el tema del capítulo 13, en el que hablamos de cómo descubrir nuestras suposiciones y cosmovisión, que a menudo nos llevan a hacer juicios prematuros y falsas suposiciones sobre los demás. Además, nuestro estilo de vida puede frustrar o facilitar nuestro ministerio transcultural, pero con demasiada frecuencia no somos conscientes de ello. Parte del bagaje cultural que llevamos a los entornos transculturales, a menudo sin darnos cuenta, es que a veces nuestra fe está moldeada más por nuestros valores culturales y cosmovisión que por los valores bíblicos.

Por último, en el capítulo 14 sugerí dos estrategias que todos los testigos transculturales deberían adoptar para desarrollar relaciones profundas y significativas con la población local. La primera es el concepto de vinculación, que es una estrategia a corto plazo que comienza en el momento en que bajamos del avión y nos adentramos en la nueva cultura. La segunda es convertirse en bicultural. Las personas biculturales han aprendido a vivir en dos o más mundos que están integrados en sus mentes. Pueden moverse libremente entre mundos, con un sentimiento de pertenencia y de sentirse en casa en más de uno de ellos. Esta es una postura ideal para los testigos transculturales, porque les permite desarrollar relaciones significativas con los demás y cruzar las culturas con el evangelio de manera efectiva.

Conclusión

En mis seminarios de enseñanza y capacitación, con frecuencia les digo a los participantes que lo que voy a leer en los últimos minutos de nuestra clase es más importante que cualquier otra cosa que haya dicho o enseñado a lo largo del curso. Hago notar que podemos tener una gran cantidad de conocimientos antropológicos valiosos, pero si pasamos por alto el ingrediente más importante del ministerio transcultural, entonces habremos perdido el propósito mismo de nuestro llamado. Así pues, terminaré este libro de la misma manera que concluyo muchas de mis experiencias de enseñanza y capacitación en todo el mundo. Les invito a reflexionar sobre las "Meditaciones de un misionero".

Si yo hablara el dialecto de la gente a la que sirvo y pudiera predicar con la fuerza elocuente de un ardiente evangelista; si estuviera dotado de sabiduría antropológica; si como cirujano pudiera operar con destreza; si como agricultor pudiera cultivar arroz de río de alta calidad; si como profesor pudiera pronunciar conferencias cautivadoras, pero no tengo amor, mi mensaje está vacío.

Y aunque tuviera el talento de un diplomático organizador y administrador en consejos y reuniones; y tuviera toda la confianza que necesito para recaudar grandes fondos, pero no tengo amor, no sirvo para nada.

Y aunque repartiera mis bienes y diera dinero a los pobres, pero no ayudara a mi hermano y hermana a convertirse en seguidores interdependientes de Cristo, no conseguiría absolutamente nada.

El amor, si es genuino en la vida y obra de un misionero, es paciente y constructivo; no busca posición ni prestigio. El amor se alegra de ver a un nacional competente a cargo y no tiene envidia. El amor busca capacitar a un liderazgo autóctono; no abriga ideas vanas de su propia importancia; nunca está ansioso por impresionar. El amor intenta identificarse con la población local y nunca es arrogante ni etnocéntrico.

El amor genuino no menosprecia a los demás. No recopila estadísticas de los errores de los demás. El amor trata de sobrellevar el gozo y la tristeza, el fracaso y el éxito de manera provechosa. El amor no se deja provocar fácilmente cuando hay una diferencia de opinión o cuando surgen diferencias culturales, y cuando se difunden rumores desconocidos, el amor no contribuye a las habladurías, sino que cree lo mejor.

El amor genuino es una colaboración. Es mucho mejor fracasar con un nacional al mando que tener éxito sin él o ella. El amor no se irrita fácilmente; nunca oculta los sentimientos heridos ni las decepciones. El amor nunca pone barreras a la comprensión, sino que se regocija compartiendo la verdad.

El amor mantiene la mente abierta; está dispuesto a probar nuevos métodos y formas de hacer las cosas. El amor no considera el pasado tan valioso como para limitar una nueva visión. El amor da valor para cambiar las viejas costumbres cuando es necesario; es flexible a la hora de adaptar formas probadas y fiables de la cultura del misionero para que encajen en el contexto cultural de la sociedad nacional. A menos que estemos preparados para adaptarnos y cambiar, tendremos defensores de un viejo sistema, pero no una nueva voz; cuidadores institucionales, pero no buscadores de la verdad; tendremos muchos predicadores, pero ningún profeta. Mantendremos el arbusto primorosamente podado por jardineros contratados, utilizando equipos caros, pero dentro del arbusto no habrá fuego ardiente.

El amor que confía como los niños pequeños nunca deja de ser. Las grandes instituciones pueden cesar, incluso las escuelas y universidades fuertemente subvencionadas que imparten conocimientos pueden cerrar. Pero si los conocimientos que allí se imparten no conducen a los estudiantes a Cristo Salvador, sería mejor confiar esa educación al gobierno; porque nuestros conocimientos son siempre incompletos sin Aquel que es "el Camino, la Verdad y la Vida". El amor que no tiene otro deseo que el de confiar, nunca acabará.

Nos encontramos en un periodo de cambio y transición. La era poscolonial y posmoderna está sobre nosotros. Y dime, ¿dónde está la persona que sabe hacia dónde vamos o qué ocurrirá en el mundo globalizado de la misión y la evangelización? Pero ahora, aquí en la tierra, sólo podemos comprenderlo vagamente.

Cuando las misiones cristianas estaban aún en la infancia, los métodos para proclamar el evangelio de Cristo eran simples y a veces ingenuos. La autoridad estaba en manos de unos pocos. Pero ahora que las misiones han crecido durante más de un siglo hacia la madurez, deben dejar a un lado la dependencia infantil. Debe plantarse en lo más profundo del suelo de cada pueblo una nueva, vibrante y autóctona iglesia del Maestro; una que no sólo sea autosuficiente, autogobernada y autopropagada, sino también autoteologizada.

Pero, pase lo que pase, sea cual sea la dirección que tomen los vientos de cambio, hay una certeza: nuestro Señor no se ha quedado ni se quedará sin testigos en todas las culturas, en todos los pueblos y en todas las épocas. Por medio de su creación y redención, Dios está perfeccionando su plan en la historia y a través de ella, aunque ahora todo parezca confuso, desconcertante y, a veces, sin esperanza.

Tengamos esto por seguro: las instituciones pasarán, pero el trabajo realizado por manos que han compartido con los necesitados y proclamado el mensaje del amor salvador de Cristo, que murió y resucitó y vive como Señor de la vida, nunca, nunca, nunca pasará. En esta vida sólo hay tres cualidades perdurables: fe, esperanza y amor, estas tres. Pero la mayor de ellas es el amor.

Bibliografía

Achebe, Chinua. 1959. *Things Fall Apart*. Greenwich, CT: Fawcett Publications, Inc.

Adeney, Bernard T. 1995. *Strange Virtues: Ethics in a Multicultural World*. Downers Grove, IL: InterVarsity.

Adeney, Miriam. 2002. *Daughters of Islam: Building Bridges with Muslim Women*. Downers Grove, IL: InterVarsity.

———. 2009. *Kingdom without Borders: The Untold Story of Global Christianity*. Downers Grove, IL: InterVarsity.

———. 2015. "Why Cultures Matter." *International Journal of Frontier Missiology* 32 (2): 93–97.

Alma, Carissa. 2011. ~~Surviving~~ Thriving in Cross-Cultural Ministry. Lexington: Pavilion Books.

Althen, Gary. 2002. *American Ways: A Guide for Foreigners in America*. 2nd ed. Yarmouth, ME: Intercultural Press.

Anderson, Gerald H., ed. 1998. *Biographical Dictionary of Christian Missions*. New York: Macmillan Reference.

———. 2009. "Prevenient Grace in World Mission." In *World Mission in the Wesleyan Spirit*, edited by Darrell Whiteman and Gerald Anderson, 43–52. American Society of Missiology Series 44. Franklin, TN: Providence House.

Anderson, Linda E. 1994. "A New Look at an Old Construct: Cross-Cultural Adaptation." *International Journal of Intercultural Relations* 18 (3): 293–328.

Anderson, Tawa J., W. Michael Clark, and David K. Naugle. 2017. *An Introduction to Christian Worldview: Pursuing God's Perspective in a Pluralistic World*. Downers Grove, IL: IVP Academic.

Apfelthaler, Gerhard. 1999. *Interkulturelles Management: Die Bewältigung kultureller Differenzen in der internationalen Unternehmenstätigkeit*. Vienna: Manz Verlag Schulbuch.

Arbuckle, Gerald A. 1990. *Earthing the Gospel: An Inculturation Handbook for Pastoral Workers*. London: Geoffrey Chapman.

Arensberg, Conrad M., and Arthur H. Niehoff. 1964. *Introducing Social Change: A Manual for Americans Overseas*. Chicago: Aldine.

Azadipour, Shiva. 2019. "Personality Types and Intercultural Competence of Foreign Language Learners in Education Context." *Journal of Education and Health Promotion* 8 (236). https://www.ncbi.nlm.nih.gov/pmc/articles/PMC6904958/.

Backues, Lindy. 2017. "Humility: A Christian Impulse as Fruitful Motif for Anthropological Theory and Practice." In *On Knowing Humanity: Insights from Theology for Anthropology*, edited by Eloise Meneses and David Bronkema, 101–36. New York: Routledge.

Bailey, Kenneth E. 2005. *The Cross and the Prodigal: Luke 15 through the Eyes of Middle Eastern Peasants*. 2nd ed. Downers Grove, IL: InterVarsity.

———. 2008. *Jesus through Middle Eastern Eyes: Cultural Studies in the Gospels*. Downers Grove, IL: IVP Academic.

———. 2011. *Paul through Mediterranean Eyes: Cultural Studies in 1 Corinthians*. Downers Grove, IL: IVP Academic.

Baker, Ken. 2002. "The Incarnational Model: Perception or Deception?" *Evangelical Missions Quarterly* 38 (1): 16–24.

Barna, George, and Mark Hatch. 2001. *Boiling Point: How Coming Cultural Shifts Will Change Your Life*. Glendale, CA: Regal Books.

Barna Research Group. 2009. "Changes in Worldview among Christians over the Past 13 Years." March 9, 2009. https://www.barna.com/research/barna-survey -examines-changes-in- worldview-among-christians-over-the-past-13-years/.

Baxter, L. A. 2004. "Relationships as Dialogues." *Personal Relationships* 11 (1): 1–22.

Baxter, L. A., and B. M. Montgomery. 1996. *Relating: Dialogues and Dialects*. New York: Guilford.

Beech, Geoff. 2018. "Shame/Honor, Guilt/Innocence, Fear/Power in Relationship Contexts." *International Bulletin of Mission Research* 42 (4): 338–46.

Berger, Peter L., and Thomas Luckmann. 1966. *The Social Construction of Reality: A Treatise in the Sociology of Knowledge*. New York: Anchor Books.

Billings, J. Todd. 2004. "Incarnational Ministry and Christology: A Reappropriation of the Way of Lowliness." *Missiology* 32, no. 2: 187–201.

———. 2012. "The Problem with 'Incarnational Ministry.'" *Christianity Today*, July–August, 58–63. https://www.christianitytoday.com/ct/2012/july-august/the -problem-with-incarnational-ministry.html.

Black, J. Stewart, and Hal Gregersen. 1999. "The Right Way to Manage Expats." *Harvard Business Review*, March–April. https://hbr.org/1999/03/the-right-way-to -manage-expats.

Blue, Ron, with Michael Blue. 2016. *Master Your Money: A Step-by-Step Plan for Experiencing Financial Contentment*. Chicago: Moody.

Bonding and Birth. n.d. "About Marshall and Phyllis Klaus." Accessed March 2, 2023. https://www.bondingandbirth.org/marshall-and-phyllis-klaus.html.

Bradley, Keith. 1994. *Slavery and Society at Rome*. Cambridge: Cambridge University Press.

Brewster, E. Thomas, and Elizabeth S. Brewster. 1972. "Involvement as a Means of Second Culture Learning." *Practical Anthropology* 19 (1): 27–44.

Brewster, Elizabeth S., and E. Thomas Brewster. 1982a. *Bonding and the Missionary Task: Establishing a Sense of Belonging*. Pasadena, CA: Lingua House.

———. 1982b. *Language Learning Is Communication—Is Ministry*. Pasadena, CA: Lingua House.

———. 1984. *LAMP: Language Acquisition Made Practical; Field Methods for Language Learners*. Pasadena, CA: Lingua House.

———. 2009. "The Difference Bonding Makes." In *Perspectives on the World Christian Movement*, edited by Ralph D. Winter and Steven C. Hawthorne, 465–69. 4th ed. Pasadena, CA: William Carey Library.

Brightman, Robert. 1995. "Forget Culture: Replacement, Transcendence, Relexification." *Cultural Anthropology* 10 (4): 509–46.

Brislin, R. W., and H. VanBuren. 1974. "Can They Go Home Again?" *International Educational and Cultural Exchange* 9:19–24.

Brown, Robert McAfee. 1984. *Unexpected News: Reading the Bible with Third World Eyes*. Louisville: Westminster John Knox.

Bruner, Edward M. 1956. "Cultural Transmission and Cultural Change." *Southwestern Journal of Anthropology* 12, no. 2 (Summer): 191–99. Reprinted in *Readings in Anthropology*, edited by Jesse Jennings and Edward A. Hoebel, 338–42. New York: McGraw-Hill, 1966.

Bulatao, Jaime C. 1966. *Split-Level Christianity*. Manila: Ateneo de Manila University Press.

Burnett, David. 1992. *Clash of Worlds: A Christian's Handbook on Cultures, World Religions, and Evangelism*. Nashville: Oliver Nelson Books.

Carey, William. 1792. *An Enquiry into the Obligation of Christians to Use Means for the Conversion of the Heathens*. Reprinted in *Perspectives on the World Christian Movement*, edited by Ralph Winter and Steven Hawthorne, 312–18. 4th ed. Pasadena, CA: William Carey Library, 2009.

Carroll, John B. 1956. *Language, Thought and Reality: Selected Writings of Benjamin Lee Whorf*. Cambridge, MA: MIT Press.

Conklin, Harold. 1955. "Hanunóo Color Categories." *Southwestern Journal of Anthropology* 11 (4): 339–44.

Conn, Harvie M. 1984. *Eternal Word and Changing World: Theology, Anthropology, and Mission in Trialogue*. Phillipsburg, NJ: Presbyterian and Reformed.

Corbett, Steve, and Brian Fikkert. 2009. *When Helping Hurts: How to Alleviate Poverty without Hurting the Poor . . . and Yourself*. Chicago: Moody.

Costas, Orlando. 1982. "Contextualization and Incarnation: Communicating Christ amid the Oppressed." In *Christ Outside the Gate: Mission beyond Christendom*, 3–20. Maryknoll, NY: Orbis Books.

Cozens, Simon. 2018. "Shame Cultures, Fear Cultures, and Guilt Cultures: Reviewing the Evidence." *International Bulletin of Mission Research* 42 (4): 326–36.

Crown Financial Ministries. 2007. *Crown Biblical Financial Study*. Knoxville: Crown Financial Ministries.

Cupsa, Iona. 2018. "Culture Shock and Identity." *Transactional Analysis Journal* 48 (2): 181–91.

deNeui, Paul H., ed. 2017. *Restored to Freedom from Fear, Guilt, and Shame: Lessons from the Buddhist World*. Pasadena, CA: William Carey Library.

DeWalt, Kathleen M., and Billie R. DeWalt. 2011. *Participant Observation: A Guide for Fieldworkers*. 2nd ed. Walnut Creek, CA: AltaMira.

Donne, John. 2014. *Holy Sonnets with an introduction by John Daniel Thieme*. Newton, NJ: Vicarage Hill.

Donovan, Vincent. 1978. *Christianity Rediscovered*. Maryknoll, NY: Orbis Books.

Dye, T. Wayne. 1974. "Stress-Producing Factors in Cultural Adjustment." *Missiology* 2 (1): 61–77.

———. 1976. "Toward a Cross-Cultural Definition of Sin." *Missiology* 4 (1): 27–41.

Edgerton, Robert. 1992. *Sick Societies: Challenging the Myth of Primitive Harmony*. New York: Free Press.

Ekechi, F. K. 1971. "Colonialism and Christianity in West Africa: The Igbo Case, 1900–1915." *Journal of African History* 12 (1): 103–15.

Elmer, Duane. 2002. *Cross-Cultural Connections: Stepping Out and Fitting In around the World*. Downers Grove, IL: IVP Academic.

Elmer, Vickie. 2013. "More Than 40% of Managers That Are Sent Abroad Fail." *Quartz*, June 4. https://qz.com/90816/more-than-40-of-managers-that-are-sent-abroad-fail.

Emerson, Robert M., Rachel I. Fretz, and Linda L. Shaw. 2001. "Participant Observation and Fieldnotes." In *Handbook of Ethnography*, edited by Paul Atkinson, Amanda Coffey, Sara Delamont, John Lofland, and Lyn Lofland, 356–57. Thousand Oaks, CA: Sage.

———. 2011. *Writing Ethnographic Fieldnotes*. 2nd ed. Chicago: University of Chicago Press.

Feldman, Daniel C., and Holly B. Tompson. 1992. "Entry Shock, Culture Shock: Socializing the New Breed of Global Managers." *Human Resource Management* 31 (4): 345–62.

Fikkert, Brian, and Kelly M. Kapic. 2019. *Becoming Whole: Why the Opposite of Poverty Isn't the American Dream*. Chicago: Moody.

Fischer, Michael M. J. 2007. "Culture and Cultural Analysis as Experimental Systems." *Cultural Anthropology* 22 (1): 1–65.

Flanders, Christopher, and Werner Mischke, eds. 2020. *Honor, Shame, and the Gospel: Reframing Our Message and Ministry*. Littleton, CO: William Carey.

Fox, Charles E. 1910. *An Introduction to the Study of Oceanic Languages*. Norfolk Island: Melanesian Mission Press.

———. 1924. *Threshold of the Pacific: An Account of the Social Organization, Magic and Religion of the People of San Cristoval in the Solomon Islands*. London: Kegan Paul.

———. 1958. *Lord of the Southern Isles, Being the Story of the Anglican Mission in Melanesia 1849–1949*. London: A. R. Mowbray.

———. 1962. *Kakamora*. London: Hodder & Stoughton.

Fox, Richard G., and Barbara J. King, eds. 2020. *Anthropology beyond Culture*. New York: Routledge.

Frost, Michael. 2014. *Incarnate: The Body of Christ in an Age of Disengagement*. Downers Grove, IL: IVP Books.

Frost, Michael, and Alan Hirsch. 2003. *The Shaping of Things to Come: Innovation and Mission for the 21st-Century Church*. Peabody, MA: Hendrickson.

Frost, Michael, and Christina Rice. 2017. *To Alter Your World: Partnering with God to Rebirth Our Communities*. Downers Grove, IL: IVP Books.

Garrison, David. 2014. *A Wind in the House of Islam: How God Is Drawing Muslims around the World to Faith in Jesus Christ*. Monument, CO: WIGTake Resources.

Geertz, Clifford. 1973. *The Interpretation of Cultures*. New York: Basic Books.

Georges, Jayson. 2017. *The 3D Gospel: Ministry in Guilt, Shame, and Fear Culture*. Columbia, SC: Time Press.

———. 2019. *Ministering in Patronage Cultures: Biblical Models and Missional Implications*. Downers Grove, IL: IVP Academic.

Georges, Jayson, and Mark D. Baker. 2016. *Ministering in Honor-Shame Cultures*. Downers Grove, IL: IVP Academic.

Germann, W. 1869. *Genealogy of the South Indian Gods: A Manual of the Mythology and Religion of the People of Southern India. Including a Description of Popular Hinduism*. Madras: Higginbotham.

Goodenough, Ward. 1971. *Culture, Language, and Society*. An Addison-Wesley Module in Anthropology 7. Reading, MA: Addison-Wesley.

———. 1981. *Culture, Language, and Society*. 2nd ed. Menlo Park, CA: Benjamin/Cummings.

Gordon, S. D. 1906. *Quiet Talks about Jesus*. New York: A. C. Armstrong.

Greenwood, Allan W. 1992. "Coping with Cross-Cultural Re-entry Stress." MA thesis, University of British Columbia.

Grunlan, Stephen A., and Marvin K. Mayers. 1979. 2nd ed., 1988. *Cultural Anthropology: A Christian Perspective*. Grand Rapids: Zondervan.

Guder, Darrell. 2004. *The Incarnation and the Church's Witness*. Eugene, OR: Wipf & Stock.

Guest, Kenneth J. 2018. *Essentials of Cultural Anthropology: A Toolkit for a Global Age*. 2nd ed. New York: Norton.

Guthrie, George. 1966. "Cultural Preparation for the Philippines." In *Cultural Frontiers of the Peace Corps*, ed. Robert B. Textor, 357–67. Cambridge, MA: MIT Press.

Haas, J. W. 2016. *Public Speaking in a Global Context*. 2nd ed. Plymouth, MI: Hayden-McNeil.

Hall, Edward T. 1959. *The Silent Language*. Greenwich, CT: Fawcett.

Haughey, John C. 1973. *The Conspiracy of God: The Holy Spirit in Us*. Garden City, NJ: Doubleday.

Hay, Rob, Valerie Lim, Detlef Blocher, Jaap Ketelaar, and Sarah Hay. 2007. *Worth Keeping: Global Perspectives on Best Practices in Missionary Retention*. World Evangelical Fellowship Missions Commission, Globalization of Mission Series. Pasadena, CA: William Carey Library.

Headlee, Celeste. 2015. "10 Ways to Have a Better Conversation." Filmed May 2015. TED video, 11:21. https://www.ted.com/talks/celeste_headlee_10_ways_to_have _a_better_conversation.

Herskovits, Melville. 1955. *Cultural Anthropology*. New York: Knopf.

Hiebert, Paul G. 1978. "Form and Meaning in Contextualization of the Gospel." In *The Word among Us: Contextualizing Theology for Mission Today*, edited by Dean Gilliland, 101–20. Dallas: Word.

———. 1983. *Cultural Anthropology*. 2nd ed. Grand Rapids: Baker Books.

———. 1985. *Anthropological Insights for Missionaries*. Grand Rapids: Baker Books.

———. 2008. *Transforming Worldviews: An Anthropological Understanding of How People Change*. Grand Rapids: Baker Academic.

Hill, Harriet. 1990. "Incarnational Ministry: A Critical Examination." *Evangelical Missions Quarterly* 26 (2): 196–201.

———. 1993. "Lifting the Fog on Incarnational Ministry." *Evangelical Missions Quarterly* 29 (3): 262–69.

Hirsch, Alan. 2006. *The Forgotten Ways: Reactivating the Missional Church*. Grand Rapids: Brazos.

History.com. 2022. "Rwandan Genocide." Originally posted October 14, 2009. Updated April 19, 2022. https://www.history.com/topics/africa/rwandan-genocide.

Holmes, Thomas H., and Minoru Masuda. 1974. "Life Change and Illness Susceptibility." In *Stressful Life Events: Their Nature and Effects*, edited by Barbara Dohrenwend and Bruce Dohrenwend, 45–72. New York: Wiley.

Horizon Unknown. 2019. "5 Stages of Culture Shock—How to Recognize, Overcome and Enjoy a Culture Shock." Posted February 16, 2019. https://horizonunknown .com/5-stages-culture-shock-how-to-overcome/.

Hovey, Kevin George. 2019. *Guiding Light: Contributions of Alan R. Tippett toward the Development and Dissemination of Twentieth-Century Missiology*. American Society of Missiology Monograph Series 38. Eugene, OR: Pickwick.

Howell, Brian M., and Jenell Williams Paris. 2019. *Introducing Cultural Anthropology: A Christian Perspective*. 2nd ed. Grand Rapids: Baker Academic.

Huffman, Douglas S., ed. 2011. *Christian Contours: How a Biblical Worldview Shapes the Mind and Heart*. Grand Rapids: Kregel.

Hull, Brian, and Patrick Mays. 2022. *Youth Ministry as Mission: A Conversation about Theology and Culture*. Grand Rapids: Kregel Academic.

Hunt, Peter. 2018. *Ancient Greek and Roman Slavery*. Chichester, UK: Wiley-Blackwell.

Hunter, George G. 2000. *The Celtic Way of Evangelism: How Christianity Can Reach the West . . . Again*. Nashville: Abingdon.

International Relations EDU. n.d. "The 7 Symptoms of Culture Shock—Identifying Them and Getting Ahead of the Problem." https://www.internationalrelationsedu .org/the-7-symptoms-of-culture-shock-indentifying-them-and-getting-ahead-of -the-problem/.

Jeyaraj, Daniel. 2005. *Genealogy of the South Indian Deities: An English Translation of Bartholomäus Ziegenbalg's Original German Manuscript with a Textual Analysis and Glossary*. New York: RoutledgeCurzon.

—. 2006. *Bartholomaus Ziegenbalg: The Father of the Modern Protestant Mission*. Delhi: Indian Society for Promoting Christian Knowledge.

Johnson, C. Neal. 2009. *Business as Mission: A Comprehensive Guide to Theory and Practice*. Downers Grove, IL: InterVarsity.

Johnson, Todd M., and Gina A. Zurlo, eds. 2020. *World Christian Encyclopedia*. 3rd ed. Edinburgh: Edinburgh University Press.

Just, Arthur A., Jr. 2003. *Luke: Ancient Christian Commentary on Scripture*. Downers Grove, IL: InterVarsity.

Kairos Central America: A Challenge to the Churches of the World. (1988). 3rd ed. New York: Circus.

Kearney, Michael. 1984. *World View*. Novato, CA: Chandler and Sharp.

Keener, Craig. 2011. *Miracles: The Credibility of the New Testament Accounts*. Grand Rapids: Baker Academic.

Kim, Young Yun. 2001. *Becoming Intercultural: An Integrative Theory of Communication and Cross-Cultural Adaptation*. Thousand Oaks, CA: Sage.

Kirby, Jon P. 1995. "Language and Culture Learning IS Conversion . . . IS Ministry." *Missiology* 23 (2): 131–43.

Kirner, Kimberly, and Jan Mills. 2020. *Doing Ethnographic Research: Activities and Exercises*. Thousand Oaks, CA: Sage.

Klaus, John H., and Marshall H. Kennell. 1976. *Maternal Infant Bonding*. St. Louis: Mosby.

Kluckhohn, Clyde. 1949. *Mirror for Man: The Relation of Anthropology to Modern Life*. New York: McGraw-Hill.

Kluckhohn, Clyde, and W. H. Kelly. 1945. "The Concept of Culture." In *The Science of Man in the World Crisis*, edited by Ralph Linton, 78–105. New York: Columbia University Press.

Koyama, Kosuke. 1990. "The Role of Translation in Developing Indigenous Theologies—an Asian View." In *Bible Translation and the Spread of the Church: The Last 200 Years*, edited by Philip C. Stine, 95–107. New York: Brill.

Kraft, Charles H. 1979. *Christianity in Culture*. Maryknoll, NY: Orbis Books.

———. 1991. *Communication Theory for Christian Witness*. Rev. ed. Maryknoll, NY: Orbis Books.

———. 1996. *Anthropology for Christian Witness*. Maryknoll, NY: Orbis Books.

———. 2005. *Christianity in Culture*. Rev. 25th anniv. ed. Maryknoll, NY: Orbis Books.

———. 2008. *Worldview for Christian Witness*. Pasadena, CA: William Carey Library.

Kraft, Marguerite. 1978. *Worldview and the Communication of the Gospel*. Pasadena, CA: William Carey Library.

Kroeber, A. L. 1917. "The Superorganic." *American Anthropologist* 19 (2): 163–213.

Kroeber, A. L., and Clyde Kluckhohn. 1952. *Culture: A Critical Review of Concepts and Definitions*. New York: Vintage Books.

Lai, Patrick. 2015. *Business for Transformation: Getting Started*. Pasadena, CA: William Carey Library.

Lane, Harlan. 1979. *The Wild Boy of Aveyron*. Cambridge, MA: Harvard University Press.

Langmead, Ross. 2004. *The Word Made Flesh: Towards an Incarnational Missiology*. Lanham, MD: University Press of America.

Larson, Donald N. 1978. "The Viable Missionary: Learner, Trader, Storyteller." *Missiology* 4 (2): 155–63.

Lévy-Bruhl, Lucien. 1910. *How Natives Think*. Reprinted 1985. Princeton: Princeton University Press.

———. 1923. *Primitive Mentality*. Reprinted 1978. New York: AMS.

Lewis, Julian. 2023. "Spiritual Depression: Signs, Causes, Coping, and Treatment." *ZellaLife* (blog), January 26, 2023. https://www.zellalife.com/blog/spiritual-depression-signs-causes-coping-and-treatment/.

Lingenfelter, Sherwood, and Julie Green. 2022. *Teamwork Cross-Culturally: Christ-Centered Solutions for Leading Multinational Teams.* Grand Rapids: Baker Academic.

Lingenfelter, Sherwood, and Marvin K. Mayers. 2016. *Ministering Cross-Culturally: A Model for Effective Personal Relationships.* 3rd ed. Grand Rapids: Baker Academic.

Linton, Ralph. 1936. *The Study of Man.* New York: Appleton Century Crofts.

Livermore, David. 2006. *Serving with Eyes Wide Open: Doing Short-Term Missions with Cultural Intelligence.* Grand Rapids: Baker Books.

———. 2009. *Cultural Intelligence: Improving Your CQ to Engage Our Multicultural World.* Grand Rapids: Baker Academic.

———. 2015. *Leading with Cultural Intelligence: The Real Secret to Success.* 2nd ed. New York: American Management Association.

———. 2022. *Digital, Diverse & Divided: How to Talk to Racists, Compete with Robots, and Overcome Polarization.* Oakland, CA: Berrett-Koehler.

Loss, Myron. 1983. *Culture Shock: Dealing with Stress in Cross-Cultural Living.* Winona Lake, IN: Light & Life.

Love, Rick. 2008. "Blessing the Nations in the 21st Century: A 3D Approach to Apostolic Ministry." *International Journal of Frontier Missiology* 25 (1): 31–37.

Lupton, Robert D. 2012. *Toxic Charity: How Churches and Charities Hurt Those They Help, and How to Reverse It.* New York: HarperCollins.

Luzbetak, Louis. 1970. *The Church and Cultures: An Applied Anthropology for the Religious Worker.* Techny, IL: Divine Word Publications. Originally published 1963.

———. 1988. *The Church and Cultures: New Perspectives in Missiological Anthropology.* Maryknoll, NY: Orbis Books.

Maclachlan, Matthew. 2017. "7 Tips to Take the Shock Out of Culture Shock." Learnlight. Accessed September 5, 2022. https://www.communicaid.com/cross-cultural-training/blog/top-tips-overcoming-culture-shock/.

Malinowski, Bronislaw. 1922. *Argonauts of the Western Pacific: An Account of Native Enterprise and Adventure in the Archipelagoes of Melanesian New Guinea.* London: Routledge & Sons.

———. 1944. *A Scientific Theory of Culture and Other Essays.* Chapel Hill: University of North Carolina Press.

Manning, Jimmie. 2014. "A Constitutive Approach to Interpersonal Communication Studies." *Communication Studies* 65:432–40.

Manz, Sonja. 2003. "Culture Shock—Causes, Consequences and Solutions: The International Experience." https://www.grin.com/document/108360.

Maranz, David E. 2015. *African Friends and Money Matters.* 2nd ed. Dallas: SIL International.

Marx, Elisabeth. 2001. *Breaking through Culture Shock: What You Need to Succeed in International Business*. London: Nicholas Brealey.

Mayers, Marvin K. 1974. *Christianity Confronts Culture: A Strategy for Cross-Cultural Evangelism*. Grand Rapids: Zondervan. Revised edition published 1987.

Mbiti, John. 1979. "The Gospel in the African Context." In *Toward Theology in an Australian Context*, edited by Victor C. Hayes, 18–26. Bedford Park: Australian Association for the Study of Religion.

McElhanon, Kenneth. 1991. "Don't Give Up on the Incarnational Model." *Evangelical Missions Quarterly* 27 (4): 390–93.

Mead, Margaret. 1928. *Coming of Age in Samoa*. New York: William Morrow.

Mehrabian, Albert. 1971. "Nonverbal Communication." *Nebraska Symposium on Motivation* 19:107–61.

———. 1981. *Silent Messages: Implicit Communication of Emotions and Attitudes*. Belmont, CA: Wadsworth.

———. 2008. *Communication without Words*. 2nd ed. New York: Routledge.

Mejudhon, Ubolwan. 1994. "The Way of Meekness: Being Thai and Christian in the Thai Way." DMiss diss., Asbury Theological Seminary.

Miller, Flint. 1996. "Mixed Messages: A Study of Southern Baptist Missionaries in East Asia and Their Attempt to Interpret and Apply the Concept of Ministering Incarnationally." DMiss diss., Asbury Theological Seminary.

Mischke, Werner. 2015. *The Global Gospel: Achieving Missional Impact in Our Multicultural World*. Scottsdale, AZ: Mission ONE.

Moon, W. Jay. 2017. *Intercultural Discipleship: Learning from Global Approaches to Spiritual Formation*. Grand Rapids: Baker Academic.

Moon W. Jay, and W. Bud Simon. 2021. *Effective Intercultural Evangelism: Good News in a Diverse World*. Downers Grove, IL: InterVarsity.

Moreau, Scott, Evvy Hay Campbell, and Susan Greener. 2014. *Effective Intercultural Communication: A Christian Perspective*. Grand Rapids: Baker Academic.

Muller, Roland. 2000. *Honor and Shame: Unlocking the Door*. Self-published, Xlibris Corporation.

Myers, Bryant. 2017. *Engaging Globalization: The Poor, Christian Mission, and Our Hyperconnected World*. Grand Rapids: Baker Academic.

Naugle, David. 2002. *Worldview: The History of a Concept*. Grand Rapids: Eerdmans.

Nehrbass, Kenneth. 2016. *God's Image and Global Cultures: Integrating Faith and Culture in the Twenty-First Century*. Eugene, OR: Cascade Books.

Newbigin, Lesslie. 1986. *Foolishness to the Greeks: The Gospel and Western Culture*. Grand Rapids: Eerdmans.

New Hebrides Mission. 1875. *Twelfth Annual Report of the New Hebrides Vessel Day Spring: 1875*. Sydney: S. T. Leigh. https://catalogue.nla.gov.au/Record/8542 109.

Nicotera, Anne Maydan. 2009. "Constitutive View of Communication." In *Encyclopedia of Communication Theory*, edited by Stephen W. Littlejohn and Karen A. Foss, 175–78. London: Sage.

Nida, Eugene. 1954. *Customs and Cultures: Anthropology for Christian Mission*. New York: Harper & Brothers.

Nussbaum, Stan. 2005. *American Cultural Baggage: How to Recognize and Deal with It*. Maryknoll, NY: Orbis Books.

———. 2007. *Breakthrough! Steps to Research and Resolve the Mysteries in Your Ministry*. Colorado Springs: GMI Research Services.

Oates, Lynette. 1992. *Hidden People: How a Remote New Guinea Culture Was Brought Back from the Brink of Extinction*. Sutherland, NSW: Albatross Books.

Oberg, Kalervo. 1960. "Culture Shock." *Practical Anthropology* 7 (4): 177–82.

Okesson, Gregg. 2020. *A Public Missiology: How Local Churches Witness to a Complex World*. Grand Rapids: Baker Academic.

Opler, Morris. 1945. "Themes as Dynamic Forces in Culture." *American Journal of Sociology* 51:198–206.

Osmer, Richard. 2021. *The Invitation: A Theology of Evangelism*. Grand Rapids: Eerdmans.

Ott, Craig. 2022. "Talking about Cultural Differences in an Age of Globalization and Hybridization: Between Obelix and Stephen Colbert." *Missiology* 50:63–77.

Pachuau, Lalsangkima. 2018. *World Christianity: A Historical and Theological Introduction*. Nashville: Abingdon.

Paracletos. 2015. "The Sad Facts about Missionary Attrition." Posted March 25, 2015. https://paracletos.org/the-sad-facts-about-missionary-attrition/.

Pearce, W. B., and W. E. Cronen. 1980. *Communication, Action, and Meaning: The Creation of Social Realities*. New York: Praeger.

Pike, Eunice, and Florence Cowan. 1959. "Mushroom Ritual versus Christianity." *Practical Anthropology* 6 (4): 145–50.

Prang, Margaret. 2002. *A Heart at Leisure from Itself: Caroline Macdonald of Japan*. Vancouver: University of British Columbia Press.

Priest, Robert J. 1994. "Missionary Elenctics: Conscience and Culture." *Missiology* 22 (3): 291–315.

———. 2008. *Effective Engagement in Short-term Missions: Doing It Right*. Pasadena, CA: William Carey Library.

Pullinger, Jackie. 2007. *Chasing the Dragon: One Woman's Struggle against the Darkness of Hong Kong's Drug Dens*. Grand Rapids: Chosen.

Reyburn, William D. 1978. "Identification in the Missionary Task." In *Readings in Missionary Anthropology II*, edited by William A. Smalley, 746–60. Pasadena, CA: William Carey Library. Originally published in *Practical Anthropology* 7, no. 1 (1960).

Richards, E. Randolph, and Richard James. 2020. *Misreading Scripture with Individualist Eyes: Patronage, Honor, and Shame in the Biblical World*. Downers Grove, IL: IVP Academic.

Richards, E. Randolph, and Brandon J. O'Brien. 2012. *Misreading Scripture with Western Eyes: Removing Cultural Blinders to Better Understand the Bible*. Downers Grove, IL: InterVarsity.

Robert, Dana. 2019. *Faithful Friendships: Embracing Diversity in Christian Community*. Grand Rapids: Eerdmans.

Rosenthal, Paul. 2009. "The Concept of the Paramessage in Persuasive Communication." *Quarterly Journal of Speech* 58, no. 1: 15–30.

Russell, Mark L. 2010. *The Missional Entrepreneur: Principles and Practices for Business as Mission*. Birmingham, AL: New Hope.

Rynkiewich, Michael. 2011. *Soul, Self, and Society: A Postmodern Anthropology for Mission in a Postcolonial World*. Eugene, OR: Cascade Books.

———. 2020. "The Challenge of Teaching Mission in an Increasingly Mobile and Complex World." *International Bulletin of Mission Research* 44 (4): 335–48.

Sanneh, Lamin. 2009. *Translating the Message: The Missionary Impact on Culture*. Revised and expanded edition. Maryknoll, NY: Orbis Books.

Sapir, Edward. 1921. *Language: An Introduction to the Study of Speech*. New York: Harcourt, Brace.

———. 1929. "The Status of Linguistics as a Science." *Language* 5 (4): 207–14. http://www.jstor.org/stable/409588.

Satter, Ralph. 1991. "Discovering the Gift of God: The Impact of American Worldview on Salvation by Grace." DMiss diss., Asbury Theological Seminary.

Sears, Andrea. 2020. "New Data Confirms That Team Conflict Is One of the Primary Factors in Missionary Attrition." *A Life Overseas* (blog). Posted February 18. https://www.alifeoverseas.com/new-data-confirms-that-team-conflict-is-one-of -the-primary-factors-in-missionary-attrition/.

Sigman, S. J. 1992. "Do Social Approaches to Interpersonal Communication Constitute a Contribution to Communication Theory?" *Communication Theory* 2:347–56.

Silverman, Sydel. 2020. Foreword to *Anthropology beyond Culture*, edited by Richard G. Fox and Barbara J. King, 1–4. New York: Routledge.

Simons, Gary. 2023. *Ethnologue: Languages of the World*. 26th ed. https://www.ethnologue.com.

Sire, James W. 2015. *Naming the Elephant: Worldview as a Concept*. 2nd ed. Downers Grove, IL: IVP Academic.

————. 2020. *The Universe Next Door: A Basic Worldview Catalog.* 6th ed. Downers Grove, IL: IVP Academic.

Slocum, Marianna. 1988. *The Good Seed.* Orange, CA: Promise.

Smalley, William A. 1963. "Culture Shock, Language Shock, and the Shock of Self-Discovery," *Practical Anthropology* 10 (2): 49–56. Reprinted in 1978 in *Readings in Missionary Anthropology II,* edited by William Smalley, 693–700. Pasadena, CA: William Carey Library.

————, ed. 1967. *Readings in Missionary Anthropology.* Tarrytown, NY: Practical Anthropology.

————, ed. 1978. *Readings in Missionary Anthropology II.* Pasadena, CA: William Carey Library.

Spradley, James P. 2016a. *The Ethnographic Interview.* Long Grove, IL: Waveland.

————. 2016b. *Participant Observation.* Long Grove, IL: Waveland.

Spradley, James P., and David McCurdy. 1975. *Anthropology: The Cultural Perspective.* Long Grove, IL: Waveland.

Spradley, James P., and Mark Phillips. 1972. "Culture and Stress: A Quantitative Analysis." *American Anthropologist* 74 (3): 518–29.

Starke, John. 2011. "The Incarnation Is about a Person, Not a Mission." The Gospel Coalition. May 16. https://www.thegospelcoalition.org/article/the-incarnation-is -about-a-person-not-a-mission/.

Steffen, Tom, and Mike Barnett, eds. 2006. *Business as Mission: From Impoverished to Empowered.* Pasadena, CA: William Carey Library.

Stewart, Edward. 1972. *American Cultural Patterns: A Cross-Cultural Perspective.* Chicago: Intercultural Press.

Stewart, Louise, and Peter A. Leggat. 1998. "Culture Shock and Travelers." *Journal of Travel Medicine* 5:84–88.

Stine, Philip C. 2004. *Let the Words Be Written: The Lasting Influence of Eugene A. Nida.* Atlanta: Society of Biblical Literature.

Strelan, John G. 1977. *Search for Salvation: Studies in the History and Theology of Cargo Cults.* Adelaide, Australia: Lutheran Publishing House.

Taber, Charles R. 1971. "The Missionary Ghetto." *Practical Anthropology* 18 (5): 193–96.

————. 1990. "Review of *The Church and Cultures: New Perspectives in Missiological Anthropology,* by Louis J. Luzbetak, SVD." *Missiology* 18:103–4.

Talman, Harley, and John Travis, eds. 2015. *Understanding Insider Movements: Disciples of Jesus within Diverse Religious Communities.* Pasadena, CA: William Carey Library.

Taylor, John V. 1963. *The Primal Vision.* Philadelphia: Fortress.

Taylor, William D. 1997. *Too Valuable to Lose: Exploring the Causes and Cures of Missionary Attrition*. World Evangelical Fellowship Missions Commission, Globalization of Mission Series. Pasadena, CA: William Carey Library.

Thomas, William I., and Dorothy S. Thomas. 1928. *The Child in America: Behavior Problems and Programs*. New York: Knopf.

Tiénou, Tite. 1991. "The Invention of the 'Primitive' and Stereotypes in Mission." *Missiology* 19 (3): 295–303.

———. 2016. "Reflections on Michael A. Rynkiewich's 'Do Not Remember the Former Things.'" *International Bulletin of Mission Research* 40 (4): 318–24.

Tippett, Alan R. 1967. *Solomon Islands Christianity: A Study in Growth and Obstruction*. New York: Friendship Press.

———. 1971. *People Movements in Southern Polynesia*. Chicago: Moody.

———. 1980. *The Transmission of Information and Social Values in Early Christian Fiji, 1836–1905*. Canberra, Australia: St. Mark's Library.

———. 2013. *The Ways of the People: A Reader in Missionary Anthropology*. Pasadena, CA: William Carey Library.

Towler, Sonya. 2020. "How Much of Communication Is Really Nonverbal?" Premier Global Services, Inc. March 30. https://www.pgi.com/blog/2020/03/how-much-of-communication-is-really-nonverbal/.

Tylor, Edward Burnett. 1871. *The Origins of Culture*. Vol. 1 of *Primitive Culture*. New York: Harper & Row. Reprinted 1958.

USDA. 2022. "Rural Classifications." USDA Economic Research Service. Last updated November 29, 2022. https://www.ers.usda.gov/topics/rural-economy-population/rural-classifications/.

van den Toren-Lekkerkerker, Berdine, and Benno van den Toren. 2015. "From Missionary Incarnate to Incarnational Guest: A Critical Reflection on Incarnation as a Model for Missionary Presence." *Transformation: An International Journal of Holistic Mission Studies* 32 (2): 81–96.

van der Zee, Karen, and Jan Pieter van Oudenhoven. 2013. "Culture Shock or Challenge? The Role of Personality as a Determinant of Intercultural Competence." *Journal of Cross-Cultural Psychology* 44 (6): 928–40.

Walls, Andrew F. 1996. "The Gospel as Prisoner and Liberator of Culture." In *The Missionary Movement in Christian History: Studies in the Transmission of Faith*, 3–15. Maryknoll, NY: Orbis Books.

Walton, John H., and Craig S. Keener, eds. 2016. *NIV Cultural Backgrounds Study Bible*. Grand Rapids: Zondervan.

Ward, Colleen, Stephen Bochner, and Adrian Furnham. 2001. *The Psychology of Culture Shock*. 2nd ed. New York: Routledge.

Watt, Agnus. 1896. *Twenty-Five Years' Mission Life on Tanna, New Hebrides*. Edinburgh: John Menzies.

Weiss, Gerald. 1973. "A Scientific Concept of Culture." *American Anthropologist* 75 (5): 1376–1413.

Wells, Samuel. 2018. *Incarnational Mission: Being with the World*. Grand Rapids: Eerdmans.

Whelchel, Michael. 1996. "The Relationship of Psychological Type to the Missionary Calling and Cross-Cultural Adjustment of Southern Baptist Missionaries." DMiss diss., Asbury Theological Seminary.

Whiteman, Darrell L. 1983. *Melanesians and Missionaries: An Ethnohistorical Study of Social and Religious Change in the Southwest Pacific*. Pasadena, CA: William Carey Library.

———. 1985. *Missionaries, Anthropologists, and Cultural Change*. Studies in Third World Societies 25. Williamsburg, VA: Department of Anthropology, William and Mary College.

———. 1990. "Bible Translation and Social and Cultural Development." In *Bible Translation and the Growth of the Church: The Last 200 Years*, edited by Philip C. Stine, 120–41. Leiden: Brill, 1990.

———. 1992. "The Legacy of Alan R. Tippett." *International Bulletin of Missionary Research* 16:163–66.

———. 1993. "Presenting the Lamb of God in a Country with No Sheep." *Mission Advocate: A Publication of the Mission Society for United Methodists* (Summer): 2–3.

———. 1994. "Alan R. Tippett 1911–1988: Anthropology in the Service of Mission." In *Mission Legacies: Biographical Studies of Leaders of the Modern Missionary Movement*, edited by Gerald H. Anderson, Robert T. Coote, Norman A. Horner, and James M. Phillips, 532–38. Maryknoll, NY: Orbis Books.

———. 1997. "Contextualization: The Theory, the Gap, the Challenge." *International Bulletin of Missionary Research* 21 (1): 2–7.

———. 2003. "Anthropology and Mission: The Incarnational Connection." Third Annual Louis J. Luzbetak Lectures on Mission and Culture, Catholic Theological Union. Reprinted in *Mission and Culture: The Louis J. Luzbetak Lectures*, edited by Stephen B. Bevans, 59–98. Maryknoll, NY: Orbis Books, 2012.

———. 2005. "'Incarnational Identification': Reflections on Philippians 2:5–8." *Faith in Action Study Bible: Living God's Word in a Changing World*. Grand Rapids: Zondervan.

———. 2006. "The Role of Ethnicity and Culture in Shaping Western Mission Agency Identity." *Missiology* 34 (1): 59–70.

———. 2010. "Response to Paul G. Hiebert: The Gospel in Human Context: Changing Perceptions of Contextualization." In *MissionShift: Global Mission Issues in the Third Millennium*, edited by David J. Hesselgrave and Ed Stetzer, 114–28. Nashville: B&H Academic.

———. 2018. "Shame/Honor, Guilt/Innocence, Fear/Power: A Missiological Response to Simon Cozens and Geoff Beech." *International Bulletin of Mission Research* 42 (4): 348–56.

———. 2019. Review of *Incarnational Mission: Being with the World*, by Samuel Wells. *Missiology* 47 (1): 85.

———. 2021. "Contextualization: A Passing Fad, a Syncretistic Danger, or a Biblical Model?" *Doon Theological Journal* 18 (2): 21–39.

———. 2023a. "Why Is Christianity Perceived as a Foreign Religion?" In *Leave the Farm and Follow Me: Festschrift in Honour of Rev. Dr. Graham Whitfield Houghton: Essays on Theology and Mission*, edited by Richard Howell, 385–406. Farrukh Nagar, India: Caleb Institute.

———. 2023b. "The Conversion of a Missionary: A Missiological Study of Acts 10." *Missiology* 51 (1): 19–30.

———. 2023c. "My Pilgrimage in Mission." *International Bulletin of Mission Research* 47 (4): 536–47.

Whiteman, G., E. Edwards, A. Savelle, and K. Whiteman. 2020. "How Do Missionaries Become Resilient?" In *Relentless Love: Living Out Integral Mission to Combat Poverty, Injustice, and Conflict*, edited by Graham Joseph Hill, 65–75. Carlisle, UK: Langham Global Library.

Whiteman, Geoff, and Heather Pubols, eds. 2023. *Essentials for People Care and Development*. Wheaton, IL: Missio Nexus.

Whiteman, Geoff, and Kriss Whiteman. 2022. *Supporting Today's Global Workers Toward Missional Resilience. EMQ* 58 (2): 27–29.

Whiteman, Kristina. 2023a. "A Treasured History: Listening to and Learning from Global Workers' Stories of Resilience." PhD diss., Asbury Theological Seminary.

———. 2023b. "A Treasured History: Stories of Resilience." In G. Whiteman and Pubols, *Essentials for People Care*, 17–31. Wheaton, IL: Missio Nexus.

Wikipedia. S.v. "Participant Observation." Last modified January 2, 2023, 19:29. https://en.wikipedia.org/wiki/Participant_observation.

William, J. D. n.d. *Bartholomeus Ziegenbalg: First Protestant Missionary to India*. Nasik, India: Genesis Books.

Winkelman, Michael. 1994. "Culture Shock and Adaptation." *Journal of Counseling & Development* 73:121–26.

Winter, Ralph D., and Steven C. Hawthorne, eds. 2009. *Perspectives on the World Christian Movement*. 4th ed. Pasadena, CA: William Carey Library.

Wolcott, Harry. 2005. *The Art of Fieldwork*. 2nd ed. Walnut Creek, CA: AltaMira.

———. 2008. *Ethnography: A Way of Seeing*. 2nd ed. Lanham, MD: AltaMira.

World Evangelicals. 2003. "US Report of Findings on Missionary Retention." December. http://www.worldevangelicals.org/resources/rfiles/res3_95_link_1292358708.pdf.

Wright, N. T. 1992. *The New Testament and the People of God*. Minneapolis: Fortress.

Wu, Jackson. 2019. *Reading Romans with Eastern Eyes: Honor and Shame in Paul's Message and Mission*. Downers Grove, IL: IVP Academic.

Yale, Brandie. 2017. "Understanding Culture Shock in International Students." *Academic Advising Today* 40 (4). https://nacada.ksu.edu/Resources/Academic-Advising-Today/View-Articles/Understanding-Culture-Shock-in-International-Students.aspx.

Yamamori, Tetsunao, and Kenneth Eldred, eds. 2003. *On Kingdom Business: Transforming Missions through Entrepreneurial Strategies*. Carol Stream, IL: Crossway Books.

Yavetz, Zvi. 1988. *Slaves and Slavery in Ancient Rome*. New Brunswick, NJ: Transaction.

Zahniser, A. H. Mathias. 1997. *Symbol and Ceremony: Making Disciples across Cultures*. Monrovia, CA: MARC.

Ziegenbalg, Bartholomäus. 1984. *Genealogy of the South-Indian Gods: A Manual of the Mythology and Religion of the People of Southern India. Including a Description of Popular Hinduism*. New Delhi: Unity Book Service.

Zurlo, Gina A., Todd M. Johnson, and Peter F. Crossing. 2020. "World Christianity and Mission 2020: Ongoing Shift to the Global South." *International Bulletin of Mission Research* 44 (1): 8–19.

www.ingramcontent.com/pod-product-compliance
Lightning Source LLC
Chambersburg PA
CBHW032052020426
42335CB00011B/297